帶好

每一個學生 _{第二版}

有效的學習扶助教學

台灣學障學會 策劃

陳淑麗、宣崇慧 主編

作者簡介

◆

洪儷瑜	國立臺灣師範大學特殊教育學系教授
王瓊珠	國立高雄師範大學特殊教育學系退休教授
陳淑麗	國立臺東大學教育學系教授
曾世杰	國立臺東大學特殊教育學系教授
陳惠珍	南投縣草屯國小退休主任
藍淑珠	臺北市萬華國中教師
譚寧君	國立臺北教育大學數學暨資訊教育學系退休副教授
蘇進發	臺北市石牌國中退休教師
吳金聰	屏東縣國小退休教師
詹琇晴	臺北市萬華國中教師
宣崇慧	國立嘉義大學幼兒教育學系教授

（以上依負責章節排序）

理事長序

◆

　　帶好每一個學生是眾人期望之事。但是，現實生活中，總是有諸多困難。臺灣在國際評比裡，不管是數學或者閱讀，低成就的百分比往往比經濟競爭、鄰近國家或地區高。以閱讀為例，PISA 歷年的調查，臺灣平均約有 15% 的國三或是高一學生沒有達到第二級 ——PISA 的第二級，被視為是基本閱讀能力的水準。PISA 2018 年的調查裡，閱讀表現沒有達到第二級的百分比，臺灣為 17.8%、日本 16.8%、韓國 15.1%、香港 12.6%、新加坡 11.2%、澳門 10.8%、中國四區 5.2%。PISA 2018 數學的調查，未達二級的百分比，僅韓國高於臺灣，韓國為 15.0%、臺灣為 14.0%、日本 11.5%、香港 9.2%、新加坡 7.1%、澳門 5.0%、中國四區 2.4%；而國中教育會考，數學待加強的比例也一直都是三成左右。很明顯的，臺灣低成就學生的比例相對經濟競爭國家高；而低成就者的成就表現，可能也比其它經濟競爭國家低。

　　臺灣政府不是沒有投注經費，也不是沒有努力地改善。我自己在國家教育研究院的工作期間，投入過試題研發、調整評量制度以及增進評量回饋的工作，知道政府每年在補救教學投注的經費超過十億元，制度也從以前僅能課後補救，開放到現在的課後以及課中扶助併行，制度不斷地再調整。

　　但，我個人認為，成效有限。

　　過去的補救教學或是現在的學習扶助，對於改變低成就學生的成就是重要的制度設計。行政面的部分，自然有官員以及學者對於相關制度進行檢視；內容部分，則須依靠學科專家了。學障學會的會員裡，有許多閱讀以及數學教育的專家，他們不僅是熟知理論，更重要的是能夠考慮現場的狀況，提出在現場可以執行的方案。《帶好每一個學生：有效的補救教學》，就是

在這樣的專業以及熱情裡所產生，這一本書在 2014 年出版，現在，即將印製第二版《帶好每一個學生：有效的學習扶助教學》。這樣的現象，也反映了這一本書受到大眾的喜愛。

第二版的內容，增加了許多政府新的規定或是訊息，也根據每一位作者的瞭解，進行了部分內容的調整。但，核心的部分，並不會改變，那就是適性發展——根據學生的能力，調整學習的內容，增強學習動機。而這些內容，就是學習障礙研究者或是教育者的強項。

本書敘述的內容，在年齡方面涵蓋學前到國中，科目從閱讀、數學到英語文，從理論架構到實際的操作範例，更加難能可貴的是提供許多國內外的範例，讓人拿起書便放不下來。

作為現任台灣學障學會的理事長，經主編的邀請寫下此序言。因為是學會理事長，在此，提點跟學障有關的事情。在多層次模型的概念下，補救教學或是學習扶助可以說是學障預防以及鑑定機制的第二層介入。現在的學習扶助科技化評量系統，提供了猜測率的指標。這是我當年在國教院任職時建議的。猜測率的計算很簡單，四選一的 20 題選擇題，答對 5 題以及 5 題以下的都可以視為猜測。猜測的原因可能是因為沒有作答動機、可能是因為無法認讀題目的字，或真的是能力低落。二年級小朋友，如果在學習扶助評量時，出現猜測的表現，學校行政單位應該將該學童視為學障的高危險群，並進一步瞭解該學童是否有嚴重的讀寫障礙。這樣的機制，可以避免因為老師沒有轉介，或是因為考慮全校進行篩檢施測所需的人力、物力成本，而未進行篩檢所造成的遺憾。盡早發現、盡早介入，絕對是學障教育的重要原則。

再一次感謝主編以及作者群的努力，也要感謝心理出版社，使得學會的叢書能夠有再版的機會。

台灣學障學會理事長　李俊仁

主編序

　　從 2005 年以來，學障學會每隔幾年出版一本專書：2005 年，第一本著重在「突破學習困難」；第二本聚焦於「突破閱讀困難」；2014 年，我們把視野拉廣，更正向地看待低成就學生的學習，希望用有效的補救教學，帶好每一個學生。2021 年，因應國家補救教學政策與法令的修正，補救教學更名為「學習扶助」，因此我們重新修訂本書。本書之修訂，除了更新相關之政策與法令外，各章節也增補了一些文獻，並且為了增加本書適用範疇，在國語文和數學兩個領域，增加了國中階段的案例。

● 為什麼寫這本書？

　　1996 年起，教育部啟動了教育優先區的計畫，希望能為弱勢地區學生的學習提供各樣的協助。從 1996 年到現在，國家對低成就學生學業落後的問題愈來愈看重，且愈做愈好。過去，補救教學大概等同於作業指導，沒有篩選系統、沒有補救教材、沒有師資培訓，也沒有成效評估。現在，經過教育部與許多民間公益組織的努力之後，以上的重要事項，一樣一樣做出來了。

　　目前，所有要從事學習扶助的教師，都必須參與學習扶助課程的培訓，國語文、數學、英語文的補救教材陸續出現，教育部也委託大學推出了評量系統。從無到有，我們看到國家對低成就學生的服務，一步一步地往前進步。希望這本書的出版，能夠對教育現場執行學習扶助有所助益。

　　這本專書共有三篇十章，基礎篇和教學篇涵蓋了執行學習扶助必備的專業知識，從較全面地瞭解學習扶助的面貌，到瞭解低成就學生的特質、診斷

與評量、班級經營及各學科的學習扶助教學，都有完整的說明與介紹；為了更貼近教學現場，多數章節提供了具體的案例，供現場老師參考。此外，第三篇成功方案篇，則從執行模式具體分享一些成功的案例，相當具有參考價值。

　　這本書能夠完成，要感謝許多人的幫忙。首先謝謝所有幫忙撰稿的作者，謝謝大家情義相挺，不忘我們學會每三年要出版一本專書的任務。作者群中，我要特別感謝非學障學會會員的譚寧君副教授，您的加入不僅讓這本書更完整，也豐富了本書學習扶助教學的觀點。此外，為了提升專書的品質，書中每一篇文章都邀請了相關領域的學者審查，謝謝所有協助義務審查的學者，感謝您們體諒學會的經費有限，僅能致贈數本專書，聊表我們的謝意。也謝謝崇慧老師幫忙分擔審查與彙整的工作。最後感謝心理出版社副總經理林敬堯先生的幫忙，讓本書得以順利出版。

　　一本書的出版，溝通、催稿、校對、截稿日期等諸多事項雜沓而來，錯漏難免，若讀者發現了任何疏誤，祈請諒解之外，也請不吝指正，讓我們在下一版得以有機會更正。謝謝！

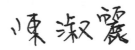

陳淑麗

目次
CONTENTS

基礎篇

| 第一章 |

學習扶助概論

● 洪儷瑜

　　因應補救教學的負面標記之疑慮，教育部在民國 101 年的「教育部國民及學前教育署補助直轄市、縣（市）政府辦理補救教學作業要點」（教育部，2012b）第五條「方案內涵」中，將補救教學修改為：一般學習扶助方案、特定地區學習扶助方案、國中基測成績待提升學校學習扶助方案，及直轄市、縣（市）整體推動方案等四種，「學習扶助」一詞開始在民國 101 年的辦法中取代補救教學。然其法規名稱仍稱為補救教學作業要點，一直到民國 108 年（2019）正式將實施要點修改為「教育部國民及學前教育署補助辦理國民小學及國民中學學生學習扶助作業要點」，學習扶助取代補救教學才被重視。

　　到底學習扶助和補救教學有何差異？參與學習扶助或規劃學習扶助的工作者需要做什麼改變或調整？本章將先介紹學習扶助的概念與其背後的理念和國際的經驗，再介紹國內的相關政策和分層級的政策執行，最後再藉由多

---

* Learning support 一詞的翻譯有學習支持、學習支援，本文因應引用文的用詞而異，請讀者注意其原文是相同的。而國內法定之學習扶助就官方翻譯仍是補救教學（remediation），本文作者建議，依學習扶助中文意義應譯為 learning support 較合適，本文乃基於此原意撰寫。

層級扶助系統在其他國家的實施來詮釋我國的政策。

第一節　學習扶助的理念與政策落實

　　學習扶助的措施主要來自兩個基本信念——教育的公平性和確保學生的基本學習能力。教育成就常被視為與未來成人的適應和成人的健康有關（Topitzes, Godes, Mersky, Ceglarekm, & Reynold, 2009），教育機會也被認為是改善社會各類弱勢族群教育不公平的指標（Coleman et al., 1966），因此，聯合國教科文組織（United Nations Educational, Scientific and Cultural Organization，簡稱 UNESCO）倡導各國政府應落實教育人權（Torres, 2000）。然而，很多人可能認為提供每個國民接受國民教育（或義務教育）就算公平，誤以為公平就是給每個人一樣的機會和內容，而忽略了這種統一制式的教育形式可能對於某些人是不公平的。

　　美國學者 John Rawls 在其《正義論》（*The Theory of Justice*）（Rawls, 1971）一書中，提出公平有兩項正義的原則：第一項是平等的自由權之原則，強調每個公民擁有平等的自由權利及每個人都獲得同等的尊重；第二項是針對社會和經濟不公平的處理，需要先落實機會平等的原則，強調每個公民都享有機會得以發展自己，所有機會或職位都均等開放給全民；但在落實機會平等的原則時，應該考慮差異原則，即對於處境最不利的成員應提供差異以保障其獲得最大的利益。英國 1967 年的「普勞頓報告」（Plowden Report）亦提出「積極差別待遇」（Positive Discrimination），要求政府應該在教育上提供積極的介入以幫助教育不利者（disadvantaged），在教育機會上應彌補他們與一般人的差異，以使他們獲得在教育上最大的利益。這種主動預防的介入算是差異原則的表現（引自洪儷瑜，1991）。基於此理念，英國在該報告中提出了「教育優先區」的建議。差不多同時期，美國也提出有名的「教育機會均等」（Equality of Educational Opportunity），

也就是俗稱的「柯爾曼報告」（Coleman Report），其中提出少數族群的隔離教育、學校品質不佳和升學機率差等教育不公平的問題（Coleman et al, 1966）。此外，美國同時還提出了針對低社經少數族群的幼兒提供早期介入的「啟蒙方案」（Head Start），和「初等教育與中等教育法案的第一款」（Title I of the Elementary and Secondary Education Act，簡稱 Title I），及 1981 年「教育整合與改進法案第一章」（Chapter I of the Education Consolidation and Improvement Act，簡稱 Chapter I），這些都是在落實積極差異原則。當時美國的詹森總統曾表示「……增加教育投資是幫助貧窮者逃脫貧窮大門的鑰匙，教育可以讓整個社區、整個國家富有，也可以讓我們提高經濟和文化的水準，所以即使相對性的貧窮者，他們也不再像以前那麼窮」（引自 Silver & Silver, 1991: 70）。可見各國政府逐漸正視弱勢族群的學業低成就問題，且均採積極差異之原則，推動各項政策和行動解決。

　　解決弱勢學生低成就的問題，除了上述提到的及早介入、教育優先區和補救教學之外，在 2000 年代，尚有聯合國教科文組織在 1994 年所提出的薩拉曼卡宣言（Salamanca Statement）（UNESCO, 1994）。該宣言主張各國實踐聯合國會議所提出的「全民教育」（Education for All），應該建立一個融合教育的行動計畫，把所有具特殊需求的學生之教育機會和品質納入政府的政策和行動。這些特殊需求學生包括生理、智力、社會、情緒或語言因素所造成，可能是障礙或資優學生，也包括遊民、童工、偏遠地區的學生，或是語文、種族或文化不利或少數的學生，這種融合教育的思維即是強調每個學生的特殊需求都應被納入教育公平性的思考。因應這個趨勢，很多國家開始整合各種資源建立多層級的支持系統，以下舉美國、芬蘭和澳洲為例說明。

　　2015 年美國歐巴馬總統延續「有教無類」方案（No Child Left Behind），提出「成就每個學生法案」（The Every Student Succeeds Act），強調對弱勢學生的教育公平（equity），不再僅限於教育機會均等（equality），而是要確保弱勢學生的學習品質之公平。隨後許多州政府開始建立多層級支持系

統（Multi-Tiered System of Supports，簡稱 MTSS）（California Department of Education, n.d.），也運用多層級支持系統結合美國在 2004 年對學習障礙鑑定所提出的介入反應（Response to Intervention，簡稱 RTI），藉此整合普通教育和特殊教育所提供的各類教育扶助措施（Lerner & Johns, 2009）。芬蘭在 2016 年將普通教育和特殊教育學生所需的學習支持（learning support）整合為三層級的學習和學校支持（Learning and Schooling Support）：初級在普通班接受短期輔導；次級從普通班抽出接受長時間輔導；三級不僅從普通班抽出，且需要個別化教育計畫（Individualized Education Program，簡稱 IEP）和密集的特別支持。芬蘭的三層級支持模式也結合介入反應（RTI）的概念，整合普通教育和特殊教育為連續性的學習支持系統（Mihajtovie, 2021）。澳洲學者 John Elkins 認為學生有個別差異是事實，學生之間的能力、表現和特質等所有表現之差異本來就是連續的，硬區分需要補救的低成就學生和特殊教育學生是人為的。因應學生連續性的差異，將所有政策整合為連續性的學習支持系統才符合學生需求差異的事實。他也提出三波取向（three-wave approach）的學習支持：初波提供高品質教學；次波為小組的及早針對特定學生介入；三波則針對長期困難需要調整和密集介入的學生（Elkins, 2007）。

由上述國際趨勢，可以看到各國政府對於學生低成就問題已不再僅依賴補救教學，而是設法因應事實、整合全部資源、提供連續性支持措施，積極及早避免各種不同因素造成的學生差異所衍生的任何一種教育不公平。不論中文翻譯為扶助或支持，英文的「support」所涵蓋的範圍和意涵大於補救教學（remediation），不僅是針對低成就的學業問題補救，更有積極性的預防和不同程度的支持和教育調整；不再等待失敗再補救，而是事先針對高風險學生提供系統性的介入（intervention）和預防（prevention）。若支持後的反應不佳則加強支持資源，直到適性為止。

第二節　國內學習扶助相關政策與方案

　　我國對於教育不利的族群也有類似的政策，從民國八〇年代初期至今，主要有教育優先區、潛能開發班、課後照顧、補救教學到學習扶助等五種主要的政策（洪儷瑜，2012）。由表 1-1 可知最早的政策是「教育優先區」，從民國 83 年試辦，民國 85 年正式實施。教育優先區本來有十項指標，到民國 98 年僅剩六項：（1）原住民學生比率偏高；（2）低收入戶、隔代教養、單（寄）親家庭、親子年齡差距過大及新移民子女之學生比率偏高；（3）國中學習弱勢學生比率偏高；（4）中途輟學率偏高；（5）離島或偏遠交通不便；（6）教師流動率及代理教師比率偏高（教育部，2009），主要補助內容包括硬體設備、交通費用和學生的學習輔導。隨後因應國中生偏差行為問題，教育部於 87 學年度鼓勵學校利用寒暑假為學習、行為表現不佳學生開設「潛能開發班」辦理適性輔導，並將補救教學與潛能開發二者合一，於民國 88 年訂定「國民中學潛能開發教育實施要點」（教育部，1999）。隨後為非教育優先區學校之弱勢學生提供補救教學的補助，於民國 94 年訂定「攜手計畫：大專生輔導國中生課業試辦計畫」（教育部，2005），之後往下延伸到國小。民國 98 年「教育部補助國民中小學及幼稚園弱勢學生實施要點」（教育部，2009），將課業扶助之概念擴大到補救教學和課後照顧。

　　民國 101 年，因應十二年國民教育即將上路，提出學習支援系統（教育部，2012a），將補救教學定義於三層級學習支援系統的第二層支持，與普通教育內的差異化教學（第一層支持）和特殊教育（第三層支持）共同建構國民教育之三層級學習支援系統。同時，教育部在民國 101 年針對國中小重新制定補救教學之作業要點「教育部國民及學前教育署補助直轄市、縣（市）政府辦理補救教學作業要點」（教育部，2012b），確定補救教學分

表 1-1 臺灣因應教育不利學生之相關政策一覽表

年代	計畫名稱	主要補救項目
民國 85 年 （1996）	教育優先區	1. 推展親職教育活動 2. 補助原住民及離島地區學校辦理學生學習輔導 3. 補助學校發展教育特色 4. 修繕離島或偏遠地區師生宿舍 5. 充實學校基本教學設備 6. 發展原住民教育文化特色及充實設備器材 7. 補助交通不便地區學校交通車 8. 整修學校社區化活動場所
民國 87 年 （1998）	潛能開發班	對象：生活適應不佳、學習適應不佳國中生 項目：學業輔導、生活輔導
民國 94 年 （2005）	攜手計畫：大專生輔導國中生課業試辦計畫	對象：國中階段的弱勢家庭與低成就學生 項目：課後課業輔導
民國 95 年 （2006）	教育部補助辦理攜手計畫課後扶助要點（94年攜手計畫之修訂）	對象：四種環境弱勢之國中小學生 項目：補救教學
民國 98 年 （2009）	教育部補助國民中小學及幼稚園弱勢學生實施要點	對象：環境弱勢之國中小學學生和學前幼兒 項目：幼兒教育、補救教學、國小課後照顧、教育優先區、學雜費紓困
民國 100 年 （2011）	國民小學及國民中學補救教學實施方案	對象：環境弱勢國中小學學生 項目：教育優先區、補救教學
民國 101 年 （2012a）	教育部十二年國民基本教育學習支援系統建置及教師教學增能實施要點	對象：全體學生 項目：三層級之學習支援（差異化教學、補救教學、特殊教育）
民國 101 年 （2012b）	教育部國民及學前教育署補助直轄市、縣（市）政府辦理補救教學作業要點	對象：一般學校之低成就（一般學習扶助方案）、特定地區（特定地區學習扶助方案）、國中基測成績待提升學校學習扶助方案、直轄市、縣（市）整體推動方案

（續下表）

年代	計畫名稱	主要補救項目
		項目：補救教學、課後學習輔導、寒暑假學習輔導、住校生夜間學習輔導。
民國 105 年（2016）	教育部國民及學前教育署補助辦理補救教學作業要點	對象：一般學校之低成就（一般學習扶助學校）、特定地區（特定學習扶助學校）、矯正學校及少年輔育院 原則：弱勢優先、公平正義、個別輔導（成立學習輔導小組） 項目：補救教學、學習輔導、縣市資源中心、教學換宿
民國 108 年（2019）	教育部國民及學前教育署補助辦理國民小學及國民中學學生學習扶助作業要點	對象：不再定義低成就學生和所屬地區。僅列補助之適用對象如下： 1. 直轄市、縣（市）政府 2. 法務部矯正署 3. 公私立大學 4. 與本署合作之機關團體 項目： 地方政府：縣市整體行政推動計畫、學校開班費、教學換宿經費、國中適性分組教學試辦經費、學校自主規劃提升學習低成就學生學力計畫。 法務部、公私立大學和本署合作之機關團體：學校開班費。

一般地區的低成就學生（一般學習扶助方案）──主要是補救教學，和特定地區的學習輔導（特定地區學習扶助方案）──主要針對教育優先區的學校，包括課後學習輔導、夜間學習輔導、寒暑假學習輔導和住校生輔導。另外並針對國中基測成績不佳的學校提供國中基測成績待提升學校學習扶助方案，以及鼓勵各縣市整合縣市轄區內的需求整體推動方案。在民國 101 年的作業要點並提出政府實施補救教學主要三大目標：（1）篩選學習低成就學生，施以補救教學；（2）提升學習效能，確保學生基本學力；（3）落實

教育機會均等理想，實現社會公平正義。隨後，因應偏鄉地區學校教師之缺乏，教育部於民國 104 年成立教學換宿計畫，鼓勵「教學換宿」，透過「鹿樂」人力資源網路平臺，媒合退休老師或具教學專長志工到偏遠學校服務。民國 105 年的「教育部國民及學前教育署補助辦理補救教學作業要點」（教育部，2016），將教學換宿加入補救教學的實施項目之一，並提出實施補救教學的三個原則——弱勢優先、公平正義和個別輔導，且要求學校成立學習輔導小組對參與補救教學的學生進行個案管理，並補助縣市政府建立資源中心辦理補救教學推動業務。一直到民國 108 年才將補救教學之名稱換成學習扶助，且在條文中將原來的補救教學項目均改成「學習扶助」；其他項目與之前差不多，僅是少了特定學習扶助專案（即是針對類似教育優先區的學校），而增加國中試辦適性分組教學（即兩班三組）、學校自主規劃之提升學習低成就學生學力計畫等項目（教育部，2019）。

由表 1-1 之相關政策一覽表，可以看到我國對於教育不利學生的政策之演變，包括名稱、對象、實施方式和補助重點之變化。主要演變之趨勢可歸納如下七點：

1. 對象愈來愈完整，包括環境因素的弱勢和學習表現不佳的學生：先由國中階段開始，逐漸往下涵蓋九年義務教育。剛開始小學生的學業補救先僅以英語科補救為主（教育部，2004），到民國 95 年「攜手計畫：課後扶助」才包括國民中小學學生在基本學科的低成就。也配合及早補救成效較佳的事實，降低補救教學的年級與開放補救科目，由此可見政府由頭痛醫頭的解決思維，進展到往下預防的補救政策。民國 105 年並納入法務部矯正學校的學生為特定學習扶助方案之對象。

2. 低成就的界定愈來愈客觀、明確，但也結合方案之發展需求：補救教學開始由各校、各班之標準，進而建立統一篩檢機制及全國性參考的標準，且建立科技化評量，將每學期的評量結果設定不同目標，並要求學校做個案管理，鼓勵學校以資料為本的自主研發學校改進學力之

方案。

3. 學習扶助推動之措施和方案愈來愈完備：早期之補救教學由各校自己發展，隨後提供師資培育和諮詢輔導、線上支援與管理平臺系統。除了學習扶助之外，另增學校自主發展的方案和特定區域的課後照顧、夜間輔導和寒暑假輔導等，以及民國105年之後的教學換宿之專長志工教師，及國中的兩班三組之課中輔導（或稱適性分組教學），方案漸趨多元，而運作體系漸趨完備。

4. 對學習扶助之品質監控愈來愈制度化：除了篩檢低成就學生之機制外，也同時建立縣市資源中心負責推動和監控各縣市低成就學生學習扶助方案之成效，並定期獎勵辦理績優之縣市、學校和教師，落實監控品質和考核方案之績效。

5. 整合各項政策，建立縣市政府和學校層級分工，逐漸系統制度化：於民國98年試圖整合過去分散之各項方案，從過去學校各自依據條件申請，到民國101年「教育部國民及學前教育署補助直轄市、縣（市）政府辦理補救教學作業要點」列有縣市政府整體推動方案申請補助並整合多項方案。民國101年分一般學習扶助和特定學習扶助整合「攜手計畫」、「補救教學」、「學習輔導」、「課後照顧」等詞，並於民國105年提供補助設置縣市資源中心，鼓勵縣市政府研發整體推動之方案。

6. 名詞擴大為學習扶助，但內涵被窄化到補救教學：民國108年的「教育部國民及學前教育署補助辦理國民小學及國民中學學生學習扶助作業要點」，名稱由補救教學擴大為學習扶助。根據國外的趨勢，解決教育不利學生之低成就問題，光是補救教學確實不夠，所以國內如此修改看似符合趨勢，可是相較於之前的補助要點，新的學習扶助概念卻僅限於補救教學，實質內容比以往更少了。可見民國108年的要點雖修改名稱，讓名稱符合之前推動各項工作的概念，但深究其內容卻限縮到傳統的低成就學生之補救教學，對於特定地區所需之學習輔導

工作，或寒暑假的充實學習活動等積極預防不利條件之差異的方案卻消失了。所以，新要點所指的學習扶助在概念上被窄化了，顯示我國面對教育公平的問題僅將名稱趕上國際趨勢，其概念卻開了倒車。

7. 補助對象逐漸增加：從民國 105 年開始由直轄市、各縣市政府增加到法務部的矯正署和公私立大學，到民國 108 年更增加了與國教署合作之學校為單位提升到合作機關團體，讓參與辦理學習扶助之單位越來越多。

第三節　學習扶助之政策執行

除了前述學習扶助之政策說明外，我們也可從作業要點來看學習扶助政策之經費預算、相關資源之建置，以及各級單位分工情形，以此瞭解中央政府對此政策之執行。

 經費預算

學習扶助在臺灣屬於免費的福利，與現有國中第八節的課後輔導不同，所需預算都是由中央政府採專案方式補助。因民國 100 年教育部推出 ASAP 線上評量，全面推動申請補救教學補助之學校參與線上篩選，進而對於符合低成就的學生數量之掌握愈來愈明確，後修改為「國民小學及國民中學學生學習扶助科技化評量」（PRIORI-tbt），除了小二以下，全部學生採用線上評估，以每學年下學期末的評量篩選新學年的低成就學生，來估計下一年的補救教學預算。民國 101 年開始，預算大增到 10 億，隨後將各項補助方案整合進入線上評量，補救教學預算逐年增加，民國 103 年增為 15 億，後因將偏鄉學校課後照顧和夏日樂學等活動區分開來，民國 109 年國教署僅就學習扶助之經費預算超過 10 億元。教育部透過評量系統之建立，已逐步掌握

國內符合低成就標準之學生數量，於民國 101 年參與篩檢施測和開班學校數 2963 所，已超過公立國民中小學之 85%；民國 108 年參加的學校數 3283 所，更高達公立國民中小學之 90%（教育部國民及學前教育署，2019）。可見此方案逐漸普及，經費預算早期逐漸增加，後聚焦在學習扶助，但經費也平穩都在 10 億以上。

二 相關資源

教育部為有效推動和考核學習扶助之政策，為縣市政府、學校和教師建立相關資源，以下依據行政、教學和教師三部分分別說明：

（一）行政資源

教育部國民及學前教育署委託臺南大學建置「國民小學及國民中學學生學習扶助資源平臺」（http://priori.moe.gov.tw/），透過網路平臺提供各縣市政府申請補助計畫、各校申請科技化篩選評量和學生資料管理，以及相關的辦法、資訊和表格，讓行政流程得以簡化和標準化（教育部國民及學前教育署，無日期）。負責此計畫之團隊（臺南大學）與教育部定期辦理成果發表會，讓縣市之間、學校之間互相交流辦理業務之困難與解決策略。

（二）教學資源

教育部參考教師和學者之意見，考慮九年一貫課程綱要對低成就學生之標準過高，為符學習扶助之需求，在民國 101 年制定國、英、數之基本學習內容。「所謂補救教學基本學習內容，係指無論課程綱要或課程標準如何改變或教材如何重編，學生在該年級之工具學科中必須習得之最基本內容。」（蔣偉寧，2012）。基本學習內容主要明定各學科之基本能力，以取代課綱所要求的標準，讓教師參考各年級工具學科的基本學習內容，得以在進行學習扶助時調整學習目標接近低成就學生之程度，以解決學習扶助之內容

合理性和合法性間的衝突。然而，基本學習內容僅有國、英、數三個工具學科，上述學習扶助之科技化評量也依據基本學習內容所編製，對於民國 108 年開始實施的十二年國民基本教育課程綱要而言，民國 101 年所制定的基本學習內容是否還符合，或是學習扶助所強調的基本學力是否不受課綱調整之影響，仍有待商榷。

　　上述之基本學習內容由各中央輔導團編製教材和教案，置放於「國民小學及國民中學學生學習扶助資源平臺」之「教學資源」項下（http://priori.moe.gov.tw/index.php?mod=resource），包含國中、小階段國、英、數三科共六項，另也置放相關數位學習資源，以協助學校取得適合低成就學生之教材。

（三）教師資源和支援

　　教師是進行學習扶助之關鍵人物，也是決定學習扶助成效的靈魂。參與學習扶助的資源可包括：教師專業、人力和教師支援系統。過去補救教學政策曾以大專生為主，後來增加退休教師，到民國 95 年才開放補救教學之師資來源，讓現職教師也可以參加；各校狀況、資源不一，大專生、退休教師或各機構之志工等人力並不如想像中容易招募或勝任。基於很多補救教學的師資未接受過專業訓練，教育部體認補救教學（學習扶助）之師資需具備基本的專業知能，也需要提供一套培訓標準提供各縣市參考，故於民國 99 年委託臺灣師範大學教育研究與評鑑中心制定「國民中小學補救教學師資研習課程」。經過焦點團體討論、試用等階段，推出補救教學師資 18 小時研習，內容包括必修的補救教學核心精神、基本概念、班級經營、測驗與診斷的應用，以及選修的分科補救教學策略和分科補救教學教材教法，並依據教學資歷分別規定，現職教師和退休教師只需研習 8 小時，儲備教師和大專生或其他教學人員則需研習 18 小時（甄曉蘭、洪儷瑜編，2011）。隨後，職前教師專業素養也加上補救教學或適性教學等相關選修課程，作為職前師資培育之基本知能，部分大學如臺東大學也將補救教學設定為學程，規定

20 學分之課程。國外如澳洲昆士蘭大學將補救教學設定為教育碩士學位的主修之一，稱為學習支持（learning support），其主修領域有 8 學分，僅有 2 學分為知識課程，其他 6 學分都是實習或實作課程。由上述學程或學位的要求可知，學習扶助之實作學習很重要，但卻是教育部在補救教學師資知能之規定所欠缺的。目前教育部對於師資生的獎學金和公費生之要求，也將實際參與學習扶助之經驗作為條件之一，可見學習扶助已列入職前教師培訓工作中，且加強實作學習的經驗，讓未來師資的培育也能配合教育政策。

　　關於教師人力支援，教育部在「國民小學及國民中學學生學習扶助資源平臺」設置有人才招募專區和專業增能資訊，前者主要在建立師資人力和國民中小學師資需求之媒合，協助學校取得師資人力；後者在提供教師專業增能的資訊。教育部並於民國 100 年委託臺灣師大教育研究與評鑑中心依據所規定之課程，辦理補救教學種子教師研習。後委託臺灣師大培訓到校諮詢人員、入班輔導人員及協助縣市政府推動學習扶助；教育部於民國 105 年開始補助縣市設置資源中心，補助專任人力負責推動，並沿用民國 100 年「國民小學及國民中學補救教學實施方案」所擬定的教師教學支持與督導系統，培訓補救教學入班輔導員，入班協助教師進行學習扶助之專業成長，建立教學輔導系統，結合上述專案「國民中小學學生學習扶助到校諮詢人員暨入班輔導人員培訓計畫」講師之培訓為學習扶助專業發展之資源。

三　各級政府與學校行政之分工

　　民國 100 年「國民小學及國民中學補救教學實施方案」明示補救低成就學生的工作需要整合各方資源，對各級政府和學校之任務明定如下（教育部，2011）：

　　　　中央負責籌措預算、辦理全國說明會及訪評、建置檢測工具、表揚全國績優學校等。

　　地方政府負責（1）政策宣導：包括辦理全縣市說明會、填報系統教育訓練、宣導短片、文宣製作及專案網站建置等；（2）研發推廣：包括研發補救教學教材、診斷工具，辦理研討會、行動研究及發表會等；（3）行政作業：辦理期中及期末檢討會議、訪視評鑑或成果檢核、績優學校及人員表揚、績優學校成果觀摩會及發表會等。

　　學校則負責招募教學人員、進行補救教學、記錄教師教學與學生學習成效。

　　隨後因應作業要點之調整，地方政府與學校任務所增加之項目如下：縣市政府獲得補助增設資源中心，轄區內學校達百校或以內者，得設置一資源中心，並獲補助一名專任人員；超過百校未達二資源中心者，校數超過六十所者得增聘一人。縣市政府之工作除了上述之政策宣導、研發推廣和行政作業之外，增加行政督導、輔導諮詢、研發推廣、實驗課程、教師成長、教材印製等（教育部國民及學前教育署，2016），可見縣市政府在此工作之系統和功能逐漸獨立自主。

　　學校對學習扶助要負責的業務，除了教學人員之招募和專業知能的取得，以及規劃學校整體的計畫外，還包括協助教師完成教學紀錄與學生篩選和追蹤評量。後來在民國 105 年之作業要點增加成立學習輔導小組，由學校校長召集校內相關人員成立，並對學生進行個案管理，增加校內自主運作系統和工作，而特定學習扶助區的學校另需要自行規劃夜光天使、寒暑假學業輔導、住宿生輔導或教學換宿之志工教師等相關業務。可惜很多學校把學習扶助當作補助專案之一，未能利用專案補助主動配合學校需求去推動（如積極宣導找出校內低成就學生或真正有需求的學生），且礙於學校行政人員流動率高，未能建立業務流程而造成新手不易交接、行政業務忙碌、不知專案背後的理念與精神，導致專案心態應付了事。很多學校都是承辦人員或教務處人員自己授課，讓班級任課老師置身度外。

　　通常有學習扶助與教育公平理念的學校，校長或教務處會宣導學習扶助之相關訊息，並讓學年或學科領域召集人參與決策與執行。學科領域召集人利用該科篩選結果跟領域教師討論，並決定該校之篩選標準，及領域需要補救之方向和目標，由領域推派教師擔任教學，把專案工作當作延伸領域教學的資源之一，並積極推動實驗，如課中補救方案（現稱國中適性分組）等，讓所有教師知道學習扶助與自己上課之加強補救的差異。唯有學校全面宣導、讓教師社群參與任務，才能善用此資源、增加該學科之教學資源。宋佩芬老師曾經訪問國內北部地區公認的認真投入補救教學的教師（2016），根據他們所描述的補救教學工作經驗，將其對補救教學的信念區分為四——傳統消極、傳統積極、引發動機和關懷取向。前兩種教學都是以教師為主要決策，尤其是第一種，教師雖認真但對學生缺乏信心，視學生學習失敗為當然；第二種雖積極教學，但仍是以教師為中心的設計，只有後兩者的教學會以學生為中心設計，強調重新燃起學生的學習熱忱。因此，她建議補救教學師資專業訓練應該提供參與者對學習扶助理念的覺察和反思，這也是學校推動和宣傳學習扶助工作時要注意的。

第四節　多層級的學習扶助系統

　　相較於補救教學之概念，新的名詞「學習扶助」應類似國外所實施的學習支持（learning support）。國外文獻也逐漸以多層級的學習扶助系統取代單一措施的補救教學，如美國、芬蘭和澳洲甚至將不同層級的學習扶助系統之目標、對象和方法都做了清楚的界定。可惜國內雖然在法規名稱上修改為學習扶助，但是在做法上仍是補救教學，尚未見到將不同層級的扶助目標和對象、方法納入整合為完整的扶助系統。為提供讀者瞭解多層級的學習扶助系統，特介紹國外多層級學習扶助系統之實施狀況。

　　Mellard、McKnight 和 Jordan（2010）指出預防學業學習失敗的三層級

學習支持系統，不應限於成立補救教學班，而是全校因應各種不同學習程度與需求所建立之學習支持制度。此外也有許多學者紛紛提出學校和政府應該建立三層級學習支持系統（3-tier learning support）或三層級學習介入（3-tier intervention）或是三波的學習介入（3-waved intervention），期待及早預防以縮短有學習困難的低成就學生到精熟學習之間的差距和時間，並且降低第三層需要高密度介入之特教學生人數（Chard et al., 2008; Elkins, 2007），讓不同程度和需求的學生及早獲得適性的學習介入或支持之機會，如圖 1-1 左圖三層級學習支持系統所示。

　　美國的多層級和三層級學習支持，第一層級的學習支持在普通班的高品質教學，確保學生第一時間就可以有最佳的學習成效。Vaughn 和 Fuchs（2003）也認為普通班內優質的教學就是最好的預防學習失敗之措施，這些優質的教學方法都是經過整合分析研究（meta-analysis）證實的方法，即最近教育界倡導的有科學實證的教學（evidence-based instruction）作為轉介之前預防（洪儷瑜、何淑玫，2010）。有效教學也需要教師運用多元評量評估，提早偵測學生的錯誤或學習失敗，而在原班及早針對少部分內容進行補救；在原班的補救也稱為一般補救或有效教學程序之一。根據研究發現，相較於其他沒有科學實證方法的小一班級中有 44 至 46% 的學生沒有

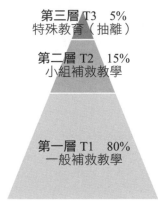

第三層 T3　5%
特殊教育（抽離）

第二層 T2　15%
小組補救教學

第一層 T1　80%
一般補救教學

	目標	比率	補救教學方式與密度
三級	預防低成就學生之學習失敗	5%	每天，更密集 小組或個別
次級	提升低成就學生之成就，減少低成就學生之比例	15% 以下	每天一次，每週 3 至 8 小時 小組、額外教學
初級	核心課程優質化教學，讓一般學生均可成功學習	80% 以下	原班級 隨課或課餘無須刻意安排補救教學時間

圖 1-1　三層級學習支持系統

進展，第一層級採用有實證支持的有效教學可讓超過八成的學生顯著進步（Foorman, Francis, Fletcher, Schatschneider, & Mehta, 1998），不過這些教學成效的差異需要實施一學年才能顯現。類似的研究也見於臺東大學陳淑麗教授研究團隊在臺東地區所進行的「反敗為勝」。該研究發現，全校二、三年級的學生在實施第一層級的有效教學介入後兩年，閱讀困難學生比率分別減少 33%、26% 之多（陳淑麗、曾世杰、蔣汝梅，2012）。Windmueller（2004）統整美國第一層級學習支持的研究文獻，發現有效教學可以減少閱讀困難的學生達三分之二到五分之四之多。

　　第二層級的學習支持也稱補充式（supplemental），為非必要實施的補救教學，主要是針對低成就或有明顯學習困難的學生所提供，目標在及早減少低成就學生繼續淪為低成就的機率，且以小組教學方式進行居多。研究證實，原班異質學生利用原教材的補救成效並不好。Mellard 等人（2010）整理美國多層級補救教學研究發現，第二層級的補救教學都以 2 至 5 人或 6 至 10 人之小組為多，而第三層級的補救教學則為 2 至 5 到一對一的個別教學為多，多數研究以每天 30 至 50 分鐘（Windmueller, 2004; Mellard et al., 2010），外加於原班屬初級預防的上課時數。國內陳淑麗等人（陳淑麗、洪儷瑜、曾世杰，2005）研究發現，在第二層級之補救教學為 6 至 8 人，每週 6 至 8 小時。根據國外研究發現，第二層級的補救可以將 67% 低成就學生提升到同儕平均水準，而第三層級閱讀困難的學生可以降到 3%（Vellutino et al., 1996）。佛羅里達州的研究團隊也發現，第二層級的補救教學可以降低第三層級閱讀困難學生比率到 2 至 6%（Torgesen et al., 1999）。國內陳淑麗等人針對小二、小三原住民低成就學生進行第二層級補救教學，約有一半低成就學生可以達到一般同儕水準（陳淑麗等，2005）；作者在北部地區針對小三、小四有讀寫字困難學生進行補救教學，也發現經過 20 次密集補救，約三分之一學生可以達到平均水準（洪儷瑜，2005）。雖然第二層級的補救教學可有效改善低成就學生的學業困難、提升學生成就，但不可諱言的是，即便科學實證有效的方案也難教好每一個學生。少部分學生之困難

經過一學年或更長的補救教學仍難改善，因此美國官方利用學生對補救教學的介入反應（RTI）作為篩選特殊教育需求學生的指標之一，把對補救教學介入反應不佳的學生，視為特殊學生的標準之一。教學反應不佳意味著學生可能需要更多、更密集的學習支持，甚至更專業的診療教學。

　　第三層級的學習支持主要針對第二層級補救教學反應不佳的學生，約為 5% 以下的學生。目的在於幫助這些學生不要因低成就或過去學習失敗而停滯成長，補救的目標在縮小其與一般同儕的差距，或是讓他們有機會獲得基本的學習能力。第三層級的學習支持通常就是特殊教育的抽離教學，其教學需依據學生的特殊需求、個別化教育計畫擬定，課程間也因學生需求須重新整合（如主題或領域課程），故不易比較其授課時間，且其內容與普通班課程差異最大。如北部地區部分國中特教班之教學設計，把智商 50 左右之輕度智能障礙學生在特教班的課程目標，設定為語文能力約在小四、小五的程度，即是讓具第三層級學習支持需求的學生有機會獲得語文基本能力，落實第三層級預防的目標。

　　芬蘭的三層級學習支持系統更具體的說明如圖 1-2，針對原班低成就學生的一般支持，除了提供全體學生高品質的差異化教學之外，有學習困難者先提供 6 至 8 週短期額外補救教學，實施評估後決定是否繼續，此稱為一般支持（general support），估計約 20 至 30% 的學生需要，都由原班教師擔任執行；如果一般支持尚無法改善者，則轉到第二層級的強化支持（intensive support）提供學習輔導計畫，並由學校整合多專業輔導小組負責，通常輔導時間超過一學期以上，由受過專業訓練的補救教學教師或特教教師與普通班教師合作執行，約為 10% 的學生；如果強化支持尚無法改善者，則轉到第三層級的特別支持（special support），需擬定個別化教育計畫（IEP）且更密集實施介入方案，由受過專業訓練的特教教師擔任，約為 8% 的學生。所以，芬蘭估計全國具特殊需求的學習支持者約占 40 至 50%，此數據主要由三層級所構成，且三層級之間的轉介強調學生學習需求高於所給予的支持時，應轉介到上一層級，這才是以學生為本位的整合資源

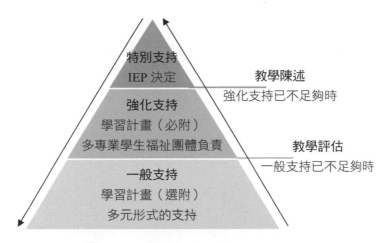

圖 1-2　芬蘭的三層級學習支持系統

資料來源：出自 Mihajtovie（2021）。

的支持系統（Mihajtovie, 2021）。

　　是否三層級學習支持就足夠了？美國有學者認為不應僅限三層，而主張多層級學習支持（multiple-tier learning support）；有些地區會再細分到第四層，將第三層定位為小組 2 至 5 人、第四層為一對一教學，而將特殊教育放在三層級學習支持之外（Lerner & Johns, 2009）。Mellard 等人（2010）所提之四層級的學習支持，其第三層尚未確定是身心障礙的學生，他們僅提到第二、三層級補救教學之差異在於小組人數之多寡、補救教學頻率之密集程度和次數之多寡，身心障礙學生仍需經由專業鑑定後確定。國內補救教學之儲訓很可惜地未能與特殊教育的資源做一整合，雖然在特殊教育的學習障礙鑑定基準已明文強調需經由普通教育的介入仍難以改善者（教育部，2013），但因辦法、經費預算和負責單位不同，學校未能主動整合的狀況下，校內普特各行其事，就會造成學生長期接受學習扶助卻效果不彰，而打擊了教師參與任務的信心；或是特教鑑定僅就一時測驗結果和行為表現，未能經由校內學習扶助之長期教學介入觀察，而導致部分縣市學習障礙鑑定工作負擔沉重，但鑑定效果並不理想。

　　如澳洲學者 John Elkins 所說，全體的學生本來就會差異很大（2007），如果要能落實「帶好每一個學生」，多層級連續性的學習支持系統之建立是必要的。補救教學僅是學習支持的方法之一，但國內目前的學習扶助概念已經跟上趨勢，可惜相關辦法卻仍鎖定在補救教學之實施，忽略除了行政運作系統之外的扶助需求之系統化，統整為一個連續性的支持，只好靠學校的校長領導和地方政府的睿智，才有機會落實教育公平的理念。

　　本章乃因應國內學習扶助之概念與上述所提國際趨勢有所不同而撰寫，然而本書之其他章節仍鎖定在補救教學的相關知能，以配合國內教育政策的需求。而關於三層級的系統整合和其他與補救教學無關的學習扶助工作，因篇幅有限只好割捨，特此說明。

參考文獻

中文部分

宋佩芬（2016）。扶助弱勢學生學習：教師教學信念與教學取向之探究。**嘉大教育研究學刊，37**，149-180。

洪儷瑜（1991）。**英國的融合教育**。臺北市：學富文化。

洪儷瑜（2005）。**中文讀寫困難學生適性化補救教學：由常用字發展基本讀寫技能（I & II）**。行政院國家科學委員會專題研究計畫成果二年的期末總報告（NSC91-2413-H-003-020、NSC92-2413-H-003-020）。

洪儷瑜（2012）。由補救教學到三層級學習支援。**教育研究月刊，221**，13-24。

洪儷瑜、何淑玫（2010）。「介入反應」在特殊教育的意義與運用。**特殊教育季刊，115**，1-13。

教育部（1999）。**國民中學潛能開發教育實施要點**。臺北市：作者。

教育部（2004）。**教育部縮短城鄉學習落差補助要點**。臺北市：作者。

教育部（2005）。**攜手計畫：大專生輔導國中生課業試辦計畫**。臺北市：作者。

教育部（2006）。**教育部補助辦理攜手計畫課後扶助要點**。臺北市：作者。

教育部（2009）。**教育部補助國民中小學及幼稚園弱勢學生實施要點**。臺北市：作者。

教育部（2011）。**國民小學及國民中學補救教學實施方案**。臺北市：作者。

教育部（2012a）。**教育部十二年國民基本教育學習支援系統建置及教師教學增能實施要點**。臺北市：作者。

教育部（2012b）。**教育部國民及學前教育署補助直轄市、縣（市）政府辦理補救教學作業要點**。臺北市：作者。

教育部（2013）。**身心障礙及資賦優異學生鑑定辦法**。臺北市：作者。

教育部（2016）。**教育部國民及學前教育署補助辦理補救教學作業要點**。臺北市：作者。

教育部（2019）。**教育部國民及學前教育署補助辦理國民小學及國民中學學生學習扶助作業要點**。臺北市：作者。

教育部國民及學前教育署（2016）。**國民小學及國民中學補救教學實施方案 105 學年度標準作業流程手冊**（暫行版）。取自 https://priori.moe.gov.tw/index.php?mod=download/getFile/download_id/153

教育部國民及學前教育署（2019）。**教育部國民及學前教育署 109 年度單位預算案**。臺中市：作者。

教育部國民及學前教育署（無日期）。**國民小學及國民中學學生學習扶助資源平臺**。取自 http://priori.moe.gov.tw

陳淑麗、洪儷瑜、曾世杰（2005）。以國語補救教學診斷原住民學童是否為學習障礙：轉介前的效度考驗研究。**特殊教育研究學刊，29**，127-150。

陳淑麗、曾世杰、蔣汝梅（2012）。初級與次級國語文介入對弱勢低學力學校的成效研究：不同介入長度的比較。**特殊教育研究學刊，37**（3），27-58。

甄曉蘭、洪儷瑜（編）（2011）。**國民中小學補救教學師資研習課程參考手冊**。臺北市：國立臺灣師範大學教育研究與評鑑中心。

蔣偉寧（2012）。部長的話。載於教育部（彙編），**補救教學基本學習內容**（試用版）（頁 1-2）。臺北市：教育部。

西文部分

California Department of Education (n.d.). *Definition of MTSS*. Retrieved from https://www.cde.ca.gov/ci/cr/ri/mtsscomprti2.asp

Chard, D., Stoolemiller, M., Harn, B. A., Wanzek, J., Vaughn, S., Linan-Thompson, S., & Kame'enui, E. (2008). Predicting reading success in a multilevel schoolwide reading model: A retrospective analysis. *Journal of Learning Disabilities, 41*, 174-188.

Coleman, J., Campbell, E., Hobeon, G., McParland, J., Mood, A., Weindeld, F., & York, R. (1966). *Equality of educational opportunity*. US Department of Health, Education and Welfare and Office of Education. ED 012 275.

Elkins, J. (2007). Learning disabilities: Bringing fields and nations together. *Journal of Learning Disabilities, 40*(5), 392-399.

Foorman, B. R., Francis, D. J., Fletcher, J. M., Schatschneider, C., & Mehta, P. (1998). The role of instruction in learning to read: Preventing reading failure in at-risk children. *Journal of Educational Psychology, 90*, 37-55.

Lerner, J., & Johns, B. (2009). *Learning disabilities and related mild disabilities* (11th ed.). Boston, MA: Houghton Mifflin.

Mellard, D., McKnight, M., & Jordan, J. (2010). RTI tier structures and instructional intensity. *Learning Disabilities Research & Practice, 25*,

217-225.

Mihajtovie, C. (2021). Special educator's perceptions of their role in inclusive education: A case study in Finland. *Journal of Pedagogical Research, 2*(2), 83-97.

Rawls, J. (1971). *The theory of justice*. Cambridge, MA: Harvard University Press.

Silver, H., & Silver, P. (1991). *An educational war on poverty: American and British policy-making 1960-1980*. Cambridge, UK: Cambridge.

Topitzes, J., Godes, O., Mersky, J., Ceglarekm, S., & Reynold, A. (2009). Educational success and adult health: Finding from Chicago longitudinal study. *Preventive Science, 10*(2), 175-195.

Torgesen, J. K., Wagner, R. K., Rashotte, C. A., Rose, E., Lindamood, P., Conway, T., & Garvan, C. (1999). Preventing reading failure in young children with phonological processing disabilities: Group and individual responses to instruction. *Journal of Educational Psychology, 91*, 579-593.

Torres, R. M. (2000). *Literacy for all: A United Nations Literacy Decade (2003-2012)*. Paris, France: UNESCO.

UNESCO (1994). *The Salamanca statement and framework for action on special needs education*. NUNESCO and Ministry of Education and Science in Spain.

Vaughn, S., & Fuchs, L. S. (2003). Redefining learning disabilities as inadequate response to instruction: The promise and potential problems. *Learning Disabilities Research & Practice, 18*, 137-146.

Vellutino, F. R., Scanlon, D. M., Sipay, E. R., Small, S. G., Pratt, A., Chen, R., & Denckla, M. B. (1996). Cognitive profiles of difficult-to-remediate and readily remediated poor readers: Early intervention as a vehicle for distinguishing between cognitive and experiential deficits as basic causes of special reading disability. *Journal of Educational Psychology, 88*, 601-638.

Windmueller, M. (2004, April 30). *The Three Tiered Model: Part I.* Presented in Quarterly Special Education Meeting, Albuquerque, NM.

| 第二章 |

低成就學生之特質與輔導

● 王瓊珠

　　學習低成就學生是學習扶助的主要對象。究竟「低成就」是什麼意思？是功課不好而已，或者還有其他影響因素呢？低成就學生有什麼特質是需要老師多加關注的？這些特質如何影響學習結果？身為學習扶助教師，多數教師都知道要掌握學生的起點行為，評估學生的能力到哪裡，但還有一個很重要的議題是，如何喚起學生學習的動機？以上這些都是本章要討論的問題。我們期待老師對學生的特質有多一些瞭解，在教學上能拿出相對應的輔導措施，而不只是看學生的外顯行為，就認為他們是不想學習、沒有學習動機、懶惰，甚至是無可救藥的學生。事實上，多數學生都想要有好表現，只是心有餘但力不足，需要老師給予支持的力量，才能有心、有力。

第一節　低成就的定義

　　學習扶助的主要對象是學習低成就學生，但究竟低成就是什麼意思？「低成就」從直觀上來說是學習表現不佳的意思，然而「不佳」是比較之下的結果，所以要看是跟誰比。

　　假如將個體實際表現跟他自己的能力相比，未達應有的水準，這種低成就稱為 underachievement（在應有的成就水準之下）。例如：一個平時都考 90 幾分的學生，在考不到 70 分時，我們可能會說他：「考試**失常**」、「**不應該**考這麼差」，這就是以個體自己當參照點。另外，也可能把個體拿來跟他的同儕相比，例如：全班在同一位教師、使用同樣教材教法的情境下，考試成績班平均為 75 分（標準差為 10），但該生僅有 50 分，成績不及格且低於班平均兩個標準差以上，算是 low achievement（成就低落），這是以群體的平均表現當參照點。

　　國內學習扶助的對象是指哪一種狀況呢？依據「教育部國民及學前教育署補助辦理國民小學及國民中學學生學習扶助作業要點」（2021a）第二點，關於補助的目的有三：

（一）篩選國語文、數學、英語文三科目（領域）學習低成就學
　　　生，及早即時施以學習扶助，弭平學力落差。
（二）提升學生學習效能，確保學生基本學力。
（三）落實教育機會均等理想，實現社會公平正義。

　　「教育部國民及學前教育署補助辦理國民小學及國民中學學生學習扶助作業注意事項」（2021b）第三項更明確指出受輔的對象，乃係地方政府轄內公立國民小學及國民中學（包括國立學校及代用國中）之學生。具體說明如下：

（一）未通過國語文、數學或英語文篩選測驗之學生，依未通過科
　　　目（領域）分科目（領域）參加學習扶助。
（二）身心障礙學生經學習輔導小組認定受輔可提升學業成就者及
　　　其他經學習輔導小組評估認定有學習需求之學生，依國語
　　　文、數學或英語文之需求科目（領域），分科目（領域）參

加學習扶助〔該類學生以不超過全校各科目（領域）總受輔
人數之百分之三十五，且不得單獨成班〕。

因此，國內學習扶助的對象是從 low achievement（成就低落）的角度來界定，以國、英、數三個學習領域進行基本學業成就檢測，未達該年級標準者便列入學習扶助的對象。與先前教育部「國民小學及國民中學補救教學實施方案」（2011）對學習成就低落學生的選取標準略有不同，這是因為一開始推動攜手計畫課後扶助計畫時，並非所有學校都參與評量系統標準化測驗的檢測，故採取標準化測驗未達百分等級 35，或單一學科班級成績後百分之 25（都會區）或 35（非都會區）作為篩選標準。目前全國性的科技化評量系統（https://exam.tcte.edu.tw/tbt_html/）已建置完成，從篩選測驗到成長測驗都有固定的施測時間及通過標準，因此，在學習扶助對象的選取上也更為明確且一致。

第二節　學習低成就的成因

學習成就低落是一個最後的結果，造成低落的原因卻難以簡單地一言以蔽之。低落的原因可能包括個體因素（內在）、環境因素（外在），以及兩者交互作用的結果（洪儷瑜，2005）（見圖 2-1）。

內在個體因素多半是指因為生理障礙而導致的學習成就低落，例如：智能障礙、感官障礙、學習障礙、注意力缺陷（或合併過動）症、情緒障礙等，這些障礙會影響認知能力，進而影響個體對學習內容的吸收、統整和表達，例如：學一樣東西要花比別人加倍許多的時間，卻在努力強記之後又很快遺忘，彷彿老師從沒講過似的；或是可以依樣畫胡蘆照著模仿例題，不過只要有任何小更改（如改數字或順序）就又不會了。影響學習成就的外在環境因素則有欠缺學習機會、文化殊異、社經低落、教學不當等，這些因素雖

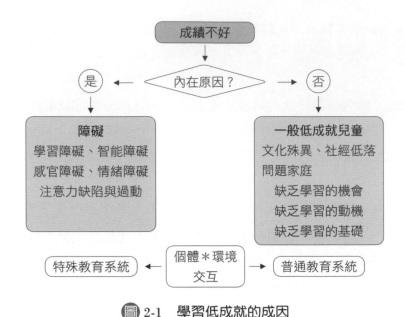

圖 2-1　學習低成就的成因

資料來源：參考洪儷瑜（2005: 387）。

非源自個體本身的障礙，但是卻讓個體能夠發揮的空間受限。例如：許多經濟弱勢家庭的學生，家庭資源不足，家長圖三餐溫飽都來不及了，哪有多餘的心力顧及孩子的學習？

　　當然，學習成就低落很多時候也不容易區分究竟是內在或外在因素造成，更多時候是兩者的交互作用。例如：因個體內在因素所致的學習障礙個案，表面上看起來跟一般低成就學生沒什麼兩樣，多是課業成績低落，很多老師和家長只是一味地用懶惰、不用功來解釋學習障礙者的失敗，卻沒有看到他們的努力，也沒有及時給予補救教學。在考試和學習一再失利的狀況下，學生就容易產生習得無助感（learned helplessness），反正讀不讀書，結果都一樣，哪能提起學習的勁呢？這類個案就是先天不良、後天又缺乏輔助，集雙重不利因素於一身。

　　瞭解造成學習低成就的原因，固然不代表有辦法完全摒除不利因素，但卻可以引導後續的教育處遇。一般來說，因個體內在障礙所導致的學業低成

就通常也是特殊教育的服務對象，一經鑑輔會鑑定通過後，可以享有特殊教育的資源，例如：安置在普通班，提供個體所需的學習輔具（如弱視擴大機、點字書、助聽器）、行動輔具（如電動輪椅、助行器）；或部分時間到資源班加強基本課業技能、接受學習策略與社交訓練等；或安置在特教班或特殊學校，學習較為生活化的實用科目或培養職業能力。而針對外在環境因素所導致的學習低成就，從社會正義的角度來看，學校是不是應該提供補救教學，讓一些缺乏資源、沒有機會好好學習的學生有再回頭的路？對弱勢學生提供較多的資源，盡量弭平他們與一般學生之間的不平等，呼應「積極的差別待遇」（positive discrimination）之理念。

　　針對難以分辨的學習障礙（內在因素）或一般學習成就低落（外在因素）這群個案，美國特殊教育法於 2004 年納入一個新概念——「介入反應」（Response to Intervention，簡稱 RTI）。簡單地說，RTI 就是在判斷學生是否有特殊教育需求前，先提供有實證研究支持之有效教學介入（如小組補救教學），等介入一段時間後，再依據其進步狀況來推斷學生是僅需要接受有效的補救教學即可，還是要進一步接受特殊教育服務才能滿足其差異。近年來國內推動三層級的學習支援系統，在原有普通教育和特殊教育中間，再增加一層的小組補救教學，以提升低成就學生之學習成就，也是呼應 RTI 的概念，期盼十二年國教之後，國中小學生仍具有基本學力（洪儷瑜，2012）。

　　為使讀者對於不同狀況的低成就學生及其教育需求有進一步的認識，下頁專欄 2-1 舉出 A、B、C 三個案例來進行討論，請讀者想一想三者的共通點在哪裡？三者又有哪些差異點存在？這些差異隱含哪些值得注意的訊息？呈現三位個案資料的主要目的是想提供教學者一些思考的方向，讓老師能試著注意到每位個案所處的條件是不同的，將來所需的協助多寡或方式也可能有所差異。

專欄 2-1　三位低成就學生之個案資料

　　A 生上課時總是規規矩矩地坐在位置上，不會給老師添麻煩，但是學業成績卻十分低落，在班上總是包辦最後三名。除了課業表現低落之外，語言溝通、生活自理、休閒活動等各方面的表現也都比同班同學落後，對於班上的所有活動非常被動、沒有聲音，猶如隱形人一般，下課後也沒有什麼朋友可以玩在一起。回家作業都是靠抄參考書的解答才能夠完成，作業倒是都會按時交。

　　B 生在老師眼中是「上課一條蟲，下課一條龍」，而讓爸媽都擔心的是他的學業成績低落，在班上總是敬陪末座。小學時還願意多少寫寫功課，上國中之後，課業多、壓力大就常不交作業。雖然媽媽很關心他的學業，在家也會陪讀、隨時指導課業，課業成績卻還是沒有明顯的起色。不過他在非學業方面的活動可是很有一套，能唱能跳，擅長主持康樂活動，反應挺機靈的，是班上的開心果。

　　C 生在小學時功課中下，但還不至於墊底，上國中之後，科目變多也變難了，上課時他總是哈欠頻頻，一問之下才知道晚上他都沉迷在電玩的世界，打電玩打到凌晨兩三點。爸媽忙於生計，也沒辦法督促他的生活作息，日復一日，現在的學業成績可說是每況愈下，在班上已經是倒數幾名。除非老師特意留他下來完成作業或背單字，否則回家之後幾乎不能指望他會自動讀書，考試成績如何他也不當一回事。

　　A、B、C 三個個案所呈現的學業問題表面上都類似，成績在班上都是敬陪末座，屬於成就低落學生。然而從個案的其他表現或環境因素來看，會發現三者的差異。在環境上，C 生的家庭支持最少，父母忙於生計，無暇顧

及他的生活作息，但是只要有人願意幫他、約束他、引導他，C 生可以完成
部分作業，並不是完全學不來，只是他從小沒有打下好的學習基礎和習慣，
面對國中教材難度加深後就招架不了。B 生是內在能力有明顯差距的個案，
學業上困難重重，但是在其他非學業的表現又有其機靈之處，不像智能障礙
的學生；家庭支持也夠，當孩子課業有困難時，媽媽願意在一旁指導和陪
伴，顯見其家庭非常關心孩子學習狀況，和 C 生的家庭處境不同，但為何
其學業成績還是進展不大？這就是需要好好瞭解的地方。至於 A 生是個不
吵、不鬧、很乖的個案，但就是學不來，除了課業之外，非課業的部分也都
有落後的情形，是較為全面性的低落，很可能與智力偏低有關，而不是沒有
學習動機或懶惰，因為即便他不懂作業要怎麼寫，還是很努力想要完成它。
由於他會遵守教室常規，不會干擾教師上課並會完成該做的功課，這類沉默
者反而是一些老師容易忽略的個案。

　　小結，三位個案學業成就低落的事實是明確的，但是背後的原因可能不
盡相同，他們是「能不能學」（稟性資質）、「會不會學」（學習方法），
還是「要不要學」（學習動機）的問題？因為都是學業成就低落，極有可
能都會被篩選出來接受補救教學。我們在此無法單憑兩三個特徵就判斷 A、
B、C 三個個案是特殊需求學生或是一般低成就學生，在他們被確認為特殊
學生之前，還是有可能先接受補救教學，待問題明朗後，再看是否進一步接
受特殊教育鑑定。若個案的問題極為嚴重且明確，老師可以直接轉介給學校
輔導室，由具備心理評量專長的特教老師協助鑑定，不一定要等到補救教學
無效之後，才進行特殊教育鑑定，以免耽誤學生寶貴的學習時光。

第三節　低成就學生的特質

　　低成就學生很明顯的問題是：學業成就表現落後同儕許多，且落後亦

非一日之寒。以專欄 2-2 小玲的故事為例，小玲的數學在國小中年級階段就遇到學習瓶頸，家裡沒有人教她，而她又採取被動因應方式面對困難的課業──等人來教她。她連看題目都害怕，在她的信念裡，數學都是很難的，數學與自己的距離是遙不可及的。

> ### ✏ 專欄 2-2 學習扶助班的個案：小玲
>
> 　　小玲是五年級的學生，從三年級開始到學習扶助班上課。遇到不會寫的數學題目，常在座位上發呆，等著老師來教她，如果老師沒有及時指導或提醒，小玲就隨便把答案格子填滿。問她為什麼不先想想問題在問什麼，她回答：「這很難，我不會。」老師一對一教學時，請她逐題逐字念出來，念完後作答，她對自己的答案沒有信心，總是小小聲地說：「應該不可能這麼簡單就答對？」
>
> 　　小玲不知道怎麼做回家作業，家裡也沒有人教她，經常未完成老師指派的功課，因此，下課時間幾乎都要被留在教室補寫作業，她也就乖乖坐在座位上，等候老師的教導。若老師在忙其他事務，沒空個別指導時，她寧可去打掃教室，因為覺得掃教室比寫功課輕鬆多了。在家裡，小玲也會幫忙照顧更小的弟弟妹妹，或到爸媽的麵攤店協助收拾碗筷，是爸媽貼心的女兒，但就是不愛唸書，特別是數學這一科。

　　在學習扶助班上課，我們需要瞭解學生在學習上遇到什麼問題，以致於他們學得比別人辛苦？學業成就低落會衍生哪些負面影響？認識學生的學習瓶頸或困難點有助於教師進行教學設計；瞭解學業低落所衍生的其他後遺症，將讓我們不敢掉以輕心，因為那不只是成績好不好的問題而已，也可能影響一個人的一生，甚至是社會秩序與國家發展。以下將從學習特質和情緒行為特質兩方面做說明：

一　學習特質

（一）專注時間不長、易分心

　　注意力是學習所需的基本元素，缺乏注意力將會讓訊息的接收效能大打折扣，不少低成就學生即是在課堂上專注力持續時間不長，又容易被不相干的雜訊轉移注意力。有些是因為個體有生理缺陷使然，如注意力缺陷；但也有可能是教材本身太難、無趣，以致於學生的注意力無法維持。因此，老師在教材選擇上必須考慮難度，難度「過」與「不及」都無法引起學生興趣——太簡單，沒有挑戰；太難，挑戰不來。

（二）缺少有效的學習方法

　　有些學生的學業成績一直沒有起色並不是因為能力不足，而是缺少有效的學習策略（learning strategies），屬於沒效率的學習者（inefficient learner）。他們或許可以靠死背應付小範圍或是沒有變化的題目，但是當學科內容愈來愈多之後就難以招架。不會字母拼讀和音標拼音的學生記英文單字常常是靠反覆背誦、手寫單字、諧音記憶和字形特徵，如 look（注視）是中間有兩個眼睛在「看」、zoo（動物園）是「200」元、teacher（老師）是「鐵尺」（台語諧音）、book（書本）是「不可」（國語諧音），這些方法固然可以應付部分單字，但是當單字量增加時就很難背了，還可能造成單字混淆不清，例如將 look 記成中間有兩個眼睛在看，那麼 book、took、loop、cook 中間也都有 oo（兩個眼睛）這項特徵，那該如何區辨呢？顯然這並不是好的學習方法。

（三）基礎能力弱、學習速度慢

　　知識是藉由日積月累、有系統的學習產生，而不是短時間速成的，例

如：要學習數學分數概念與計算之前，需要有加、減、乘、除的基本運算能
力，否則遇到分數的通分、約分、擴分時，學生就更不知所以然了。另有些
學生是模仿老師的解題步驟，但不是真的理解，小範圍的內容「好像」可以
應付，一旦混合多個單元後，就全亂掉了。

（四）學業成就動機低落

進行學習扶助教學時很容易發現學生的動機低落，當老師提問問題時，
這些學生連想都不想，就以「不知道」、「不會」或是沉默來回應提問，讓
老師上起課來也很挫折。動機低落往往是累積多次失敗經驗的結果，在經歷
很多次失敗之後，很多學生就認定失敗是因為自我能力不足或是天生能力如
此──如果不是自己能力不好，為何會考不好、學不會？既然問題是出在自
己能力差，努力也沒有用，很多學生就乾脆放棄不管。

情緒行為特質

（一）低自我概念

自我概念（self-concept）是個人對自己的知覺與評估的總和，它是透
過自我評價、重要他人回饋以及社會比較等學習得來。自我概念有很多層
面，「既包括個人對自己能力、性格，以及與人、事、物之關係等諸多方
面；也包括個人從目標與理想的追求中所獲得成敗經驗，以及對自己所做
的正負評價。」（Rogers, 1951，引自張春興，1996）。學生的自我概念有
一部分與學業成就有關（如一般或特定領域學科能力），還有一部分與學
業無關（如身體外表、運動技能、家庭關係、社交行為）。Marsh 和 Yeung
（1997）主張學業自我概念和學業成就之間應該是互為因果（reciprocal
effects）──先前的學業自我概念會影響之後的學業表現，同樣地，學業表
現也會影響學生的學業自我概念。

（二）情緒困擾

　　學業低成就也可能引發個案情緒問題，如憂鬱、焦慮等，有時甚至嚴重到無法學習，產生懼學的狀況。曾瓊禎和徐享良（2006）對兩百多名學習障礙青少年進行生活壓力、自尊與憂鬱之相關研究，發現學習障礙者自陳生活壓力前五名，分別是學校考試太難、上課都聽不懂、擔心未來升學或找工作的問題、不知道如何把課業學好、學校功課寫不完。這五項都與學習有密切關係，他們的生活壓力當中以「學校生活」壓力最大，出現憂鬱情緒的比例高於一般青少年。因此，學業成就低落學生的情緒困擾問題也需要關注，如果已經嚴重到干擾學習，甚至需要心理諮商或是請求醫療協助，否則很難進行教學。

（三）社會適應不良

　　有些學業成就低落的個案轉而表現出違抗對立行為，如混幫派、打架、惹事生非。這些學生無法從教室內的學習獲得肯定與成功的感覺，就很容易被教室外的世界吸引過去。過去一些調查研究發現，監獄的受刑人當中為數不少是低學歷或中輟生。美國調查研究發現，85% 犯罪兒童和 75% 監獄成人無法閱讀（Richek, Caldwell, Jennings, & Lerner, 2002），顯示學習成就低落學生有可能轉變成行為問題學生。因此，學習扶助在某種意義上不單是幫助課業，也希望降低解決社會問題的成本。

　　小結，學業低成就學生常見的學習與情緒行為特質，包括上課不專心、學科基礎弱、讀書無方、學習動機低、沒自信等，有些學生因為在課業上無法得到成就，轉而衍生其他情緒和行為問題。事實上，許多學生並非不能學習，關鍵在於我們能不能發現問題，並用更好的方法來接住他們。

第四節　低成就學生的輔導

專欄 2-3 是一則關於學習扶助成功案例的報導，我們從中可以看到一個學生的轉變，不僅是分數提升，習性也跟著變化。本節將從低成就學生的特質來思考輔導的策略。基本上係從兩大方面來著眼，一方面是在學習上如何用好的教學策略來教導低成就學生；另一部分則是放在心理輔導，如何來理解與接納學生的困境、提振學生的自信心，並燃起學習的動機。

專欄 2-3　學習扶助成功案例分享

池上國中 9 年級學生溫俊惟，1 年前是個跟同學打架鬧事，甚至一言不和，當場拿椅子摔老師的「校園小霸王」，一上課就睡覺、成績倒數第一名，勒索同學幫他寫功課，他數學段考曾只考 2 分，連算 7 ＋ 8 都要扳手指才能算出來。

溫俊惟常翹課在校園閒逛，看到詹永名認真上課、努力搞笑，教室總是充滿笑聲，決定「給老師面子」，認真聽一堂，這堂課，意外翻轉了他痛苦的數學經驗。

突然，有一天溫俊惟鼓起勇氣問永名老師：「我如果每節下課都來問你，你會不會覺得煩…」從此，不分寒暑，每天早上六點半，溫俊惟就會在教務處門口，等著詹永名上免費數學家教。每節下課短短 10 分鐘，也要追問 1 題數學。

詹永名觀察，當溫俊惟看懂數學題目之後，不僅自願當數學小老師，國文、理化成績也跟著整體提升。這一年來，數學最高進步到 96 分，從最後一名，到了八年級明顯竄升到十二名。

節錄自教育家部落格 https://teachersblog.edu.tw/19/203

作者：楊昭瑾　　日期：2014-03-13

有效教學設計

　　陳淑麗和洪儷瑜（2010）綜合國外許多統合性的研究（Foorman & Torgesen, 2001; Torgesen, 2000; Vaughn, Gersten, & Chard, 2000）發現，有效的教學應符合以下九個原則：（1）早期介入；（2）長時密集；（3）考慮作業難度，讓學生有高成功率的機會；（4）經常性評量；（5）明示（explicit）；（6）適當的教學表徵；（7）結構化系統；（8）教導策略；（9）看重教學流暢度，讓學習最大化。筆者參考上述有效教學原則，針對上一節提到低成就學生的學習特質，包括上課不專心、學習無方、學科基礎弱等問題提出因應的輔導策略。

（一）以合適的難度和貼合經驗的內容提高參與率

　　試想學生為何對上課內容無動於衷，反而喜歡聊天或趴著？他們是聽不懂，所以無法反應？還是覺得都聽過又要重複聽一次，因此懶得回答？又或是對課程內容無感，不知道學這些有什麼用？

　　學業低成就的結果不是一天造成的，往往是在很多環節沒跟上，以致於需要回頭去補強，自然在學習速度上無法像在普通班上課一般。老師上課必須適時放慢，把學習技能細分；對學科內部的邏輯順序也要有一定掌握，當學生技能 B 不熟，就再往前一個技能 A 教起，如此，學生才有足夠的學習鷹架支撐。研究發現，當作業難度適當或稍有挑戰時，能夠提高學生的學習動機和對成功的期待（Slavin, 2003，引自張文哲譯，2005），或是選擇與學生經驗相關的教材，例如陳淑麗、曾世杰和洪儷瑜（2006）針對原住民國語文低成就學童所進行的補救教學研究，在教材取材上便有考慮學童的文化背景與生活經驗。當學習任務與個人生活不脫節，學習內容對個體是有意義的，可以提高學生注意力（Jensen, 1998，引自梁雲霞譯，2003）。另外，密集的互動也有助於拉回學生的注意力，教一個概念就馬上問學生，以確認

學生是否聽懂了。當學生可以積極參與其中時也會增加其注意力（Jensen,
1998，引自梁雲霞譯，2003）。

　　簡言之，要提高學生參與率，教學者要不吝給予學生成功的經驗。老師
可以（1）將作業分成小步驟，不要一次要求全部，以提高成功率，或是依
據學生的程度，提供不同難度的作業，讓每位學生都有成功的機會；（2）
提供學習成果的回饋，讓學生瞭解自己在哪些地方有進步，才能進行調整；
（3）對學生的期待前後一致。讓學生清楚獲得獎賞是因為他們努力付出，
不會無法預測與控制（Slavin, 2003，引自張文哲譯，2005）。

（二）指導學生有效的學習策略提升自學能力

　　由認知心理學觀點發展出的認知策略教學（cognitive strategy instruction），
強調教導學生學會策略的重要性。策略教學就如同讓學生學會如何釣魚，而
不是直接餵學生吃魚。唯有讓學生懂得方法，之後他們才可能獨立學習。

　　若學生的問題出在缺乏有效的學習方法，老師教學時要將學習策略融
入，而不單是教導內容而已。學習策略的指導步驟包括：前測並引發想
學的念頭、教師說明與逐步示範、學生口頭覆誦、引導學生練習（從協
助多到無）、後測檢視學習成果、策略類化與維持（Ellis, Deshler, Lenz,
Schumaker, & Clark, 1991）。

　　教導認知策略的過程中，教學者必須將策略內涵程序化，先以放聲思
考（thinking aloud）的方式向學生示範（explicit modeling）策略運用的步
驟以及使用的理由，之後再逐步讓學生在部分協助下進行練習，終至能夠
獨立作業。監控的責任也從教學者慢慢轉移到學生身上，例如：交互教學
（reciprocal teaching）就是先由老師擔任示範者，讓小組成員從中模仿老
師運用不同策略的方法，然後再由其他小組成員輪流擔任「老師」的角色
（Palincsar & Brown, 1984）。

　　根據王瓊珠（2001）的文獻回顧整理，閱讀理解策略教學成效要好，
有幾個情況：教學者能充分掌握學生的學習情形，反覆操練策略，少量的策

略比同時練習多種策略來得穩固。若練習時間不足，教導過後學生未必能消化成自己的東西，或持續使用這些方法。換句話說，認知策略教學固然有其優點，但仍要考慮個別差異，並不是愈多愈好，適用才是最好。另外，策略指導是一個漸進釋責的過程，老師先做放聲思考，明示運作歷程，然後讓學生有足夠的時間反覆操練。

 二　從助燃到自燃

學業長期挫敗會讓許多學生變得沒有信心，沒有勇氣面對最困難的核心問題，轉而以消極的方式逃避學習或以其他形式展現其特異性。2013 年 6 月號《親子天下》專訪國內知名歌手蕭敬騰（李翠卿，2013），他是個不會讀書的學生，有閱讀障礙，連最基本的字詞都沒辦法理解，無論怎麼專心努力，好像都沒辦法吸收進去。後來他成天打架鬧事，直到少輔組（警察局少年輔導組）的志工主動接近，讓他產生信任感，又善用他喜歡音樂的長處，讓他教其他大朋友、小朋友打爵士鼓，幫他報名「善心人士獎」的選拔，最後也真的獲獎。這些事情讓他開始相信「原來，我不是社會的負擔，還可以幫社會做很多事情」，也是少輔組「那溫暖，讓我想變成好一點的人」。這則故事給我們的啟發是，人要存有希望之後才會願意變好。想一想：學習扶助的過程中，我們給了學生什麼希望？希望從何而來？

從學理上，我們可以從歸因理論（Attribution Theory）、心智習性（mindset）以及希望感理論（Hope Theory）來談怎樣改變學生對於學習成果的信念。

（一）成功不是天生注定

在社會心理學中，歸因理論是個體用來解釋行為原因的歷程。成敗歸因是指個體怎樣解讀自己或他人為何能成功或失敗。Weiner（1972）認為有四個因素最常用來解釋行為的成敗，分別是能力（ability）、努力（effort）、

工作難度（task difficulty）、運氣（luck）。歸因理論指出：擁有高自尊和高學業成就的學生傾向將成功歸諸於能力，將失敗歸因於努力不夠或工作難度太高；如果是一直遭受學習挫敗的學生，則傾向相信問題出在自己能力不足。不同的歸因會導致後續行為反應的差異，假如失敗是自己能力不足的問題，而能力是很難改變又不易操控的變數，那麼當事者會認定很難反敗為勝。但是，假如失敗是因為自己一時努力不夠，而努力是可以操之在己的變數，只要願意再接再厲，終究會成功。歸因訓練要做的事情是引導學生把失敗歸諸於努力，而非能力。教學者給予學生回饋時，也多強化他們「努力是有用的」信念，不以學生能力來論斷成敗結果，因為能力是很難改變又不易操控的變數；若成功是因為資質好，失敗是因為愚笨，那麼一切結局就變得是理所當然，也不必努力了。

（二）不成功只是時候未到

從心智習性的觀點來看，Carol Dweck（2007）提到「固定型心態」（fixed mindset）與「成長型心態」（growth mindset）的差異。「固定型心態」者比較相信能力是天生注定，遇到困難容易放棄；反之，「成長型心態」者對自己有期許，願意努力嘗試，對他們而言，失敗不是輸，而是還有努力的空間，成功「只是時候未到」（not yet），並不是自己不行。

在學習的路上，老師可以鼓勵學生追求「學習目標」（learning goals），而不是「表現目標」（performance goals）。學習目標導向是將學習定位在獲得一教學領域的技能，強調自己跟自己比是否愈來愈接近設定的學習目標；表現目標導向則是重在獲得讚賞和認可，在意和別人比較輸贏，反而不是有沒有學到東西（Slavin, 2003，引自張文哲譯，2005）。鼓勵學生追求學習目標的好處是讓學生回歸學習的本質，不會因為輸別人就放棄學習，要讓學生知道只要「今天的自己」比「昨天的自己」進步，就是進步。

（三）活出希望感：目標—意志—方法三合一

　　Snyder 等人提出「希望感理論」。所謂「『希望感』是一種認知的思考歷程，在此思考歷程中，個體會根據先前所設定的『目標』，反覆推演計算自己是否有足夠的『方法』（pathway thoughts）來達成目標，以及自己是否有足夠的『意志力』（agency thoughts）去運用方法」（引自唐淑華，2010）。當個體開始行動，可能中間還會遇到阻礙，動力強的人會再想其他方法達成目標，不達目的不輕言放棄；當事情有進展時，也同樣會增強個體想繼續做下去的動力。希望感是意志力和方法的結合及交互影響的產物，兩者對於學生學業失敗容忍力、失敗情緒感受、工作難度偏好、失敗行動取向、壓力感受都有一定的影響力，意志力的影響又勝於方法（唐淑華，2010）。簡言之，希望感理論是讓學生找到值得努力的具體目標，學習達成目標的方法，激勵他們想要完成目標的動力。

三　小結

　　低成就學生的輔導可從兩方面來思考，一是因應差異的教學設計，設法給予學生成功的機會，指導有效的學習策略，讓學生少用無效的學習方法。要做到差異化教學，教學者必須對於課程的內容架構，學生的起點能力都有一定的掌握才行。另一方面，則是設法帶起學生的學習動力。許多教師會以答對加點、換獎品的機制來鼓勵學生參與學習，但是如果學生真的學不會，這些增強也只是看得到、吃不到的裝飾品。劉繼文（2020）在《讓大象動起來》一書中有精闢的闡述。他透過在班級內實際操作各種增強策略，發現外在的增強（例如：請吃雞排、喝珍奶、送文具等）都有一時的成效，但是真正持久的動力係來自於學生對目標的設定：想成為更好的自己。要從外在增強（助燃）進到自我實踐（自燃）之間有一大段距離，透過老師的教學安排慢慢拉抬，像一開始先問學生能力範圍可以命中的題目，如同夾娃娃機

的「保證取物」設計，讓學生產生「自己是能學習的」信念。有時老師也提問稍有難度的問題，讓學生合作來挑戰。老師不必立刻公布答案對錯，而是賣個關子，讓學生充滿好奇心，進而思考與探討問題的本質。當學生願意學習，老師才不會一個人唱獨角戲，再多的內容與方法都無法進入學生腦中。

第五節　結論

　　低成就簡單地說就是不達標準，包括自己的表現和潛能比，或與同儕的平均水準相比，有明顯低落的狀況。目前係以「成就低落」作為選取低成就學生的標準。學習低成就的原因有很多，包括個體內在因素、外在環境因素，以及內外因素的交互作用。因此，這群學生可能包括文化殊異（如新住民、原住民）、經濟弱勢（如低收入戶）、疑似特殊學生等，雖然都表現出學業成就低落的現況，但造成低成就的因素不盡相同。因此，進行學習扶助時要注意學生對教學內容的反應，若有必要，則可進一步轉介，進行特殊教育鑑定，以確認是否為特殊學生、是否需要接受第三層級的特殊教育教學介入。反之，如果有效教學介入之後有進步，且進步速度也慢慢跟上班級的腳步，則留在普通班接受一般教育即可。

　　在教學設計前，除了瞭解學生的起點能力之外，也可以觀察學生的學習特質以及注意衍生情緒行為問題，例如：察覺到學生一直用無效率的方式記憶英文單字，便可以教導學生比較好的拼讀策略，而不是一直用土法煉鋼的方式，效果自然事半功倍；或是發現學生的焦慮情緒已經高到足以影響學習，則要會同輔導室適時提供學生心理諮商與輔導。換言之，低成就學生的輔導不只是學科的指導，如何提振學生想學習的動力也是相當重要的一環，包括建立學生成功的經驗、在成功的基礎上給予挑戰的任務、讓學生從外在增強進入到內在自我增強。只有當學生自覺有力可為（有希望感）時，他才有再出發的力量。

參考文獻

中文部分

王瓊珠（2001）。台灣地區讀寫障礙研究回顧與展望。**國家科學委員會研究彙刊（C）：人文與社會科學，11**（4），331-344。

李翠卿（2013，6月）。蕭敬騰：那溫暖，讓我想變成好一點的人。**親子天下，46**，38-44。

洪儷瑜（2005）。學習輔導。載於鄔佩麗（編著），**輔導與諮商心理學**（頁377-409）。臺北市：東華。

洪儷瑜（2012）。由補救教學到三層級學習支援。**教育研究月刊，221**，13-24。

唐淑華（2010）。**從希望感模式論學業挫折之調適與因應**。臺北市：心理。

張文哲（譯）（2005）。**教育心理學**（原作者：R. E. Slavin）。臺北市：學富文化。（原著出版年：2003）

張春興（1996）。**教育心理學**。臺北市：東華。

教育部（2011）。**國民小學及國民中學補救教學實施方案**。臺北市：作者。

教育部（2021a）。**教育部國民及學前教育署補助辦理國民小學及國民中學學生學習扶助作業要點**。臺北市：作者。

教育部（2021b）。**教育部國民及學前教育署補助辦理國民小學及國民中學學生學習扶助作業注意事項**。臺北市：作者。

梁雲霞（譯）（2003）。**大腦知識與教學**（原作者：E. Jensen）。臺北市：遠流。（原著出版年：1998）

陳淑麗、洪儷瑜（2010）。有效的閱讀補救教學。載於王瓊珠、陳淑麗（主編），**突破閱讀困難：理念與實務**（頁49-71）。臺北市：心理。

陳淑麗、曾世杰、洪儷瑜（2006）。原住民國語文低成就學童文化與經驗本位補救教學成效之研究。**師大學報：教育類，51**（2），147-171。

曾瓊禛、徐享良（2006）。學習障礙青少年生活壓力、自尊與憂鬱之相關研究。**特殊教育學報，23**，105-146。

楊昭瑾（2014，3 月 13 日）。**數學 2 分變 96 分　富二代堅持當老師　扭轉偏鄉孩子命運**。取自 https://teachersblog.edu.tw/19/203

劉繼文（2020）。**讓大象動起來**。臺北市：天下文化。

西文部分

Dweck, C. S. (2007). *Mindset: The new psychology of success*. New York: Random House.

Ellis, E., Deshler, D., Lenz, B., Schumaker, J., & Clark, F. (1991). An instructional model for teaching strategies. *Focus on Exceptional Children, 23*(6), 11.

Foorman, B. R., & Torgesen, J. (2001). Critical elements of classroom and small-group instruction promote reading success in all children. *Learning Disabilities Research and Practice, 16*(4), 203-212.

Marsh, H. W., & Yeung, S. (1997). Causal effects for academic self-concept on academic achievement: Structural equation models of longitudinal data. *Journal of Educational Psychology, 89*, 41-54.

Palincsar, A. S., & Brown, A. L. (1984). Reciprocal teaching of compre-hension-fostering and comprehension-monitoring activities. *Cognition and Instruction, 2*, 117-175.

Richek, M. A., Caldwell, J. S., Jennings, J. H., & Lerner, J. (2002). *Reading problems, assessment and teaching strategies* (4th ed.). Boston: Allyn and Bacon.

Torgesen, J. K. (2000). Individual differences in response to early interventions in reading: The lingering problem of treatment resisters. *Learning Disabilities Research and Practice, 15*(2), 55-64.

Vaughn, S., Gersten, R., & Chard, D. J. (2000). The underlying message in LD intervention research: Findings from research syntheses. *Exceptional Children, 67*(1), 99-114.

Weiner, B. (1972). Attribution theory, achievement motivation, and the educational process. *Review of Educational Research, 42*(2), 203-215.

| 第三章 |

低成就學生的診斷與評量

● 王瓊珠

　　學習扶助是一種「評量─教學─再評量」的循環歷程。教師在教學前必須知道學生的起點能力以及迷思概念在哪裡，從學生的起始能力進行教學設計，在教學中也需要經常評量，以確認學生是否達到設定的目標。一旦學生達到設定的目標之後，就可以回到原班和同學一起接受大班教學；若未達成目標，就是意味著目標或方法可能還需要再調整，抑或是目標和方法是對的，但是介入的時間還不夠長、學生的能力還不穩固等，因此還不能撤除學習支持系統。但是到底什麼時候要收案？什麼時候要結案？什麼時候又該調整課程和方法？以下即從評量在學習扶助的運用，介紹教育部已經建置之科技化評量系統。該評量系統將用於篩選學習扶助學生（篩選測驗）及評估其進步狀況（成長測驗），測驗結果亦具有診斷分析功能，可以連結至學習扶助重點的選擇。此外，本章也會提及教師自編評量時可運用之方法，作為平時監控學生學習狀況之形成性評量（formative assessment）。

第一節　評量在學習扶助之運用

　　教學評量（instructional evaluation）是有系統地蒐集學生學習行為的資料（包含量化和非量化）加以分析，再根據預定之教學目標給予價值判斷（張春興，1996），例如評量結果是及格或不及格、學生在哪些概念上不清楚以及尚待加強等。換言之，教學評量並不是單指測驗（test），它可以涵蓋多樣化的資料、可以是標準化測驗結果，也可以是老師的觀察紀錄或是個案的作業表現、學生的自陳量表等，這些資料將作為教育決策之參考或是判斷教育成果之依據。評量在學習扶助介入各時期至少具備三種功能——（1）介入前：篩選個案；（2）介入過程：診斷問題；（3）介入後：成效評估。茲分述如下：

 篩選個案

　　篩選是指教學介入之前，從全部學生當中找出最需要學習扶助的對象。作為篩選之用的評量，一般來說具有快速和簡便的特性，因為全校學生數量較多，因此要用較為簡易的方式快速找出疑似學生，常見篩選方法有：透過檢核表勾選，或是參考全校段考成績排序。檢核表通常是一系列的行為描述，委請熟悉個案的老師來勾選，愈多指標符合學習低落情況者，優先入班；再者也有學校會直接參酌段考成績來篩選學習扶助對象。但不可諱言的是，檢核表是主觀判斷的資料，可能會因為老師個人的標準或觀察敏銳度不同而有所差異（洪儷瑜等，2009）。至於考試成績看似比較客觀，但也會因命題品質好壞或難易不一，而讓篩選結果不盡客觀。

　　因此，簡易的篩選機制一定或多或少會產生誤判的個案，也就是有些個案雖然有問題，卻沒被選進來（偽陰性個案）；或是沒有問題，卻被篩選進

來（偽陽性個案）。篩選標準通常是放寬的，主要目的是期望降低偽陰性個案的比例，讓有問題的個案盡可能不被遺漏。至於因為標準放寬而多收進來的偽陽性個案則比較不是擔心的點，因為遺漏偽陰性個案會直接耽誤學生接受學習扶助的黃金時間，但多收進來的偽陽性個案只是多提供額外學習扶助介入，造成經費上的負擔。因此，在利弊權衡之後，篩選性質的評量通常是簡易、快速，但精準性稍差。

 ## 二　診斷問題

　　診斷是指教學過程中透過各種評量方式以瞭解學生已經學會哪些？還有哪些部分沒有學會？沒有學會的地方是因為哪些觀念有錯誤或哪些先備能力不足，以致於無法正確執行？診斷結果最有意義的是：能夠幫助教學者重新思考教學的切入點，而不用浪費時間在學生已經瞭解的部分，但也不致於遺漏學生還沒有學會的地方。另外，透過細緻的觀察有時也會發現學生在某些執行步驟是錯誤的或經常犯錯，教學者可以針對這些缺失再進行補救教學。作為診斷之用的評量工具需要與課程、學習內容有高度相關，例如課程本位評量、作業分析、錯誤分析都是可以參考的資料。至於評量工具是否有常模或標準化並不是最重要的問題（洪儷瑜、陳淑麗，2010），因為作為學習診斷之用的工具，其目的並不在於將結果與他人做相對位置的比較，而是要瞭解學生的困難所在，以及學生已經學會哪些技能。

三　成效評估

　　在教學或一個教育方案介入之後，我們也要知道其整體的成效在哪裡？是否已經達到預期目標？成效評量通常屬於總結性評量（summative evaluation），其結果將作為是否繼續執行教育方案之判斷。評估教學有無成效必須視其目標而定，假設教學目標是瞭解某一種識字教學法能否提升個

案識字能力，在經過一段時間的介入之後，我們可以再次評估個案的識字能力是否比未教學前進步。如果想瞭解學生有沒有學會教學內容，則可以從教學字中挑出目標字，請學生看字讀音、看字造詞、選出或寫出正確國字等。如果想瞭解學生的識字能力是否可以類化到教學字以外的國字，則可以選用標準化識字測驗（例如：中文年級認字量表、識字量評估測驗）進行評估。簡而言之，此階段評量工具的選用係以與教學目標相關之能力和教學設計之理念為依據，要注意所選之工具對於目標能力是否有足夠的敏感度，可以區辨教學前後之改變（洪儷瑜、陳淑麗，2010）。

四 小結

評量不等同於一般人所認知的考試。評量的主要目的不是把學生考倒，而是檢視學習的狀況。在學習扶助中，評量至少有三個功能：篩選目標個案、診斷問題，以及評估成效之用。篩選性質的評量通常是簡易、快速，但精準性稍差，以及早篩選出有學習困難的個案為主要目的的，避免遺漏偽陰性個案。診斷用的評量工具需要與課程、學習內容有高度相關，不受限於評量工具是否為標準化測驗或有無常模可供對照，而是需要思考資料能提供何種訊息。例如透過加減法計算題的錯誤類型分析，或許老師便能夠從中判斷學生是否具有進位、借位、位值的概念。最後，成效評估多屬於總結性評量，工具的選用視教學目標而定，教什麼評量什麼，且要有足夠的敏感度，才能知道學生是否有記得所教的內容，甚至可以舉一反三。

第二節　科技化評量系統及其應用

過去補救教學為人詬病的地方是成效不明，政府雖然挹注大量經費於攜手計畫，希望能提升弱勢和低成就學生之學習成效，但到底成效何在，始終

缺乏明確的評估數據（陳淑麗，2009）。因此，教育當局體認到應該要有具公信力的評估機制來確認補救教學的成效和對象，但全國中小學學生人數如此龐大，若採用傳統的紙筆測驗，光試卷印製、施測與試卷批改就所費不貲，遑論之後若還想進行試題結果診斷分析。因此，科技化評量便成為一個極佳的選項。

100 學年度以前，教育部係委託臺南大學科技化評量中心開發「攜手計畫學生評量系統」（After School Alternative Program, ASAP），101 學年度以後，則改委託財團法人技專校院入學測驗中心建置「國民小學及國民中學學生學習扶助科技化評量」（Project for Implementation of Remedial Instruction-technology-based testing, PRIORI-tbt）（https://exam.tcte.edu.tw/tbt_html/）。科技化評量系統主要是在篩選學習扶助對象以及評估學生進步情形，同時也透過數據資料（例如：提報率、施測率、進步率、未通過率、受輔率）讓地方教育單位與學校行政端知道縣市、學校學生在學習扶助課程介入前、後的變化情形。

 ## 一 施測科目、時間、通過標準

PRIORI-tbt 採用傳統測驗理論，先依據基本學習內容所設定的能力指標分年級設計題目，評量結果也能對應基本學習內容之要求。評量科目有國語文、英語（含聽力）和數學三科。依據「教育部國民及學前教育署補助辦理國民小學及國民中學學生學習扶助作業注意事項」（2021）第四項對於篩選測驗及成長測驗如何進行皆有詳細的說明，包括提報比率的估算、特殊地區普篩（例如：離島地區學校、偏遠地區學校、原住民學生比率高於40% 者，及國中會考國、英、數三科中，任兩科「待加強」人數超過應考人數 50% 以上學校）、施測時間與形式皆有詳細的規劃。PRIORI tbt 基本是以線上施測為主，不過考慮一、二年級學生和三、四年級剛學英語的學生可能對電腦操作尚未嫻熟，故仍採用紙本測驗，避免學生因為電腦操作不當

表 3-1　PRIORI-tbt 測驗期程與測驗方式

5 月篩選測驗：

年級	1	2	3	4	5	6	7	8	9
方式	紙筆測驗		英：紙筆測驗 國、數：線上測驗或答案卡	線上測驗或答案卡					×
科目	國、數		國、數、英						×
內容	測驗本年段學習內容。								
備註	1. 具特殊原因學校，經地方政府同意，得以學校為單位採答案卡劃記辦理。 2. 自 107 年起國小三年級英文調整為紙筆測驗。								

12 月成長測驗：

年級	1	2	3	4	5	6	7	8	9
方式	×	紙筆測驗		英：紙筆測驗 國、數：線上測驗	線上測驗				
科目	×	國、數		國、數、英					
內容	測驗前一年段學習內容。								
備註	1. 自 107 年起國小四年級英文調整為紙筆測驗。								

資料來源：教育部國民及學前教育署（2021）。

造成施測結果偏差（見表 3-1）。

　　依據施測時間點來分，第二學期末是篩選個案，選出需要扶助的個案進行教學，然後在第一學期期末進行成效檢測，即為成長測驗。篩選測驗是依當年段的學習內容進行檢測，成長測驗則要檢視學生經過補救教學後，是否熟練前一年段的內容。同一年級的學生施以相同的題目卷，只是順序略有不同。統計專家運用 Angoff 的 yes/no 二元計分法，參考過去二到八年級學生在篩選及成長測驗試題的實際表現，輔以專家諮詢座談，最後將各年級的通過率設定如下：

- 四年級以下：設定在篩選／成長測驗的 80%（20 題）答對率為通過標準。
- 五、六年級：設定在篩選／成長測驗的 72%（18 題）答對率為通過標準。
- 七年級以上：設定在篩選／成長測驗的 60%（15 題）答對率為通過標準。

在國小四年級以下，學習內容比較簡單與基本，設定的通過標準也最高；國中以後因為學習難度增加，通過率設定在 60% 的答對率（詳見表3-2）。要注意五年級與七年級學生，其篩選測驗和成長測驗的通過標準不一樣，主要係依據施測內容是幾年級來做通過率的研判。當施測不通過時，若要進一步瞭解個案的年級水準，便再選擇前一個年級的題目來做測驗，例如國小四年級的 A 生施測結果未達及格標準，但是往前一個年級題目時，可能就達及格水準，即瞭解到該生不只落後一個年級，而是一個年級以上。

表 3-2　篩選測驗與成長測驗通過標準

篩選測驗			成長測驗		
就讀年級	試題年級 （同一年段）	通過標準	就讀年級	試題年級 （前一年段）	通過標準
1	1	80%	**2**	1	80%
2	2	80%	**3**	2	80%
3	3	80%	**4**	3	80%
4	4	80%	**5**	4	80%
5	5	72%	**6**	5	72%
6	6	72%	**7**	6	72%
7	7	60%	**8**	7	60%
8	8	60%	**9**	8	60%

資料來源：教育部國民及學前教育署（2020）。

 二　施測結果在教學之應用

圖 3-1 為科技化評量系統與學習扶助之關係。一開始先透過篩選測驗找出學生的起點行為，瞭解學生哪裡有困難；接著按學生的需求規劃學習扶助課程，運用多元教學策略及適切的教材，提高學生的成就感；經過一學期的介入後，又再進行成長測驗，評估學生進步狀況。假如通過設定的標準就回歸原班，反之，如果仍然不通過，則思考是該繼續下一循環的診斷與教學，

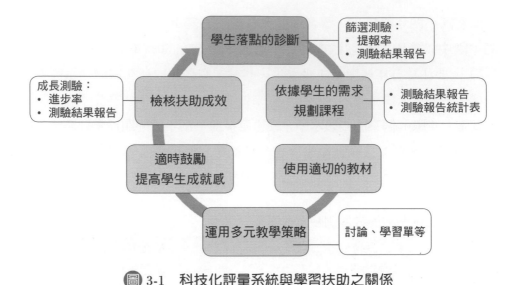

圖 3-1　科技化評量系統與學習扶助之關係

資料來源：教育部國民及學前教育署（2021）。

抑或是該生的困難十分顯著，非一般學習扶助可以改善，而需要有特殊教育的介入。

（一）測驗結果解讀

　　為幫助讀者看懂學生的評估結果，圖 3-2 以一位六年級某生在國語文篩選測驗為例。在 25 題中，他答對 9 題（分別為第 11、17、6、20、21、23、24、25、18 題），答錯 16 題，正確率是 36%，未達六年級的通過標準 72%，故結果呈現「不通過」。檢測狀況有三種，分別是「○」（均通過）、「△」（部分未通過）和「×」（均未通過），以某生為例，他在國語文「句段_朗讀與閱讀」、「字詞_應用」、「字詞_認念」、「篇章_朗讀與閱讀」四大學習項目中，「字詞_認念」最差，5 題與文本內容相關的題目均答錯，檢測結果為「×」；其餘三項內容則是部分未通過，故以「△」示之。從測驗結果報告來看，某生在字詞認念與應用比較需要補救，更勝於篇章閱讀與朗讀。

學生學習扶助評量系統－測驗結果報告

【基本資料】

學校名稱：
身分證號：
學生姓名：
就讀年級：6
班級名稱：
測驗日期：
測驗科目：國語文
試題年級：6
通過標準：72

評量成績	36
是否通過	未通過

序號	基本學習內容	檢測狀況	能力指標	施測後回饋訊息
1	句段_朗讀與閱讀	△	5-3-5能運用不同的閱讀策略，增進閱讀的能力。 6-3-1能正確流暢的遣詞造句、安排段落、組織成篇。 5-3-7能配合語言情境閱讀，並瞭解不同語言情境中字詞的正確使用。 6-3-1能正確流暢的遣詞造句、安排段落、組織成篇。	11、12、13、14、15、16、17
2	字詞_應用	△	5-3-1能掌握文章要點，並熟習字詞句型。 5-3-7能配合語言情境閱讀，並瞭解不同語言情境中字詞的正確使用。	6、7、8、9、10
3	字詞_認念	X	4-3-1能認識常用國字2,200-2,700字。	1、2、3、4、5
4	篇章_朗讀與閱讀	△	5-3-5能運用不同的閱讀策略，增進閱讀的能力。 5-3-5能運用不同的閱讀策略，增進閱讀的能力。	20、21、22、23、24、25、18、19

說明：　1. ○表示該評量指標所有試題均通過；
　　　　△表示該評量指標部分試題未通過；
　　　　X表示該評量指標所有試題均未通過
　　　2. 施測後回饋訊息欄位標註紅字係表示學生該題答錯

| 2019年05月國語文施測後回饋訊息 | 連結 |
| 學生學習扶助基本學習內容教材 | 連結 |

🔵 3-2　PRIORI-tbt 診斷結果報告示例

資料來源：教育部國民及學前教育署（2021）。

（二）從測驗結果到教學重點選取

　　PRIORI-tbt 診斷結果可以看出個別學生的狀況，也可以觀察某班受輔學生的狀況。為使讀者理解評量系統如何將結果連結到教學建議與學習教材，以圖 3-3 為例說明，該圖呈現某生在一年級數學篩選測驗結果。該生在認識 100 以內整數的命名，及位值單位換算的題目都答錯（第 16、17 題），老師在「施測後回饋訊息」欄位點第 17 題之後，會看到這題的評量重點，以及學生犯錯時老師可以運用教學的相關內容；數學科各題施測後回饋訊息往下，可觀看該基本學習內容所對應的學習教材，也可下載或列印。科技化評量系統的設計是希望將評量與教學密切結合起來，減少學習扶助任課教師摸索教學策略與尋找適切教材的時間。

　　對任課教師而言，假如學生的需求是不一樣的，他關心的可能不只是某位受輔學生，而是整個學習扶助小組的學生該怎樣安排課程內容。大原則是「愈基本的指標，愈優先列入教學內容」及「愈多學生未達成之基本學習內容，愈優先列入教學內容」。

　　以圖 3-4 三位學生（A、B、C）在國語文測驗結果為例，B 生的學習結果最佳，其次是 A 生，然後是 C 生。假如三位學生同一組上課，老師該如何關注三位不同能力學生的需求？又該上些什麼？從「檢測狀況統計」這一欄位，可以看到「句段＿朗讀與閱讀」有 A、C 兩位學生「未精熟」（×），而在「字詞＿應用」則三位學生都呈現「部分精熟」（△），老師可將這兩者設定為該組學生共同需要加強的課程目標；而以該年級檢測的語文重點來看，「字詞＿應用」又先於「句段＿朗讀與閱讀」。至於「注音＿拼音」和「句子＿朗讀與閱讀」部分，A、B 兩位學生都是「精熟」（○）的，但 C 生則否，故老師可將這兩者列為 C 生的個別練習目標，在教學中提供 C 生練習機會。這便是「差（異化）補（救）並進」的概念，在大同中有小異，避免讓落後較多的學生在學習扶助班又被放棄一次。

序號	基本學習內容	檢測狀況	能力指標	施測後回饋訊息
1	1-nc-01-1 能進行100以內整數的命名及說、讀、聽、寫、做。	X	1-n-01 能認識100以內的數及「個位」、「十位」的位名，並進行位值單位的換算。	16、17 下載

201705 數學　第 17 題　　　　　　　　　　　　　　✕

科別	201705 數學	試題年級	1	題號	第 17 題
能力指標	1-n-01 能認識100以內的數及「個位」、「十位」的位名，並進行位值單位的換算。				
基本學習內容	1-nc-01-1 能進行100以內整數的命名及說、讀、聽、寫、做。		內容領域		N N數與量
施測後回饋訊息	**評量重點：** 本題給定零散排列的鉛筆圖像，要求學生寫出有多少枝鉛筆，評量學生點數及讀寫的能力。 **補救教學建議：** 下面以「找出 35 根吸管的圖像」為例，說明如何幫助學生解題。				

學習教材

※若看不到上列學習教材時，請按此按右鍵另存！

✕

圖 3-3　從測驗結果到教學建議與學習教材

資料來源：教育部國民及學前教育署（2020）。

關閉視窗　列印此頁　下載為Excel (new)

學生學習扶助評量系統 – 201712 國語文 – 特定學生測驗報告統計表

[勾選學生列表]

×××××　,　×××××　,　×××××

序號	基本學習內容	能力指標	施測後回饋訊息	檢測狀況統計				A	B	C
				O	△	X	合計			
1	句段_朗讀與閱讀	5-1-7 能掌握基本的閱讀技巧。	1.23	1	0	2	3	X	O	X
2	字詞_應用	5-1-1 能熟習常用生字語詞的形音義。	1.14、1.15、1.16、1.17、1.18、1.19、1.20、1.21	0	3	0	3	△	△	△
3	字詞_利用簡單造字原理輔助識字	4-1-1 能認識常用國字700-800字。	1.12、1.13	1	2	0	3	△	△	O
4	句子_朗讀與閱讀	5-1-7 能掌握基本的閱讀技巧。	1.22	2	0	1	3	O	O	X
5	字詞_概念	4-1-1 能認識常用國字700-800字。	1.07、1.08、1.09、1.10、1.11	1	2	0	3	O	△	△
6	篇章_朗讀與閱讀	5-1-7 能掌握基本的閱讀技巧。	1.24、1.25	1	2	0	3	△	O	△
7	注音_拼音	1-1-1 能正確認念、拼讀及書寫注音符號。	1.01、1.02、1.03、1.04、1.05、1.06	2	1	0	3	O	O	△

註1：O表示該評量指標所有試題均通過；△表示該評量指標部分試題未通過；X表示該評量指標所有試題均未通過
註2：依據權重由大到小排序，權重值=O＊1+△＊2+X＊3

3-4　三位學生在國語文測驗結果

資料來源：教育部國民及學前教育署（2020）。

三 小結

　　無論是臺南大學較早研發的 ASAP 學生評量系統，或是後來由財團法人技專校院入學測驗中心建置的 PRIORI-tbt，目的都是希望透過科技化評量方式減少施測帶給各校師長的負擔，用較有效率的方式找出需要學習扶助的個案，且定期追蹤學生的進步情形，透過實證資料的建立，解決過去成效不明又備受質疑的問題。

　　學習扶助的施測科目包括國語文、英語及數學。施測時間在下學期末與上學期末，下學期末是篩選測驗，上學期末則是成長測驗。測驗形式一般是線上作答即可，除非個案是低年級或剛學習英語的三、四年級，就先以紙本施測；通過標準也是預先設定好，屬於標準參照測驗，有達標者為通過，未達標者則是學習扶助要輔導的對象。不管是篩選測驗或成長測驗，評估

後老師有權限可以印出學生的診斷結果，依據其表現調整教學方向。由於 PRIORI-tbt 是依據基本學習內容所訂定的能力指標來設計，評量結果自然對應到基本學習內容。隨著科技化評量系統功能的精進，目前亦可將測驗結果連結到教學建議及學習教材，節省學習扶助任課教師摸索教學策略與尋找適切教材的時間。另外，透過點選小組內受輔學生的施測結果，系統協助計算該小組學生各項學習的精熟狀況（通過、部分未通過、通過三種程度），老師從學生較感困難的部分來擬定小組共同學習目標，若小組中有個別差異較大的學生時，老師也知道要強化他哪一部分的知能，做到差補並進。

第三節　其他學習評量與診斷方法

在學校工作繁忙的狀況下，不少老師會直接使用出版社的評量卷，或是從現成的題庫挑出題目讓學生做練習。這本是無可厚非，但是很多接受學習扶助的學生並不是缺少練習，而是連基本概念都不足，因此，老師有必要將有限的時間充分運用在教學上。評量固然也是重要的一環，但並不是花時間做愈多練習題愈好，反而需要好好思考：該考學生什麼核心概念？如何考比較能探測到學生的程度，又不至於花很多時間？最後，則是評量後的結果能讓我們做什麼有意義的事情？以下分別從評量內容、評量方法以及結果運用來討論。

 評量內容

老師在平時教學時並不會經常對學生施以標準化測驗（standardized test）──標準化測驗主要是用來比較個人與群體之間的相對位置，藉以瞭解不同個體在接受方案介入前後的變化，因為標準化測驗有固定的施測內容、程序、計分方式，所以不會因為每次試題難易不同而影響結果比較。在

教學過程中，老師首要關心的不是學生贏過多少人，而應為學生是否學會某個技能或概念。因此，老師會透過各式各樣的評量，如口頭、紙筆、操作等，來確認學生是否達成設定的學習目標。也就是說，老師要很清楚學習目標，並能夠依據學習目標來設計或挑選題目。此概念也是近十多年在美國積極推動的標準本位評量（standards-based assessment），即教育關切的不在於學生的成就排名如何，而是學生是否已經學到期望要學的東西。因此，如何透過評量瞭解學生對內容的精熟程度、進步狀況、學習的難點以及辦學績效，就是標準本位評量想達成的使命（吳清山、林天祐，2012）。

老師自行設計評量內容時要把握兩個要點：（1）教什麼，考什麼；（2）試題能反應特定的學習目標。這與一般命題的思維有些不同，很多老師認知的「好的題目」是融合多種觀念，學生不能單靠死記得分。但是學習扶助的評量是想知道學生基本概念是否清楚？哪裡不清楚？混合多種概念的評量內容固然比較有深度，需要學生真正融會貫通才有答對的可能，但也因為需要做多步驟的思考，學生比較容易出錯，一旦出錯時更是一團亂，反而不容易找到學生的特定困難在哪裡。同時，考試成績不佳、無法反應學生上課認真程度，對學生也是一種打擊。因此，評量內容需要與教學緊密結合，同時又反應核心概念。

為使讀者更清楚何謂反應特定學習目標的題目，表 3-3 呈現相同學習目標下的兩道題目讓讀者比較，第一題是直接命中核心概念，第二題則需要轉幾次彎。對於基本能力已經不足的學生來說，多步驟之後的錯誤率會增加，而且老師要費心分析才知道學生為什麼答錯：是「相反數」的意義不懂以致於選錯？還是懂「相反數」的意思，但是計算錯誤？或是懂「相反數」的意思、計算也對了，但是忘記題目是求「相反數」，而不是求計算後的結果？

二 評量方法

多元評量是很多老師耳熟能詳的一個概念，但是多數課堂上的評量仍以

表 3-3　同一學習目標之不同命題優劣比較

	第一題	第二題
學習目標	數學基本學習內容 7-nc-04-2　　相反數的意義	
題目示例	1. 請問下列何者為－9 的相反數？ (A) －9 (B) －（－9） (C) 1/9 (D) －1/9	2. 請問下列何者為 2×6＋（－3）的相反數？ (A) 9 (B) －9 (C) －15 (D) －6
分析說明	題目呼應基本學習內容，也有針對此一特定的概念進行評量	題目呼應基本學習內容，但是所需的解題技巧不單是相反數的概念，還要會四則運算以及正負號去括號的概念，複雜度增加

紙筆居多，好像沒有紙本存檔就沒有學習證據。然而上課時間有限，紙筆測驗固然可以團測、節省施測時間，但是仍需要批改的時間。其實教學當中就可以進行立即評量，例如：透過有系統的問答引導學生思考，立即提供學生回饋，也澄清概念上的盲點（張景媛、余采玲、鄭章華、范德鑫，2012）；或是採用偵測效果不錯、但不會很費力的方式評量，例如：一分鐘朗讀、克漏字填充（Cloze Test）、昧字測驗（Maze）都是在課程本位閱讀測量（curriculum-based reading measurement）經常推薦的方法（有興趣者請參閱王瓊珠，2010）。一分鐘朗讀是請學生朗讀一篇文章，計時一分鐘（註：沒唸完沒關係），計算其正確念讀的文字，其結果可作為學生認字正確率與流暢度的證據（圖 3-5）。至於克漏字填充和昧字測驗，則是保留前、後一句話完整，從第二句開始，每隔 N 個字空格，讓學生填入或選出適當的字，作為學生理解文章的指標（圖 3-6）（註：括弧內的字即使寫得和原文不同也沒關係，只要合乎上下文義即可），當學生能夠理解文意時，他所選填的字也會符合上下文的文脈。

人總會去尋求自己喜歡的事物，每個人的看法或觀點不同，並沒有什麼關係，重要的是——人與人之間，應該有彼此容忍和尊重對方的看法與觀點的雅量。

如果他能從這扇門望見日出的美景，你又何必要求他走向那扇窗去聆聽鳥鳴呢？你聽你的鳥鳴，他看他的日出，彼此都會有等量的美的感受。人與人偶有摩擦，往往都是由於缺乏那分雅量的緣故；因此，為了減少摩擦，增進和諧，我們必須努力培養雅量。

總字數：162 字

朗讀時間：　　　分　　　秒

平均一分鐘朗讀字數：　　　字

人總會去尋求自己喜歡的事物，每個人的看法或觀點（不）同，並沒有什麼關係，重（要）的是 —— 人與人之間，應該（有）彼此容忍和尊重對方（的）看法與觀點的雅量。

如（果）他能從這扇門望見日（出）的美景，你又何必要求（他）走向那扇窗去聆聽鳥（鳴／叫）呢？你聽你的鳥鳴，他看（他）的日出，彼此都會有等（量）的美的感受。人與人偶（有）摩擦，往往都是由於缺（乏／少）那分雅量的緣故；因此，（為）了減少摩擦，增進和諧，我們必須努力培養雅量。

圖 3-5　一分鐘朗讀評量範例　　　**圖 3-6　克漏字填充評量範例**

資料來源：節錄自宋晶宜（2004：9-18）。

事實上，課堂上的評量隨時隨地都在進行，不限於紙筆型態，也不一定要在教完整個單元後才給予評量。老師教完一個概念時，就可以用問答方式來檢視成果。一般老師也常常使用提問法，不過往往偏向封閉式的問法——「對」或「錯」，學生答對時就被肯定，答錯時可能就是沒有加分，改叫其他學生回答。如此一來，提問變成口頭考試與計算點數之用，學生不懂的地方還是不懂，沒有促進學習的功能。表 3-4 用相同的題目當範例，說明不同形式的問答方式帶給學生不同的思考。教學時，如果學生對於抽象概念的反應不好，老師除了像表 3-4 的範例一樣，提供選項提示讓學生判斷外，也可以改用比較具體的生活例子。例如：當學生對於「相反數」一直百思不得其解時，老師就改用「賺錢」和「賠錢」來提問，把生活與數學進行連結，學生對於有沒有錢的賺賠感受，會比理解正負符號來得容易。

三　結果運用

　　評量結果是否只是打個分數、存到學生的學習檔案夾而已？當然不是，評量結果可以做質性和量化的分析。質性分析如錯誤類型分析就是一例，蒐集學生寫字本或是聽寫測驗的資料，可以看到他們的錯誤是屬於哪些類型——是部件誤植？筆畫增減？形似錯誤？還是其他的狀況？針對其錯誤類型，老師在生字教學時，就特別用顏色加以標示差異或是設計記憶口訣，讓學生不會弄錯，例如：學生總是忘記「冰」的左邊是兩點，而不是三點水，老師可以說：「『冫』部，是兩點冰，有很冷意思的字多為兩點冰，像是『凍』、『寒』、『冷』、『冬』、『冰』。」這就是引用部首意義來分辨相似字，不然多一點少一點看起來都很像，很多孩子是分不清楚的。

　　評量結果也可以進行量化分析。這裡不是指一般的打分數，而是把各次的分數以曲線圖呈現，讓結果一目了然，立即掌握學生的學習成果變化。但是若想要做各次的比較時，最好都是用同一套標準測得的結果，比較不會因為題目難度不一，造成結果起伏不定，以致於不清楚是學生程度變差？還是題目變難？舉例來說，老師想知道學生在 100 以內的加減法學得如何，他可以每週出 20 題加減法考卷考學生，每次試卷的數字可改變，但是基本架構不變，例如都是 10 題加法（進位、不進位各 5 題）、10 題減法（借位、不借位各 5 題）。從各次的評量結果，我們就可知道學生的正確率是否愈來愈高，以及所花的時間是否愈來愈少。如果兩者都是肯定的答案，便表示教學後學生的正確率和速度都提升；但是也可能發現正確率提高，但速度還是不夠快，這表示學生已有概念，只是不夠精熟，可以在平日利用零碎時間加強 0 到 9 加減法心算，以增加解題的自動化。如果正確率和速度都沒有明顯的改善，表示學生概念不穩固，老師要先分析該生的起點能力再重新教學。換言之，評量不是為考試而考試，應該要藉此改進教學以及持續監控學生的進步狀況，而不是一味地盲目教下去。

表 3-4 不同問答方式之比較

	例一	例二
範例	老師：−9 的相反數是多少？ 學生 A：9。 老師：為什麼？ 學生 A：正的相反數是負，負的相反數是正，所以，−9 的相反數是 9。 老師：現在我在黑板上畫一條數線，0 在這裡，9 在 0 的右邊，還是左邊？（註：用選項來提示答案） 學生：右邊。 老師：−9 在 0 的右邊，還是左邊？ 學生：左邊。（註：用選項來提示答案） 老師：所以，數線上 0 的右邊是正數，還是負數？（註：提高抽象層次，不是用具體數字來問，改以通則來問） 學生：0 的右邊是正數。 老師：請 B 同學上來把 9 和 −9 標示在數線上。底下的同學一起來幫忙他。B 同學標對了嗎？ 學生：對。 老師：大家還記得「相反數」的定義是什麼（複習）？為什麼 −9 的相反數是 9？9 的相反數是 −9？	老師：−9 的相反數是多少？ 學生 A：9。 老師：很好，坐下。那 B 同學，9 的相反數是多少？ 學生 B：6。 老師：不對，上課要注意聽。C 同學，你說說看。 學生 C：−9。 老師：對。很好。大家跟我說一次，−9 的相反數是 9，9 的相反數是 −9。（註：再次覆誦，可能對記憶有幫助，但無助於理解） P.S.：學生 B（心裡納悶）明明 9 反過來看就是 6，為什麼不是 9 的相反數？
分析說明	A 生雖然第一次就答對，但他給的理由可能是套用口訣，是否真的理解還不知道，因此，老師再用數線來跟全體學生說明正負數的位置與 0 的關係，以及複習相反數的定義和性質（某數和其相反數的和等於 0）。	老師只用對錯來看 A、B、C 生的反應，卻沒有進一步瞭解他們對相反數的概念是什麼、又是怎樣理解問題的。

　　小結，教學過程中老師可能隨時隨地都在評量學生，評量的目的主要不在於給分數或記點換取增強物，而是想確認學生的學習成效；形式也不侷限在紙筆測驗，問答過程也能進行理解狀況的試探。不管採用何種形式的評

量，都需要針對學習目標來進行。評量與教學重點是相互呼應的，選用的評量方式盡量簡便、有區辨力，切記補救教學時間係以教學為主體，不是拿來讓學生再寫很多評量卷之用。最後，若能善加運用評量結果，則可作為教學很好的反饋，同時又能掌握學生的學習進展。

第四節　結論

　　評量不等同於一般人所認知的考試，評量的主要目的不是把學生考倒，而是檢視學習的狀況、篩選目標個案、診斷問題，以及評估成效之用。評量與學習的關係可說相當密切，以學習扶助為例，科技化評量系統（PRIORI-tbt）可以診斷學習困難，判定有哪些地方未達基本學習內容的要求，指引老師教學設計的方向，且結合國民小學及國民中學學生學習扶助資源平臺（https://priori.moe.gov.tw/）教學教材連結，讓老師在教材編選與學習目標設定上有所依據。除了教育部已建置並於全國使用的 PRIORI-tbt 之外，老師平時也可運用形成性評量方法，不需要等到期末再做總結性評量。教學中持續針對學生的理解狀況進行測試，一發現有問題便即時修正與澄清迷思概念，才是有效教學的原則。

 參考文獻

中文部分

王瓊珠（2010）。課程本位閱讀測量。載於柯華葳（主編），**中文閱讀障礙**（頁 201-222）。臺北市：心理。

吳清山、林天祐（2012）。標準本位評量。**教育研究月刊**，**221**，133-134。

宋晶宜（2004）。雅量。**載於國民中學國文（第一冊）**（頁 9-18）。臺南
　　市：南一。

教育部（2021）。**教育部國民及學前教育署補助辦理國民小學及國民中學
　　學生學習扶助作業注意事項**。臺北市：作者。

教育部國民及學前教育署（2020）。**109 學年度學習扶助科技化評量系統
　　操作說明簡報檔（綜合權限）**。取自 https://exam.tcte.edu.tw/tbt_html/
　　index.php?mod=download

教育部國民及學前教育署（2021）。**110 學年度學習扶助科技化評量系統
　　操作說明簡報檔（綜合權限）**。取自 https://exam.tcte.edu.tw/tbt_html/
　　index.php?mod=download

洪儷瑜、陳淑麗（2010）。評量在閱讀補救教學之運用。載於王瓊珠、陳
　　淑麗（主編），**突破閱讀困難：理念與實務**（頁 211-229）。臺北市：
　　心理。

洪儷瑜、陳淑麗、王瓊珠、方金雅、張郁雯、陳美芳、柯華葳（2009）。
　　閱讀障礙篩選流程的檢驗：篩選或教師轉介之比較。**特殊教育研究學
　　刊，34**（1），1-22。

張春興（1996）。**教育心理學**。臺北市：東華。

張景媛、余采玲、鄭章華、范德鑫（2012）。以對話形成性評量進行數學
　　補救教學的方法。**教育研究月刊，221**，50-64。

陳淑麗（2009）。**弱勢學童讀寫希望工程：課輔現場的瞭解與改造**。臺北
　　市：心理。

| 第四章 |

有效的學習扶助班級經營

● 陳淑麗、曾世杰

　　班級經營經常是讓教師們最感困擾的教學問題之一（Brock & Grady, 1996），且無論任教年資長短，班級管理、學生個別差異大和行為偏差等問題，都是老師常見的困擾（白青平，2000；許湞菱，2007；鄭桂能，2007）。在教學上善用班級經營的老師，常能讓教學事半功倍，反之，不能有效執行班級經營的老師則往往無法順利上課。因此，教學效能要好，班級經營是必要條件之一。

　　但什麼是班級經營呢？本章作者認為，不管是普通班或學習扶助班，老師在教室裡都應該扮演領導者的角色。老師要能根據學生的需求，訂出可達成的目標，並領著全班學生一起，在有計畫的教學活動裡逐步達成目標。這個過程中，老師除了指出方向、提供教學之外，也要能引導學生把有限的時間、精神用在與目標相關的學習上，這個引導過程就是本章所要談的班級經營。

　　相較於一般同儕，學習扶助班級裡的低成就學生經常顯現出較複雜的問題。他們不只有學習困難，也常有行為和情緒的問題，例如：學習動機低落（陳淑麗，2009）、上課不專心、不聽從教學指令（洪儷瑜，2005）、愛鬧脾氣等。這些問題會讓學生情緒失控、分心，最終不但讓自己的學習時

間減少、學習成效低落,也經常影響了老師的教學及其他同學的學習。簡言之,學習扶助班級人數雖少,班級經營的難題卻一點也不少。

曾柏瑜和陳淑麗(2010)以補救教學現場的大專師資生為對象,發現在教學初期,低成就學生的行為和情緒問題是他們最大的挑戰。許多人以為,只有生手教師及大專生師資才會有班級經營的問題,但就作者多年來在教學現場的觀察,一般的國中小老師也經常有班級經營的問題。

好的班級經營要顧及許多面向,本章將分別就:師生關係的拿捏、行為的管理、干擾或情緒問題的處理、照顧個別差異及激勵學習士氣等,說明補救教學(學習扶助)的班級經營該怎麼做。一般的班級經營還會談及與家長的溝通技巧,但本章將只針對教室內的情境進行討論。以下分享修改自陳淑麗和曾世杰主編的《國語文補救教學手冊》一書(陳淑麗等,2012)。

第一節　教師權力的來源:師生關係的拿捏

「沒有老師的樣子」、「和學生玩在一起」是許多專家老師或師培教授對生手老師最感頭痛的地方之一。這樣的評論其背後的期待是,老師在教室裡應該展現和學生不同高度的權力位階,不能只是大哥哥、大姐姐。另外,作者在課堂中,曾經請大學生們回憶他們從小到大所經歷過秩序最紛亂、毫無教學效能的班級,並請他們描述該班老師的特質。幾個學生這樣回憶:「不敢看學生,講話聲音超小,沒有說服力。」「不敢要求學生,怕學生生氣,他們就不肯上課了。」「怕學生,尤其是兇的學生,學生故意搗亂也不敢管,班上就愈來愈亂。」由此可知,若從學生的角度來看,教學沒有效能,經常導因於老師的權力位階不清。而從領導理論來看,高關懷、高倡導的領導者,最能讓組織發揮效能(Halpin & Winer, 1957)。在班級經營裡,老師是班級的領導者,最佳的師生關係也應該是高關懷、高倡導的型態,亦即老師溫暖又有權力。在學習扶助班級裡,「高關懷高倡導」的師生

型態更顯重要。低成就學生的學習準備度經常較差、沒有自信、缺少適當的學習行為，因此，能夠適當運用教師的權力，幫助學生建立適當的學習行為與獲得成功經驗，同時又能讓學生覺得溫暖、喜歡來上課，這些都是非常重要的。

多數的老師知道如何關懷學生，但如何建立與善用教師的權力，則相對是比較難的。這裡的權力，並不是指政治間爾虞我詐的鬥爭，而是影響他人的能力。在任何社群中，總有些人的影響力較大，大家比較會聽他的意見，這樣的影響力，本章稱之為「權力」。好的老師當然是教室裡影響力最大的人，在教室裡擁有最大的權力。權力的主要來源有四：法定、專業、人際和力量，以下分別說明如何運用這四種權力，讓老師能善用影響力，幫助孩子達成學習的目標。

 一　來自法定關係的權力

師生間的關係中，「老師」這個身分就是一個依法令賦予的角色，這個角色讓老師具有法定的權力。在普通班級裡，導師的法定權力最清楚，但在學習扶助班級裡，師資背景是多來源的，除了導師，儲備老師、大專生也都可能擔任課輔老師。如何讓不同背景的老師，能在教室裡具有法定的權力？透過「權力轉移的儀式」幫助課輔老師，是常見的一種方法。

這裡所謂的儀式，是指可以正式地舉辦一個學習扶助始業式，校長、主任、導師都在場，透過儀式的進行，正式地把課輔老師介紹給學生，並強調課輔老師和導師具有同等的角色；也可以非正式地由導師把課輔老師介紹給學生，再三交代學生，課輔老師也是老師，大家的表現好不好，課輔老師都會告訴導師。像這樣一開始就奠定課輔老師在學生心目中的地位，預防學生向課輔老師嗆聲：「你又不是（我們）老師！」的情形，後面的班級經營才會事半功倍。但課輔老師取得了法定權力，並無法確保班級經營可以一帆風順，老師的教學品質還是關鍵，亦即要取得學生的尊敬與信任。有了法定關

係後，還要靠專業能力來維繫。

二 來自專業能力的權力

會教書的老師，比較能得到學生的喜愛與信服。「會教書」就是專業能力的展現，其來自兩方面的努力：教育的「專業知能」及「專業倫理」。

專家教師和生手老師的差異，最容易在專業知能面向看出高下。成功的老師通常必須具備豐富的學科知識和教學知識，同時又有良好的教學執行與班級經營能力。生手老師則常出現抓不到教學目標、無法針對教學目標設計適當的教學活動、教學執行左支右絀、無法兼顧不同面向狀況等問題（曾柏瑜、陳淑麗，2010）。例如，作者曾見過師資生擔任學習扶助工作時，花了太多的時間製作美工精緻繁複的「蝸牛升官圖」增強系統，執行方式極為複雜，雖然一開始有吸引學生注意力之效，但整體來說，花了太多的時間製作、計分、處理加分的公平性，學生也不容易一眼看出自己努力的成果。反之，會教書的專家教師從教學目標的決定、教材教法的設計與執行、班級經營到成效評估，都能看到教學專業的展現，以最省時省力的方式，讓學生得到清楚的回饋，執行也可以看到較佳的教學成效；這樣的老師也因為專業，能贏得學生、學校與家長的信任與尊敬。因此，提升專業知能是最值得投資的努力。至於如何提升學習扶助教學的專業知能？本書其他章節含括了診斷評量、國英數的學習扶助教學及成功案例的介紹等多元面向，都是增進專業知能的良方，因此，本章不再重複說明專業知能的相關概念。

專業倫理指的是老師對教學工作的態度——是否認真看待每一個學生的需要？是否願意盡心盡力做好教學的本分？許多優良老師不只是專業知能好，他們還有一個共同的特質——對工作的敬業與投入令人尊敬。作者觀察到一位資深優良老師，他每天都比小朋友早到學校，早上八點有小朋友沒到，就開始打電話關心；他認真備課，上課絕無冷場；下午放學時，抱著一堆作業，和路隊一起走路回家。先不談這位老師的教學效能，光是其敬業精

神就讓人肅然起敬。千萬不要以為學生年紀小、不會抱怨，老師就可以遲到、不備課、歹戲拖棚、對學生好壞表現沒有覺察、沒有回饋，其實這些都會讓老師失去自己的專業形象，對學生、甚至家長的影響力就降低了。

來自人際關係的權力

　　人與人之間若有和睦、互信的人際關係，就能對彼此發揮一定的影響力。每一個人都希望自己被別人喜歡、關注，而低成就學生因為挫折經驗多、家庭功能普遍較弱，因此更希望被關注。針對低成就學生的特質，我們建議老師要和孩子們建立起良好的關係。要多肯定孩子，看到孩子有一點點好表現、有一點點進步，就要大大地稱讚，這樣師生間的關係就會拉近許多；在生活或學習上，要能適時提供一些協助與關心，讓孩子有多一點成功的機會，孩子就會覺得老師是接納他、支持他的。師生間若有好的關係，老師提出各種要求，學生才會比較願意配合與支持。另外，幽默風趣也是很重要的，太嚴肅的形象不易受學生們歡迎。最後，信守承諾和以身作則是維持師生關係的重要因素，老師如果要跟學生做某些約定，要切記無法做到的絕不承諾，答應了就要做到，不然師生關係就會動搖，學生對老師的信任也會跟著降低。

四 來自力量關係的權力

　　師生關係中，老師是成人，是比較強壯、有力量的一方，因此，在班級管理上，如果學生出現不當行為時，老師偶爾可以運用力量的權力，來處理學生的問題行為，例如：板起臉孔說話、瞪人、敲桌子發出聲響等等。使用這些技巧，當下會讓學生害怕，雖可收到立即的效果，但我們仍建議不要常使用這種方式來處理不當行為，或者要小心使用這些技巧。因為這些方式一旦使用不當，便容易破壞師生關係，也可能影響學生的學習態度，尤有甚

者，教師一旦因言行不慎而違反相關法令（如學校訂定教師輔導與管教學生辦法注意事項），就是我們更不願意見到的了。

第二節　基本的行為管理要領

班規與增強系統的最終目標是要幫助學生學習，訂定班規及善用增強系統是進行基本行為管理的利器。低成就學生因長期累積挫敗經驗，容易出現抗拒學習、分心、不聽從教學指令等不利學習的行為，因此，善用增強系統及班規的要求，幫助低成就學生重新建立好的學習行為是重要的。但班規不是愈多愈好，增強系統不是愈複雜愈好，以下說明如何設計班規與增強系統，來執行基本的行為管理。

 如何設計班規

（一）教學上有需要，才要訂班規

訂定班規是為了讓老師教得更好、學生學得更好，因此班規的訂定要跟著教學的需求走。舉例來說，許多低年級的學生不會看時鐘、不曉得今天星期幾、不知道補救教學課的教室在哪裡、不知道要帶什麼東西來上課、想講話就衝口而出，這些先備知識或能力的不足，會造成許多班級經營的困難。因此，訂班規時，需要將學生最需要的、最容易出錯的行為列為重點目標。例如，補救教學課準時到班（補救教學不是每天上課，低年級學生容易忘記上課時間、地點）、攜帶作業簿本與課本、發言要先舉手，或者經允許才能離開座位等等，老師要把這些常見且會影響學習的問題，搭配增強系統，列為班規的項目。目標行為一旦建立，增強系統就可以撤除，或從連續增強調整為間歇增強。

（二）年齡不同，需求不同

　　一般來說，學生年紀愈小，愈需要清楚仔細的規則。如前述，低年級學生容易忘記上課時間、忘記帶課本，或者不經允許離開座位等等，這些行為就要列為班規的項目。但高年級學生大都已經建立起一定的常規，許多低年級老師反覆要求的班規已經不適用了，而且，同樣的行為，在高年級可能代表不同的意義。例如，高年級學生參加補救教學，也可能會出現不準時進教室的現象，但高年級學生通常不是因為搞不清楚或忘記上課時間，而是缺乏動機，不想來上課。這樣的情況，訂定「準時來上課」的班規，恐怕效果不大。老師要和學生搏感情、把課程設計得有趣一點、讓學生有成功的機會、委以重任或賦予特權，也許更能提升參與動機。例如老師可以說：「○○，我需要你幫忙，每次上課要早一點來，到我那裡幫我把簿子和教具拿到課輔教室。」或「○○，你早來一點幫我開門窗和擺桌椅，這是教室的鑰匙。」也許比訂班規更有用一些。

（三）班規要明確

　　班規明確與否，影響可落實的程度。有些班規可具體檢核，如準時進教室；有些班規較抽象，範疇較大，如友愛同學、上課專心，這類型的班規，在檢核上還是需要依賴具體的行為描述才能做判斷。可具體檢核的班規，學生通常較能清楚知道行為的要求及怎麼做，以「準時進教室」為例，老師要求學生鐘聲結束前要在座位上坐好，這個目標行為有沒有達成是很容易判斷的。

　　班規是否明確也因年級而異。以「上課專心」為例，這個班規本身屬於「判斷」層次的描述，比較抽象，高年級學生通常知道怎樣的行為是專心的，低年級學生則不一定搞得清楚，因而需要更明確具體的行為要求。例如在教師主導的學習情境裡，「眼睛看老師」、「桌面只留課本和鉛筆」，就會比「上課專心」更具體，對低年級學生來說，是比較容易懂的。

　　另外，「誰來訂定班規」也需考量年級，通常年級愈高，愈需要把討論、決定班規的權力交給學生。讓學生一起參與訂定班規有兩個好處，一是學生會更明白這些班規的重要性；另一是班規和獎懲辦法是他們參與訂定的，所以更願意遵守自己訂的規矩。

（四）要適時調整班規的內容與執行方式

　　班規要隨著學生的情況做調整，也就是說，班規訂了之後並不是一成不變的，其內容與執行方式都要適時做調整，才可以讓班規發揮最大的效益。例如，學期初，學生容易想講話就講話，教室裡總是鬧哄哄的，這種情況下，「舉手發言」就是個重要的規定，且在初期要用連續增強的方式執行，只要學生一出現「舉手發言」的行為，老師就稱讚或給點數，來幫助學生快速建立期待的行為；相反地，學生如果沒有舉手就發言，可用扣點、刻意忽略或再提醒的方式，削弱這個不期待的行為。一旦「舉手發言」的行為建立了，增強的頻次就可以調整為間歇性增強——偶爾鼓勵，不必每次出現這個行為都要鼓勵；增強方式也可以調整為只做口頭鼓勵，不做物質鼓勵。

　　多久調整一次班規內容較合適呢？應視需要而定，原則上建議經常檢視班規內容和執行方式，視目標達成情況隨時做調整。例如，低成就學生常常不愛寫回家功課，初期可以把目標設定在「完成回家功課」；當學生回家都有做功課時，可以把目標調整為「要求作業品質」，要求自我檢查、同儕檢查或給父母檢查後簽名。

　　最後，溫柔而堅持地確實執行規定，是落實班規的不二法門。一個亂哄哄的教室，若仔細觀察其班規的執行，大概都會看到「未確實執行」的問題。例如，班規規定「舉手才能發言」，但學生想發言時喊：「我！我！我！」明顯違反規定，老師卻仍點這個同學回答；有的學生答案衝口而出，老師仍給予口頭獎勵，這就會讓「舉手才能發言」的規定形同虛設，老師反而成為混亂的源頭了。

如何設計增強系統

　　學生展現「被期待的行為」時可以得到獎勵，出現「不被期待的行為」時不但得不到獎勵，還可能被處罰，這就是班級增強系統的最重要功能。其核心信念是，「得到獎勵的行為，行為再次出現的頻次會增加；沒有得到獎勵、甚至受到處罰的行為，出現的頻次會減少」。增強系統用得好，確實有助於班級常規的建立及學習動機的促發；增強系統的設計多會搭配班規，班規就是增強的標的行為。例如，班規期待學生上課發言，學生每次發言就加分，分數到達設定的標準，就可以換禮物。表 4-1 是一個小二的補救教學教師設計的增強系統（修改自黃淑玲，2011，10 月）。

　　一個設計良好的增強系統，有一些重要原則要遵守，包括：

1. 增強系統要具體清楚，讓學生易於瞭解遵循。
2. 愈重要的規定，增強的頻次要愈高。
3. 難度愈高的要求，給的增強要愈大。
4. 已經建立的行為，增強的頻次要減少或撤除。
5. 所有班規盡可能地搭配增強系統，且要有一致性。

　　以黃老師的增強系統為例，學生有好行為就可以加分，10 分可以拿到一個小熊，集五個小熊可以換一個小禮物，期末還有一特別的「小黃老師圖卡」讓學生珍藏。黃老師的增強系統具體清楚、循序漸進，所有的規定都搭配這套系統，而且不易達到的行為（例如主動寫回家功課）給的增強比較大，已經建立的行為則調整增強的方式。黃老師的這些設計，不僅讓每個學生都有機會得到增強，最重要的，回到教育的本質，透過這套增強系統，黃老師幫助學生建立起學習的行為與態度，這正是補救教學最核心的目標之一。

表 4-1 我們的約定：小兔班的班規

班規		期初	期中以後
作業和閱讀活動的約定	1. 到教室先寫班導師規定的回家功課。	做到，加 3 分 沒做到，扣 2 分	做到，加 1 分 沒做到，扣 1 分
	2. 完成功課，拿給老師檢查，再到閱讀區看書，至少看 15 分鐘（搭配計時器）。	做到，加 3 分 沒做到，扣 1 分	做到，加 1 分 沒做到，扣 1 分
	3. 看完故事找老師問問題，通過者，登記在閱讀紀錄卡上。	做到，加 1 分 沒做到，扣 1 分	
	4. 看完書，到指定區拿獎勵杯和奇妙文字國課本。		
	5. 請家長檢查回家功課及聯絡簿。		
	6. 妥善保管帶回家練習的功課或課本。		
上課的約定	1. 帶課本。	做到，加 1 分 沒做到，扣 1 分	
	2. 帶文具。		
	3. 準時進教室。	做到，加 3 分	做到，加 1 分
	4. 講話要舉手。	做到，每次加 1 分 違規，每次扣 1 分	發言品質好，每次加 1 分 違規，每次扣 1 分
	5. 坐在座位上。	做到，每節加 1 分 違規，每次扣 1 分	做到，口頭鼓勵 違規，每次扣 1 分
	6. 上課要專心。	做到，每節加 3 分 違規，每次扣 1 分	
	7. 幫助同學。	做到，加 1 分	做到，加 1 分
獎勵	1. 每 10 分，換一個小熊。 2. 集五個小熊換一個小禮物。 3. 集三十個小熊換一個大禮物。 4. 每週最高分者和進步最多者，另外加 2 分。 5. 學期末依學生的表現，每一位學生送一張自製的「小黃老師圖卡」。		

資料來源：黃淑玲（2011，10 月）。

　　表 4-1 所呈現的增強系統，僅說明物質增強的部分，但有一種增強不用成本，效果卻很高，那就是「讚美」。看到學生有一點點進步、一點點好表現就讚美，會有很好的效果。我們發現，多數的補救教學（學習扶助）老師初期都會使用物質增強系統來幫助學生建立常規，但在後期，有些老師會慢慢撤除加分系統和物質增強，調整為社會性增強策略，例如鼓勵、讚美或讓學生做學習和行為進展的自我監控。這是班級經營希望達到的最終境界——學生對學習興趣盎然，不再需要依賴物質增強了。

第三節　干擾或情緒問題的處理

　　初秋的傍晚，陽光國小（化名）教室內有幾位大專生正在幫孩子們補救教學，每位大專生帶著兩個孩子。教室裡充滿抱怨、吵鬧的聲音，一會兒是第一組的小翔鬧彆扭地說：「好難，我不想學了。」一會兒是第二組的小皓說：「老師，你偏心，明明是我先舉手的！」另一間教室的小斌和阿美，自顧自地玩自己的玩具，沒有理會老師的教學！還有，安靜趴在桌上，始終不出聲卻也寫不出幾個字的小彤。

　　大專生們額頭上冒出汗水，在補救教學結束之後的督導時間裡，「到底該怎麼教？」的聲音此起彼落。

（修改自曾柏瑜、陳淑麗，2010）。

　　上述的補救教學情景，並非是大專生或生手教師的專利，許多在職教師也有類似的經驗。相較於一般兒童，低成就學生在課堂上會出現頻次較高的干擾行為，常見的干擾行為包括鬧脾氣、哭、打鬧、講話、玩玩具、自我刺激等，這些干擾行為不僅會影響學生的學習和人際，也會影響老師的情緒、教學的進行，有時甚至會影響其他同學的學習。因此，如何預防與處理學生

的干擾或情緒行為，是補救教學教師必學的課題。干擾或情緒行為的處理，可搭配班規和增強系統做行為的處置，但若是只做行為層面的處理經常是不夠的。為了要對症下藥，並有效預防與處理干擾行為，我們建議老師養成系統性的假設考驗的問題解決習慣。以下以「不專心行為」為例，說明如何進行這樣的問題解決。我們提供了兩個圖作為參考架構：圖 4-1 說明了不專心行為成因的可能類別，圖 4-2 則針對非生理因素的成因進行更仔細的分析。

學生上課不斷分心講話，以圖 4-1 的架構來看，有可能是生理的因素，也可能是功能性的因素，如教材難度不對、學生在逃避學習；若以圖 4-2 的架構來看，非生理因素的不專心行為，其相同的症狀——分心行為，起因也可能是不同的，有可能是班級經營出了問題、可能是教學出了問題，也有可能班級經營和教學同時都發生問題。以下舉一個案例（見專欄 4-1）說明如何運用假設考驗的問題解決模式，來處理干擾或情緒行為。

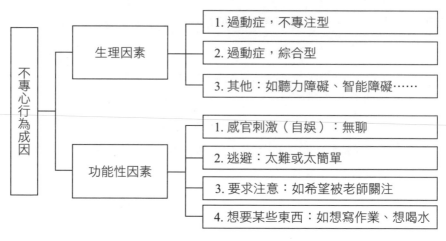

圖 4-1　不專心行為的成因

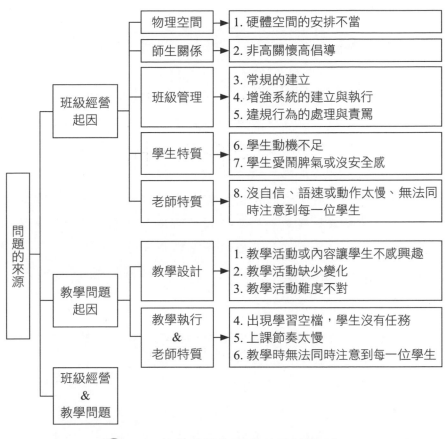

圖 4-2　非生理因素不專心行為的成因

專欄 4-1 干擾行為問題分析

一 案例：幾點下課？

小萱，二年級，上課很容易分心。課堂上，她常常問：「幾點下課？」即使我已經清楚告訴小萱我們的下課時間，她還是每節上課都會重複問一樣的問題，幾分鐘就問一次。如果我請大家發問，她的問題也是：「幾點下課？」下課時小萱總是第一個衝出教室、最後一個進教室或是遲到。我真的很想叫她不要再問了，但是又怕打擊小萱幼小的心，所以我只能繼續讓她每天問。

二 問題分析

小萱每節課都問幾點下課，老師的處理是回應小萱的問題。但小萱每天仍然重複地問，這表示老師的處置無效，對於小萱的干擾行為，老師沒有找到真正的原因，因此也無法對症下藥。

小萱為什麼不停地問「幾點下課」？下頁表格是針對小萱的問題尋找原因的假設考驗歷程。其中，假設1和2並未得到支持；假設3到5，如果後續能使小萱問「幾點下課」的頻次逐漸減少，則表示假設是對的。

（續下頁）

三 假設考驗歷程

尋找小萱干擾行為的成因——假設考驗歷程舉例

根據觀察提出假設	調整教學以檢驗假設	假設是否得到支持？
1. 單純想知道幾點下課。	老師回應下課的時間後，小萱沒有停止問問題。	未得到支持
2. 想知道幾點下課，但沒有時間概念。	老師教會小萱下課時間的概念，但小萱仍不斷問同樣的問題。	未得到支持
3. 對這堂課不感興趣：下課時第一個衝出教室，最後一個回教室。在喜歡的美勞課就不會問這個問題。	老師調整上課的方式，讓小萱覺得上課是有趣的。結果，小萱問「幾點下課」的頻次逐漸減少了。	得到支持
4. 想引起老師注意：不斷問幾點下課，老師一回應，即增強了學生繼續問。	忽略小萱的問題，幾次以後，小萱問「幾點下課」的頻次逐漸減少。	得到支持
5. 想引起老師注意，但是沒有能力問和學習有關的問題。	教導小萱如何問問題，並增強小萱提出不同類型的問題，小萱問「幾點下課」的頻次逐漸減少。	得到支持

　　本專欄提出的假設考驗的思考模式，是一個思考問題的模式，上表提出來的五個假設，各自對應了檢驗假設是否為真的解決策略。五個假設則涵蓋了：想要獲得注意（假設 4、5，班級經營問題）、逃避上課（假設 3，教學問題）、想要某些東西（假設 3，想玩遊戲；假設 1，想知道時間）和學生能力問題（假設 2，時間概念；假設 5，提問能力）。這五個假設大致上是扣合圖 4-1 和 4-2 不專心行為成因的架構來形成假設的。

　　教學現場是複雜的，老師會遇到各種不同的問題，解決問題比較理想的模式是針對問題提出可能的假設，再根據假設尋求解決問題的策略，以考驗假設是否為真。假設考驗的思考歷程，就像醫生看診，它是一種科學的思維方式，當病人描述症狀或問題後，醫生要開始問診，問診的過程不是亂槍打鳥，而是一個不斷形成假設與考驗的過程。醫生的醫學知識和醫療經驗愈豐富，就能愈快排除不可能的因素，留下可能的假設，並根據假設提出醫療處置，以檢驗假設是否正確。解決教學遇到的問題也應該是這樣，老師要能看到問題，並根據相關的背景知識，提出可能的假設，接著再系統地蒐集資料，並合於邏輯地檢驗假設，最後找出解決問題的方法。

　　另外，要形成假設與進行考驗，系統地觀察與蒐集資料是必要的。例如小萱一直問「幾點下課」，老師如果可以系統地觀察小萱問這個問題的時間、頻次、活動類型，或者蒐集小萱在其他任課老師的課堂上是否也有類似的情況，這些都有助於找到原因（假設）與解決策略。

第四節　如何照顧個別差異

　　有效能的老師教學節奏通常比較清楚、流暢，而且能照顧個別學生的差異，讓學生的學習最大化（Englert, 1984）。許多老師以為一對一補救教學最有效、最能做適性化的教學，但一對一的教學，成本高、學生缺少與同儕互動的機會，仍有其限制。國內、外的補救教學，多採十人以內的小班教學，學生人數雖較少，但每個學生的特性和需求仍有差異，單一標準的教育設計，並無法滿足每個學生的需求。在教育實務上，「差異化教學」（differentiated instruction）最可能落實帶好每一個學生的理念，以下分別從調整教材和調整教學型態兩個面向，說明如何進行差異化教學。

一　給予不同難度的教材

　　根據學生的程度給予不同難度的教材，是有效教學必須考慮的重要原則（陳淑麗、洪儷瑜，2010）。國外有許多教科書提供多層次的教材，以不同的難度適配不同程度的學生，例如美國的 SRA 教材 *Imagine It!*（Science Research Associates, 2007），同一主題會有多種不同難度的文集讀本可供選擇。然而國內教科書出版業設計教材時，通常只出版一種難度，因此，不管學生的異質性多大，受限於教材，每個學生的教材難度都是一樣的。學習材料太難或太簡單，都會斲喪學生的學習動機，引發不專心行為。因此，當學習教材難度不對時，應做適度調整，調整方法有三：（1）根據學生能力使用適配年級程度的教材。這個做法適合程度落差大的班級，且因學生教材不同，必須改變教學型態，以分組教學取代全班教學；（2）改寫教材，簡化教材複雜度，給予不同難度的教材。以國語文文章結構教學為例，可以保留文章結構，刪除文章的細節，縮短文長；（3）使用相同教材，給予不同難度的學習單，設定不同的學習目標。例如，寫文章結構的學習單，可以有選擇式、填充式、問答式、畫文章結構圖等不同難度的題型，以符應不同程度學生的需求。例如永齡國語文補救教材學習單的設計，提供了二到三種難度的選擇，便是基於差異化教學的考量。在數學部分，均一教育平台提供了難易序階清楚的練習題與解說。我們曾經觀察到，在同一個班級內，老師使用均一教育平台同時指導不同能力學生的學習，每個學生做的都是適合他們現有能力的題目，讓老師班級經營的壓力可以減至最低。

二　調整教學型態

　　美國佛羅里達閱讀研究中心的 Carol Connor 教授發展了一個個別化閱讀教學計畫系統（Assessment to Instruction，簡稱 A2i），使用者只要輸入

學生的測驗資料，就可以立刻得到繪製好的彩色圖表，讓老師知道每個學生的強弱處，並建議老師如何進行差異化教學，包括：分幾組、如何分組、各組學生要教什麼，以及每一種教學成分的教學時間。

這個系統主要是一個差異化教學的概念，系統將閱讀教學重點分為「強調解碼」（Code Focused）和「強調意義」（Meaning Focused）兩個向度；將閱讀教學的執行分為「教師主導」（Teacher Managed）和「兒童主導」（Child Managed）兩個向度，這兩個軸向交叉會出現四種教學的型態（Connor, Morrison, Fishman, Schatschneider, & Underwood, 2007；見表4-2）。此系統會根據評量結果，提供差異化教學的建議。

Connor 的研究團隊以嚴謹的實驗設計，證實了這個差異化教學系統能有效提升不同能力學生的閱讀能力（Connor et al., 2007）。簡言之，它能按著學生的需求進行客製化的教學，是班級經營的利器。

表 4-2　A2i 差異化教學之教學活動舉例

	教師主導	兒童主導
強調解碼	1. 字母活動 2. 字母形音對應 3. 聲韻覺識——首尾音、結合、分割	1. 拼字 2. 聲韻或語音遊戲／學習單、書寫活動、解碼活動
強調意義	1. 朗讀（老師或學生朗讀） 2. 詞彙 3. 聽覺理解 4. 討論 5. 小組寫作、寫作教學、示範寫作	1. 同儕配對閱讀 2. 默讀 3. 閱讀或聽覺理解學習單 4. 個人寫作、同儕配對寫作

資料來源：Connor, C. M., Morrison, F. J., Fishman, B. J., Schatschneider, C., & Underwood, P. (2007).

第五節　如何激勵學習士氣

　　研究指出，從小一入學至小六畢業，兒童的學習動機是逐漸下滑的（McKenna, Kear, & Ellsworth, 1995），低成就的學生尤然。絕大多數小一新生入學時，背著新書包，對上學滿是憧憬，迫不及待想到學校去；小朋友開始學讀書寫字時，一個字一個字唸出聲來，讀得又慢又不流暢，可是即使閱讀如此困難，孩子們對閱讀的興趣仍然高昂。但是到了六年級，上課時許多學生意興闌珊，甚至趴在桌上，更別提課後主動閱讀了。而低成就學生動機低落的問題更是嚴重，研究指出，動機低落正是課輔老師最感困擾的問題（陳淑麗，2009）。因此，如何激勵低成就學生的學習士氣，是學習扶助重要的課題。以下分別從學習環境、同儕、成敗歸因、教材難度及趣味性等面向，討論如何激勵低成就學生的學習士氣。

 ## 學習環境的營造

　　許多低成就學生來自弱勢家庭，有些家庭連基本的書桌都沒有，更不用提豐富的學習環境。因此，對弱勢兒童的學習而言，學校及老師的影響力經常比家庭還要大，在校園中營造豐富的學習環境，對弱勢兒童也就特別重要。以閱讀為例，學校和老師應該持續不斷地扮演「閱讀推銷員」的角色，在學校和班級經營一個充滿閱讀刺激的環境，例如：能隨手取得書籍的環境、有全校性的晨間閱讀時間、經常性的閱讀分享或創作活動。老師可以經常講繪本，講到一半嘎然而止，以誘發學生進一步閱讀的動機；或以多種方式分享閱讀的樂趣。

　　師長們營造閱讀的情境是很重要的，學生可能一開始是因為服從師長的要求而從事閱讀活動，但如果學校或日常生活中到處都是閱讀活動，學

生的閱讀動機自然會水漲船高。

 ## 二 同儕的影響

　　同儕可能會帶來負面影響，但也可能帶來正面的影響。許多研究者指出，同儕的影響力比師長還大，尤其，愈接近青春期，同儕的影響力愈大。低年級的小朋友還搞不清楚自己和同儕在學業學習表現上的異同，但隨著年級的增長，學生會開始關心自己和別人學業上的比較，對低成就的弱勢學生而言，他們開始發現大多數同學的成績都比他強得多。要克服「同儕比較」帶來的學習興趣低落，老師在班上要藉各種機會提倡「智力增長論」（incremental theory of intelligence）（Dweck & Leggett, 1988）或成長心態（growth mindset）（Dweck, 2015），不要讓學生認為智力和能力是天生的、是不能改變的，要告訴學生，能力並不是固定的本質，反之，它是一種可以改變的特質。老師要強調：

- 愈努力，讀愈多書，能力會愈來愈好。
- 所有學習都一定會碰到失敗，有讀不懂的地方，是自然的事。
- 學校不是要求完美的地方，只是要求進步的地方。
- 老師不喜歡同學間互相比較，老師喜歡每個人今天都比昨天的自己更進步。

　　不要小看這樣的價值觀教育，只要老師不厭其煩地宣導，甚至製成標語放在班上，就可以讓學生們有安全感，會願意一直學習、一直進步。

　　另外，兒童都有「一窩蜂」的傾向，養蠶、蒐集公仔、養水晶寶寶等風氣，都會快速地從少數「蔓延」到許多學生，閱讀和學習也是。老師要善用學生們這種互相影響的特性，除了利用時間讓學生上台分享之外，也可以選一些適合的書，先交給閱讀能力尚可、較有影響力的學生，讓他們引領風潮，這也是有效的「促銷」方法。

三　成敗歸因

　　低年級的學生處於認知發展早期，還分不清楚「努力」和「能力」，以為「很努力＝能力好」，因此即使遭遇明顯的挫折，他們仍然有信心、動機高昂，這時大家都沒有自我效能低落的問題。但漸漸地，學生的成績分出高下來了，低成就的學生會想：「為什麼我和他花一樣多的時間讀書，但我的成績卻比較差？」這時，一個新的概念──「能力」產生了，孩子開始想：「是不是我的能力不好？」幾次負向的經驗後，他下了結論：「他是會讀書的，我是不會讀書的。」也就是說，年級愈高的孩子，對於失敗愈易傾向做能力不足的歸因，認為努力根本沒用（曾世杰譯，2021）。要避免這樣的現象，讓孩子學習做「努力」歸因是很重要的，把不夠好的表現歸因於可改變的特質，例如：努力不夠、習慣不好、再多努力一點就會有進步。另外，老師可以常常分享因為努力而成功的故事，例如：一分天才加上九十九分努力的發明家愛迪生，或是站在巨人肩膀上的牛頓。如果學生覺得名人故事遙不可及，老師也能分享自己的求學歷程中，因著努力而得到的好結果。除了分享努力的故事，老師也需常常表揚學習成功的學生，強調他們的成功是因為努力的關係。

四　教材難度適當

　　如何讓失去動機的孩子重新燃起學習的興趣？最核心的原則是考慮作業難度，不斷給予學生成功的經驗（王瓊珠，2003；Vaughn, Gersten, & Chard, 2000）。即使學生失敗了，仍需要給予其再次學習的機會，以得到成功經驗。

　　學習材料太難或太簡單，都會斲喪學生的學習動機。許多低成就學生遭遇的困難是學習材料太難了，例如，一個小六學生，語文程度只有小三的程

度，卻得學小六的語文教材，他怎麼會有動機？然而，這樣的情況並不是特例，在低成就學生中，這是普遍的現象。有研究指出，花東地區小六後16%學生的識字量，低於全國小二的平均值（陳淑麗、洪儷瑜，2011），且這樣的現象，也當然會出現在數學、英文等不同學科領域。如何給予「對的難度」？老師可以評估學生學科的年級水準，再根據年級水準來選擇教材；或以能力為指標來決定難度。以閱讀為例，根據學生的識字量、學生的閱讀理解程度、文本的文長、內容深度來選書是不錯的選擇，建議老師抱一堆書進教室之前，先檢視班上學生的能力，並根據書籍對學生的難度而給予不同層次的鷹架。以三之三出版的《聰明的小烏龜》（林芳萍譯，2000）為例，如果對班上來說，這是一本很簡單的繪本，則只需把書籍作大略的口語介紹：「一隻小烏龜打算跟大河馬拔河呢！小烏龜該怎麼做才能成功呢？讓你們自己看吧！知道答案的人，趕快來告訴老師，別跟其他人說哦！每個人要自己看。」接著讓學生自行閱讀。如果對班上來說，這是一本難度中等的繪本，老師可以帶著全班一起讀，從繪本的封面讓學生進行故事預測：「出現了哪些動物？他們看起來在做什麼呢？」一頁頁進行猜測，老師可以帶學生預測約莫一半的內容，之後請學生自行閱讀。如果對班上來說，這是一本很難的繪本，建議老師先一頁頁唸給全班聽，再請全班一起讀。另外，學生程度不同，若讓高低能力學生配對閱讀，高能力學生先讀，再讓低能力學生讀，也可增加低成就學生閱讀成功的機會。

　　要小心的是，不要以為圖畫多、字少的書就適合低成就的兒童。有位老師很迷幾米，把幾米的書當成三年級兒童的閱讀材料，但幾米的圖畫強調的是人生的體悟及感受，兒童愈讀愈不懂，那就弄巧成拙了。另外，介紹閱讀材料時，也要顧及高年級學生的「顏面」，例如，要一個六年級的學生在同儕面前讀《好餓的毛毛蟲》（鄭明進譯，1997），會是很難堪的經驗。本章作者推薦結合漫畫與文本的童書作為補救教材，例如，結合科學與探險的漫畫《無人島探險記》（鄺紹賢譯，2003）或結合真實故事與漫畫的《晨讀10分鐘：漫畫語文故事集》（曾世杰、呂家豪、胡覺隆，2020）都不會

讓高年級低成就學生有丟臉的感覺。實證研究也指出，漫畫提升了中、低成就學生的閱讀理解（曾世杰、陳淑麗，2020），同時也兼顧了接下來要談的趣味性。

五　趣味性

要引發低成就學生的學習動機，除了考慮難度，學習材料和教學內容的趣味性也是重要的。學習材料的趣味性，可從學生感興趣的題材和素材著手，例如學生對什麼話題感興趣，老師就提供該類的書籍；但對低閱讀能力或初習閱讀的學生來說，即使感興趣，也會因為識字不多、理解困難而與書絕緣，或翻了幾頁就放棄不讀。這時老師的引導，如「引介」及「導讀」就格外重要。

教學內容是否有趣，取決於教學的方式。常常用講述的方式上課，學生會被動學習；常常嘴角往下勾的老師，也會讓學生覺得學習是一件無趣的事情。教學很有魅力的老師能把教學變得很有趣，會常常微笑、讓學生對於學習內容充滿好奇，會親自營造有趣的學習氣氛，教學時會以引發討論的方式讓學生們思考，並利用活動來進行課程，讓學生產生興趣，如此就能提起學生的學習動機。

第六節　結論

學習扶助班級學生的問題經常比較複雜，他們不只有學習困難，也常有行為、情緒和動機的問題，因此，學習扶助班級人數雖少，但班級經營的難題卻一點也不少。本章從師生關係的拿捏、行為的管理、干擾或情緒問題的處理、照顧個別差異及激勵學習士氣等面向，說明班級經營該怎麼做。班級經營成功與否決定了教學的效能，有效的班級經營不單是管理學生的秩序而

已，更重要的是要與學習連結。班級經營的目的就是要提升學生的學習效能，期盼學生能對自己的學習負責，時時自我激勵，終有脫離學習扶助而能獨立自學的一日。

參考文獻

中文部分

王瓊珠（2003）。**讀寫合一補救教學系列研究（I）**。行政院國家科學委員會專題研究計畫成果報告（NSC91-2413-H-133-014）。

白青平（2000）。**臺北縣市國民小學初任教師工作困擾與解決途徑之研究**（未出版之碩士論文）。國立臺北師範學院，臺北市。

林芳萍（譯）（2000）。**聰明的小烏龜**〔原作（繪）者：法蘭西斯・馬登〕。臺北市：三之三。

洪儷瑜（2005）。**中文讀寫困難學生適性化補救教學：由常用字發展基本讀寫技能（I & II）**。行政院國家科學委員會專題研究計畫成果二年的期末總報告（NSC91-2413-H-003-020、NSC92-2413-H-003-020）。

許滇菱（2007）。**國民小學實習教師工作困擾與專業成長需求之研究：以臺南縣市為例**（未出版之碩士論文）。國立臺南大學，臺南市。

陳淑麗（2009）。**弱勢學童讀寫希望工程：課輔現場的瞭解與改造**。臺北市：心理。

陳淑麗、洪儷瑜（2010）。有效的閱讀補救教學。載於王瓊珠、陳淑麗（主編），**突破閱讀困難：理念與實務**（頁49-71）。臺北市：心理。

陳淑麗、洪儷瑜（2011）。花東地區學生識字量的特性：小型學校——弱勢中的弱勢。**教育心理學報閱讀專刊，43**，205-226。

陳淑麗、曾世杰、賴玉瑛、葉蟬甄、劉雅倩、蔡佩津、…曾惠婷（2012）。

國語文補救教學手冊（頁 149-197）。新北市：財團法人永齡教育基金會。

曾世杰（譯）（2021）。**有效的讀寫教學：平衡取向教學**（第二版）（原作者：M. Pressley & R. L. Allington）。新北市：心理。（原著出版年：2015）

曾世杰、呂家豪、胡覺隆（2020）。**晨讀十分鐘：漫畫語文故事集（上、下）**。臺北市：親子天下。

曾世杰、陳淑麗（2020）。漫畫對不同成就二年級學生閱讀理解之影響。**課程與教學，23**（2），129-152。

曾柏瑜、陳淑麗（2010）。大專生初任補救教學的教學困難與成長歷程之研究。**教育研究集刊，56**（3），67-104。

黃淑玲（2011，10 月）。**樂在永齡希望小學**。永齡希望小學臺東教學研發中心主辦，國語文補救教學課輔老師培訓課程。臺東市：國立臺東大學。

鄭明進（譯）（1997）。**好餓的毛毛蟲**（原作者：艾瑞・卡爾）。臺北市：上誼。

鄭桂能（2007）。**中部地區國民小學教師教學困擾與專業成長需求之研究**（未出版之碩士論文）。國立臺中教育大學，臺中市。

鄺紹賢（譯）（2003）。**無人島探險記**（原作者：崔德熙）。臺北市：三采文化。

西文部分

Brock, B., & Grady, M. (1996). *Beginning teacher induction programs*. Retrieved from ERIC database. (ED 399631)

Connor, C. M., Morrison, F. J., Fishman, B. J., Schatschneider, C., & Underwood, P. (2007). The early years: Algorithm-guided individualized reading instruction. *Science, 315*(5811), 464-465.

Dweck, C. (2015). Carol Dweck revisits the 'growth mindset'. *Education Week*. Retrieved from: http://edweek.org/leadership/opinion-carol-dweck-revisits-the-growth-mindset/2015/09

Dweck, C. S., & Leggett, E. L. (1988). A social-cognitive approach to motivation and personality. *Psychological Review, 95*(2), 256-273.

Englert, C. S. (1984). Effective direct instruction practices in special education settings. *Remedial and Special Education, 5*(2), 38-47.

Halpin, A. W., & Winer, B. J. (1957). A factorial study of the leader behavior descriptions. In R. M. Stogdill & A. E. Coons (Eds.), *Leader behavior: Its description and measurement*. Columbus, OH: Bureau of Business Research, Ohio State University.

McKenna, M. C., Kear, D. J., & Ellsworth, R. A. (1995). Children's attitudes toward reading: A national survey. *Reading Research Quarterly, 30*, 934-956.

Science Research Associates (2007). *Imagine it!* Columbus, OH: SRA/McGraw-Hill.

Vaughn, S., Gersten, R., & Chard, D. J. (2000). The underlying message in LD intervention research: Findings from research syntheses. *Exceptional Children, 67*(1), 99-114.

教學篇

| 第五章 |

國語文學習扶助

● 王瓊珠、陳惠珍、藍淑珠

　　國語文學習扶助包含哪些成分？又有哪些策略可以運用呢？本章先從教育部頒布的補救教學基本學習內容【國民小學語文學習領域（國語文）】（2016a）、【國民中學語文學習領域（國語文）】（2016b）談起。2021年的基本學習內容係針對 2012 年的版本進行若干修正，它是官方的正式文件，同時也是教師教學設計和科技化評量試題研發之參考依據。除了對基本學習內容有基本的介紹，本章還會探討教師可運用哪些教學策略以達成學習目標。最後，則是透過實際案例說明，讓讀者對國語文學習扶助有較全盤的理解。章末的附錄一並提供國語文教學及教材資源供讀者參考。

第一節　國語文學習扶助的內涵

　　國民小學及國民中學學習扶助（補救教學）基本學習內容（簡稱基本學習內容），係針對「國民中小學教育階段，學生於國語（文）、數學及英語科等基礎學科應具備的基礎知識概念及其學力程度，提供教師依據學生學力發展現況，對應基本學習內容，規劃進行學習扶助（補救教學）的課程內容

與教材選用參考，期能即時協助學生學習、縮減與班上同儕的學力差異」
（引自教育部國民及學前教育署，無日期 a）。

 國語文基本學習內容特色

（一）學習內容完整

　　國語文基本學習內容架構整理如表 5-1。從表 5-1 得知，國語文基本學習內容的架構是依照文章組成元素由小到大劃分，包括字詞、句段、篇章幾部分，外加的元素在小學一年級為注音符號，國中則是語文常識。確定劃分的項目之後，再從聽（聆聽）、說（說話）、讀（閱讀）、寫（寫作）、用（應用）幾個面向上來進行各項目的學習。學習內容有年級間的延續性，此語文教育內涵算是相當精要且基本。

　　與 2012 年的國語文基本學習內容相比，更動較多的係在注音符號設定以一年級為目標，但此修正並不表示其他年段不能進行注音符號指導，而是融入其他項目中，例如：朗讀標注音符號的短文、運用注音符號記錄學習訊息、運用注音符號查閱字辭典等，都是關於注音符號的延伸學習。另外修改比較多的是，寫作的基本學習內容更為精要（見表 5-2），聚焦在有意義的訊息寫作練習上，從低年級的寫短語、以少數句子記錄所見，到中高年級以後可以辨識並修改錯誤句子，國中則是進一步能做到根據主題，選擇適當寫作材料，寫出主題明確、段落分明的文章。本次寫作目標的修正，簡單來說就是先讓學生能把事情說清楚、講明白、有頭有尾、不離題。

表 5-1　一至九年級國語文基本學習內容架構（2021 年版）

項目	內容	年級								
		一	二	三	四	五	六	七	八	九
注音符號	認念	○								
	拼音	○								
	書寫	○								
	應用	○								
字詞	認識	○	○	○	○	○	○	○	○	○
	書寫	○	○	○	○	○	○	○	○	○
	應用	○	○	○	○	○	○	○	○	○
	字詞常識	○	○	○	○	○	○			
句段	聆聽	○	○	○	○	○	○	○	○	○
	說話	○	○	○	○	○	○	○	○	○
	閱讀	○	○	○	○	○	○	○	○	○
	寫作	○	○	○	○	○	○	○	○	○
篇章	聆聽	○	○	○	○	○	○	○	○	○
	說話	○	○	○	○	○	○	○	○	○
	閱讀	○	○	○	○	○	○	○	○	○
	寫作	○	○	○	○	○	○	○	○	○
語文常識	文學							○	○	○
	應用文							○	○	○
	文化							○	○	○
	字詞常識							○	○	○

表 5-2　一至九年級寫作方面之基本學習內涵（2021 年版）

年級	基本學習內涵
一、二	• 根據表達需要，使用常用標點符號。 • 運用常用語詞照樣寫短語。 • 寫出語句完整的句子。 • 以 1 至 2 個句子記錄所觀察的圖片或事物。
三、四	• 根據表達需要，使用各種標點符號。 • 以 2 至 3 個句子記錄生活經驗。 • 辨識並修改有明顯錯誤的句子。
五、六	• 根據表達需要，使用各種標點符號。 • 以數個句子寫出主題明確的段落。 • 辨識並修改錯誤的句子。
七～九	• 根據表達需要，使用各種標點符號。 • 依據題意，適當取材，寫出主題明確、段落分明的文章。 • 自我修改或潤飾作品。

（二）學習目標依年級逐漸加深

在學習目標的難度方面也依據年級不同而逐漸加深，以最明顯的字詞學習為例，各年級要認識的常用字、詞，以及書寫的常用字、詞量各有不同，其標準整理如表 5-3。國小階段估計認識的國字量每年增加 300 個字，小六到九年級則每年增加 400 個字，總計小學階段能認識的國字為 1800 字，國中則累計至 3000 字；認識的語詞量則是約按字量的 1.5 倍估計，預估小學每年增加 400 個語詞，國中每年增加 600 個語詞，總計小學階段能認識的語詞有 2500 個語詞，國中則有 4300 個語詞。在書寫字量的估計約是以能認識的字量乘以 85％估計，書寫語詞數量則約略與認識的語詞數量有一到兩個年級的落差。本次字詞認識和書寫量是下修 2012 年版的標準。

表 5-3　一至九年級字詞認識和書寫之標準（2021 年版）

年級	一	二	三	四	五	六	七	八	九
認識常用國字	300	600	900	1200	1500	1800	2200	2600	3000
認識常用語詞	500	900	1300	1700	2100	2500	3100	3700	4300
書寫常用國字	200	500	800	1100	1400	1700	2000	2300	2600
書寫常用語詞	300	700	1100	1500	1900	2300	2700	3100	3500

二　對國語文基本學習內容的反思

　　國語文基本學習內容的優點之一是與課程綱要不脫勾，老師在概念上比較容易銜接。不過從學習扶助能實際上課的時數來思考，這份「精要且基本」的語文教育內涵是否能夠完整的落實與執行還有待檢視。以下將對目標的必要性與根據提出討論。

（一）學習內容須全納？

　　依據「教育部國民及學前教育署補助辦理國民小學及國民中學學生學習扶助作業注意事項」（2021）第五項開班原則，學期中每班各科目上課總節數以 72 節為原則。假如有限的時間下，無法納入各項的學習內涵，需要更精要的選擇目標時，教學者該如何安排課程？

　　筆者建議不妨從學生的困難和語文發展的角度來思考之間的取捨。學生的困難係指從科技化評量結果與扶助學生在原班之學習狀況進行歸納。從語文發展的角度，Chall（1996）的閱讀發展（圖 5-1）提出學前到成人閱讀能力的變化。國小三年級以前，係以識字和閱讀流暢為主目標，屬於學習閱讀（learning to read）階段；當識字能夠正確，閱讀又流暢時，讀者有更多的餘裕透過閱讀來學習新知，乃進入透過閱讀學習（reading to learn）階段。因此，若從語文能力發展的角度思考，在國小一、二年級時，注音符號及字詞學習要花比較多時間，份量較重；中年級以上則以字詞、段落、篇章理解

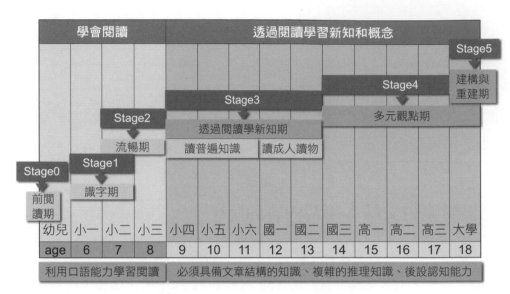

圖 5-1　Chall（1996）的閱讀發展

的學習為主；高年級與國中階段在篇章理解與寫作指導可以放更多時間。換言之，教學時並非不管年級差異而等量齊觀所有的學習目標。

筆者檢視此基本學習內容發現，此發展的概念並未充分體現。以「閱讀」中的「朗讀」一項為例，國小中年級以後一般學生漸漸以默讀（silent reading）縮短閱讀時間，使一定時間內的閱讀量增加，但是在此基本學習內容中，朗讀卻是從國小到國中都有列的項目。朗讀在學習閱讀的初期可能是需要的，但到高年級要求「正確而流暢的朗讀句段，並運用語調表達情感」；到國中要求「正確而流暢的朗讀各類文本，並表現情感的起伏變化」，高年級以後的朗讀目標是否為最必要的？答案可能見仁見智。學習扶助老師是否有時間加強學生這部分的能力？又另當別論。老師或可依據閱讀題材斟酌選用，如閱讀詩詞類文體，透過朗讀讓讀者感受作者在詩詞中蘊含的情感及音韻之美。

換言之，看似包山包海的目標之下，老師可以先抓住「字詞」和「篇章」學習兩大主軸，規劃較為縝密的練習。而「句段」層次是達到篇章理解

中間的過渡階段，當學生語文程度低落時，老師可以先考慮做句子與段落層次的練習，但是最終目標還是在篇章理解上多下功夫。至於「注音符號」和「語文常識」可以算是配角的角色。注音符號是協助很多國小低年級學童認識字詞的媒介，也可作為往後使用工具書（如查字典）或電腦文書處理的幫手，因此，在低年級補救教學階段扮演較重的角色，但不會一直是語文補救教學的重點。至於國中語文常識也可以適時地融入閱讀或寫作教材中，無須獨立出來特別學習，例如：教育部學習扶助資源平臺上分享的國中國文教材，七年級補充教材中有一篇「唐詩中的兩大巨星──李白和杜甫」（見本章附錄二）就是最佳的示例，教材融入中國文學史上重要詩人的介紹，讓學生藉機認識近體詩的基本樣貌，也達到學習語文常識的目標。

（二）學習內容不可改？

　　基本學習內容所訂定的各項指標是不能改變的嗎？從 2021 版、2016 版對 2012 版的內容進行修正就知道，基本學習內容會根據現況進行更動。事實上，一些指標的訂定是概略的估計值而已，不一定反映實證研究結果。如表 5-3 一至九年級字詞認識與書寫標準，依據王瓊珠、洪儷瑜、張郁雯和陳秀芬（2008）對一到九年級學生國字識字量發展的估計研究結果來看，學生識字量的發展並非呈現直線上升的趨勢，而是先快增而後從小五以後開始趨緩，一到九年級各自的平均識字量分別為 700、1200、2100、2600、3100、3300、3500、3500、3700 字。但是在基本學習內容所訂定的常用字認識字量，約略是以每年 300 至 400 字的增長速度平穩上升，從一到九年級的認識國字量，分別是 300、600、900、1200、1500、1800、2200、2600、3000 字，與研究結果不同。不過基本學習內容有考慮到低成就學生識字量的起始點不如一般學生，約略以落後一般學生幾個年級的標準來估計。也就是說，各年級呈現的認識與書寫字量僅是推估值，非固定不變。另外，2021 年版國語文基本學習內容寫作部分也是修正比較多的（見表 5-2），與低成就學生的現狀更接近，期許低成就學生具備基本語文表達能力。

第二節　國語文學習扶助策略

　　國語文學習扶助基本學習內容涵蓋的面向非常廣，包括注音符號、字詞、句段、篇章、語文常識。基於國小開始進入正式讀寫教育，且讀寫與口語能力是不同的，並非自然發生，乃需要後天教導，故本節將聚焦在讀寫教學策略，包括字詞、句子、篇章幾個面向，用已獲得研究或實務證實有效的策略作為實例，茲分述如下：

一　字詞

　　「識字」是辨識文字的字形，並建立該字形與字音、字義之間的連結（柯華葳，1999）。漢字具有組字規則，像「水」部通常出現在字的左邊（如：清）和下面（如：泉）；部首與字義多有關係，像「喝」、「哈」、「唱」的部首都是口部，皆與嘴巴的動作有關；聲旁則多暗示該字的發音，像「請」、「情」、「晴」的聲旁都是「青」，也都有「ㄑㄧㄥ」的音。研究指出，一般字彙知識（即部首表義、聲旁表音、組字規則）與識字困難學童的閱讀能力息息相關（廖晨惠、林盈甄、白鎧志，2011），透過一般字彙知識教學有助於提升學童之識字表現（秦麗花、許家吉，2000；陳秀芬，1999；黃秀霜，1999）。

　　再者，中文是詞素音節（morphosyllabic）語言（McBride-Chang, Shu, Zhou, Wat, Wagner, 2003）。「詞素」（morpheme）是提供語意訊息的最小單位，也是構成詞彙的基本元素，像「水杯」是由「水」和「杯」兩個詞素所組成；「葡萄酒杯」則有「葡萄」、「酒」、「杯」三個詞素。在中文詞彙的學習上，若孩子有詞素概念之後，他很容易從「水杯」（裝水的杯子）、「葡萄酒杯」（裝葡萄酒的杯子），聯想到裝茶、裝咖啡的杯子可能

要怎樣命名。一些研究也指出，詞素覺識（morphological awareness）在中文詞彙學習與閱讀理解扮演重要的角色（王宣惠、洪儷瑜、辜玉旻，2012；陳密桃、邱上真、黃秀霜、方金雅，2002；廖晨惠、吳靜芬，2011；Ku & Anderson, 2003）。由於中文同音字多，在 7000 多個詞素中，僅有 1300 左右的讀音（McBride-Chang et al., 2003），因此，詞素區辨能力就變得很重要，例如學生可能容易混淆「圓」和「園」兩個同音字，但是前者多用在與圓的形狀有關的詞彙，後者則多指場所。

Adams（1994）提到閱讀過程中，字形、字音、字義需要和上下文脈共同運作才能確認字義。也就是說，中文字詞辨識過程不光靠字詞本身提供形音義訊息，還要有上下文脈輔助，以確認其意義。例如，當學生看到生字「湍」，即便不知道怎樣唸，但是左邊有「水部」暗示此字可能與水有關，若有句脈輔助，如「颱風來襲，溪水『湍』急，瓜農受困沙洲」，學生可以猜測「湍」字可能有水很大、很急的意思，猜測之後再次帶入原來的句子中，看看語意是否通順，最後再去查字典確認字義，慢慢降低對字典的過度依賴。

王瓊珠（2012）綜合先前中文字詞教學研究，重點不外乎是建立學生字詞的規律或是讓學習者認知負荷下降。在認字不多的初始階段，反覆記憶練習仍是必要的。當識字量超過 500 至 750 字之後再開始教導策略，比較容易有成效（洪儷瑜，2003）。再者，流暢性（fluency）的重要性也不容忽略（洪儷瑜，2020），字詞教學不僅要達到正確率高，同時速度也不能太慢，否則將占去太多認知資源，進而影響篇章的理解。表 5-4 整理幾種常見之字詞教學策略，這些策略都有研究證據支持其成效。

二　句子

中文是我們的母語，學生是否要像外籍人士一樣學習華語句型呢？多數老師並不會意識到即便中文是我們的母語，有些孩子對複雜語句或語句順序

表 5-4　常見字詞教學策略簡介

方法	簡介	參考資料
一般字彙知識	一般字彙知識教學，包括：部首表義、聲旁表音、漢字組字規則等三項內容	陳秀芬（1999） 黃秀霜（1999） 秦麗花、許家吉（2000）
基本字帶字	基本字是指組成字的核心字，由此核心字加入不同的元素，便可產出更多字，例如：基本字「包」，加上不同的元素，變成「胞」、「跑」、「泡」、「炮」、「抱」等字	呂美娟（2000）
部件識字	從部件的分析著眼，「部件」是漢字組成的零組件，解析時必須有一致性，例如：「應」字是由「广」、「亻」、「隹」和「心」組成	洪儷瑜、黃冠穎（2006） 黃沛榮（2009）
意義化識字	利用六書原理及文字本身可能具有的形音義線索或記憶線索，設計有助於記憶漢字的方法，例如：「瞎」是「眼睛被害就是瞎子了」	胡永崇（2001，2003）
語意構圖法	依詞彙所涵蓋的概念，以圖表呈現詞彙間的關係。一般性、概括性的概念排在上層，比較特定、具體的概念排在下層	歐素惠、王瓊珠（2004）
文句脈絡	教導學生在遇到不認識的語詞時，試著從句子中的上下文來猜測詞義	歐素惠、王瓊珠（2004） 洪儷瑜、黃冠穎（2006）

不同的句子仍有理解困難，例如「小明追打小華」和「小華追打小明」，同樣的字換個位置之後，意思大不同；或是以不同方式呈現的句子，意思卻沒變，例如「小明追打小華」和「小華被小明追打」意思一樣；「我比你高」就是「你比我矮」；「難道時間不珍貴嗎？」等於在說「時間很珍貴」，只是用否定疑問表達肯定。故句型教學的主要目的，是要提供一些無法把訊息陳述得十分完整、或經常出現病句的學生一個架構，希望學生能夠寫出通順的句子，或經由句型練習掌握複雜句意，協助推論文章意思。

　　句型教學不是要讓學生記住各種句法的專有名詞，如同語言學家分析各

類句型，而是透過老師明示句子組合的規律，以明白使用的時機及句子的意涵。我們不能只呈現部分關聯語詞，就期待學生能夠照樣造句。老師要告訴學生各句型使用的條件，例如「一邊……一邊……」用在兩件事情可以同時進行的狀況；「雖然……但是……」用於前後兩件事情意思相反或對立時。若僅是讓學生練習硬套句型，將衍生出符合句型但是語意矛盾的句子，例如「他一邊跳繩一邊游泳」或是「雖然她跳得很好，但是勇氣可嘉」。筆者將句型教學時可以運用的練習方式整理如表 5-5，包括語句完成、句子重組、句子縮短和擴充、句意整合、語意判斷、換句話說、修改病句等。為使學生清楚瞭解句意，建議句型練習時要提供上下文線索（例如以圖片表示），以免學生弄不清楚句子內各元素間的關係是什麼，只是依樣畫葫蘆。

三　篇章

篇章是由數個段落組成，每一段落又由數個句子組成，句子與句子間會有某種關係，段落與段落之間也是如此。如果缺乏聯繫，篇章凝聚性（coherence）就差，讀者便不容易掌握文章要旨。與篇章有關之讀寫教學策略很多，如預測策略、連結策略、找大意主旨、寫摘要、交互教學法（柯華葳，2010；教育部，2010），無法在此窮盡所有策略的介紹，以下僅介紹一些常用於篇章理解及基礎寫作指導的策略，茲說明如下：

（一）分析文章結構

不管是故事體或說明體文章都各有其結構。故事體文章結構（又稱故事文法，story grammar）由背景（時間、地點）、主角、主要問題、事情經過、結果幾部分組成，研究指出教導讀寫困難學生故事結構有助於提升閱讀理解與故事重述能力（王瓊珠，2004；陳姝蓉、王瓊珠，2003）。故事體是低年級學生最容易接觸的文章型態，老師可以在低年級就進行故事結構教學。小二的學習障礙學生也能學會故事結構（王瓊珠，2004；陳姝蓉、王

表 5-5　句型練習形式舉例

方法	舉例
語句完成	小真很愛照顧（　　　　　）， 許多小動物都會乖乖地（　　　　　）在小真的手裡，她說長大後想當獸醫。 （小真）
句子重組	請重新排一排這些詞卡，讓這個句子念起來很通順。 手裡　小真　貓咪　抱著 （註：不同顏色詞卡可做區辨主詞、動詞、受詞、副詞之用）
句子縮短	「小真緊緊地抱著她心愛的貓咪。」這句話，在講 誰？（　　　　）做什麼事情？（　　　　　　） 所以，我們可以把句子縮短為（　　　　　　　　　）
句子擴充	桌子 （　　　　）桌子（問：怎樣計算桌子的數量？） （　　　）（　　　）桌子（問：這是一張什麼材質的桌子？） 我們（　　　）買了（　　　）（　　　）桌子。（問：哪裡買的？）
句意整合	試著用「因為……（原因），所以……（結果）」，把兩句話併成一句話。 （1）現在下雨又打雷。（問：是原因，還是結果？） （2）到戶外游泳很危險。（問：是原因，還是結果？） （3）（合併句 1＋2）因為＿＿＿＿＿＿＿＿，所以＿＿＿＿＿＿＿＿。
語意判斷	「與其 A，不如 B。」表示兩件事情要選擇，後來決定選 B 那件事情。 例如，「與其在家裡看電視（A），不如去戶外走走（B）。」這句話的意思是：（1）要在家裡看電視；（2）要去戶外走走；（3）想在家看電視又想去戶外走走。
換句話說	換個方式說： （1）小明追小華。→ 小華（　　　）小明追。 （2）我比你高。→ 你比我（　　　）。 （3）汝亦知射乎？吾射不亦精乎？→ 你也懂射箭？我射得不錯吧！
修改病句	下列句子正確嗎？要不要改？如何改？「我去公園昨天」 → 對不對？→ 怎樣改？ （人　　　）（時間　　　　）（事情　　　） （時間　　）（人　　　　）（事情　　　）

瓊珠，2003），指導方式可以從「教師示範」、「師生共做」，到「學生
獨立完成」，循序漸進。

　　除故事體有文章結構外，說明文也有文章結構。依據學者（Englert &
Hiebert, 1984; Taylor, 1992）的歸納，最常見的結構有簡單列舉（listing,
description）、依序列舉（sequence, time order）、比較與對照（compare,
contrast）、因果關係（cause-effect）以及問題解決（problem-solution）。
與故事體文章結構相比，說明體的文章結構比較多變，對於文意理解的助益
並不直接（Beck & McKeown, 1991），教學者還是要對文本內容進行指導
才有效。

　　為使學生更容易注意到說明文結構的特殊性，有的教學會配合示意圖，
協助學生辨識文章結構類型（Marzano & Paynter, 1994，引自廖傑隆校訂，
2003）。教導文章結構時，若擔心學生程度不夠，可先以一個小段落來練
習即可，減少要同時閱讀文章內容又要能夠辨識結構類型的雙重負擔。

（二）用圖像輔助理解

　　在閱讀理解教學過程中，可以先讓學生看圖畫（或影片動畫）再讀文
字，幫助他們理解文章全貌。例如在劉義慶所寫的〈王藍田食雞子〉一文
中，透過一連串的漫畫就可以跳過一些生詞（如：筯、屐齒蹍之、瞋甚、取
內、齧破）的阻礙，先瞭解主角吃雞蛋的過程以及火爆的個性。曾世杰和陳
淑麗（2020）的研究曾檢驗漫畫是否有助於提升二年級兒童的閱讀理解，
結果發現漫畫對閱讀理解的影響必須視兒童的閱讀成就而定——漫畫對高成
就兒童閱讀理解影響不大，但卻顯著地提升了中、低成就兒童的閱讀理解，
對低成就學生受益尤大。在漫畫輔助下，低成就實驗組（閱讀文字加漫畫）
的分數高於低成就對照組（只閱讀文字）26.4%，提升的效果發生在「提取
表面訊息」及「統整與詮釋」的層次，而不是「省思與評鑑」層次。

(三) 設計不同層次的提問／討論

　　高效率的閱讀者必須能夠結合自己的知識結構，熟練地找到或重新發現自己需要的訊息，形成對文本廣泛及全面的理解，能夠解釋原因、反思文本的內容和形式，並提出他們自己的觀點。

　　設計閱讀理解問題或指導學生自問自答策略時，可以從不同的層次來提問，不限於 6W（who, when, where, what, how, why）的問題。鄭圓鈴和許芳菊（2013）提出的閱讀策略也將問題分多個層次，包括「找一找」、「說出主要的」、「為什麼」、「想一想」，以及「你認為」（22-23 頁），他們的命名雖然不同，但基本上是呼應「擷取訊息」（找一找）、「解釋文本」（說出主要的、為什麼、想一想）和「省思評鑑」（你認為）三種不同的層次（見表 5-6）。透過不同層次的提問／討論，學生的理解才不會一直停留在表面層次。閱讀不僅是看懂作者要說什麼，同時也是反思自己與讀本的關係。McKeown、Beck 和 Blake（2009）的研究也提醒我們，閱讀理解策略教學和文本內容要結合，理解文本內容最重要，不能為策略而策略。老師將文本閱讀融入策略學習之中才能發揮其功能，學生也才明白策略究竟該如何用才適切。

(四) 從閱讀到寫作表達

　　寫作是將意念轉成文字的過程。學者 Graham、Harris、McArthur 和 Fink（2002）將寫作歷程細分為數個階段，分別是「寫作前期」（prewriting）、「打草稿」（drafting）、「修改」（revising），以及「分享」（sharing with an audience）（引自 Lerner & Johns, 2009）。寫作前，先把腦中想到的點子說出來、寫下來或畫下來；接著，先不管拼字和標點符號等細節，僅概略地將想法寫成篇章段落的草稿；之後，再反覆地修改到滿意為止。修改時才考慮用字遣詞是否恰當、段落意思是否分明、前後意思有無呼應或自相矛盾、原先不會寫的國字要查出來等；最後，則是和他人分

表 5-6　不同層次的提問和討論示例

文章	提問	討論（ORID）
王藍田食雞子 作者：劉義慶 王藍田性急，嘗食雞子，以筯刺之，不得，便大怒，舉以擲地。雞子於地圓轉未止，仍下地以屐齒蹍之，又不得，瞋甚。復於地取內口中，齧破即吐之。 王右軍聞而大笑，曰：「使安期有此性，猶當無一豪可論，況藍田耶？」	**擷取訊息** 王藍田食雞子，「雞子」是什麼東西？ **解釋文本** 1. 王藍田食雞子的過程順利嗎？為什麼不順利？ 2. 這篇文章主要想告訴我們什麼？ 3. 作者對王藍田的評價如何？從哪裡得知？ **省思評鑑** 作者用王藍田食雞子的單一事件來評價他是一個性情急躁的人，你認為證據充分嗎？	**客觀事實（Objective）** 看完故事後，說說看王藍田發生了什麼事情？ **主觀感受（Reflective）** 你感覺王藍田當時的心情如何？ **意義連結（Interpretive）** 從王藍田的故事中，你學到什麼？你曾經有跟他類似的經驗嗎？ **決定行動（Decisional）** 如果有機會重來，你可以怎樣做？

享，讓別人看看該文章哪裡值得欣賞、哪裡不清楚。

　　臺灣師範大學研發的「語文精進教材」將寫作步驟分為五項：（1）文體欣賞：用範文或課文當引導，建立文體結構概念；（2）引導討論形成主題：依據撰寫的主題，引導學生蒐集相關資訊，透過討論聚焦出主題；（3）擬稿：將資訊放入結構表中，再利用結構表來檢查草稿架構的完整性；（4）寫作；（5）檢核：利用檢核表自我檢核和修改（洪儷瑜、劉淑貞、李珮瑜，2015）。基本上，整個歷程和前述 Graham 等人的說法相似，不同的地方在於本教材更重視將寫作與閱讀結合，透過閱讀增加詞彙和文體結構概念。同時，考慮到國語文低成就學生需要更多的外在支持，因此研發者設計摘要表、架構表、檢核表等，減少學生寫作的認知負荷，讓學生先專

注在當下的小任務。

　　事實上，寫作練習有許多形式，舉凡能引導學生產出想法，有組織、有目的的產出都可以列入寫作活動之列，例如：用說的「口述作文」，讓學生學習組織想法；用畫圖或照片作輔助的「看圖作文」，引導學生寫出圖片的內容；練習填寫個人基本資料表、請假單、卡片等的「功能性寫作」；讓學生發表對某事件看法的「回應式寫作」；提供學生一、兩張圖或四格漫畫（吳善揮，2015），或一段開頭，請學生接下去寫（黃瑞珍、黃玉凡，2001）的「引導寫作」，讓學生聚焦在特定事情的敘寫。

第三節　國語文學習扶助課程案例分享

　　為使讀者清楚瞭解如何從學生的學習困難與需求，扣合至教材選用、教學重點設定，以及教學策略之運用，本節邀請兩位國語文學習扶助班教師進行分享，分別是國小組的陳惠珍老師（見專欄 5-1）及國中組的藍淑珠老師（見專欄 5-2）。從陳老師的分享中，我們看到她在教學前先進行學習問題把脈，為顧及學習落差較大的某生也能參與學習活動，即使在學習扶助班中，仍有差異化教學設計。差異化的目的不在貶抑孩子，而是給予不同的挑戰並建立學習信心。陳老師在教材的呈現方式上盡可能尊重孩子的感受，讓學生有想學的動力。藍老師的設計帶入閱讀策略的指導，透過一步一腳印、循序漸進的方式，讓學生最後能成為學習的主人。藍老師和陳老師都提到，學習扶助並不光是為了提升成績，更重要的是建立學生的學習力與自信心。藍老師跟讀者分享：「透過對話、提問的學習模式，與孩子『交心』，也『教心』。讓學生『要』學：相信努力是有用的；讓學生『能』學：相信自己有能力學習；讓學生『會』學：有學習的方法。」給予孩子學習的希望。

專欄 5-1　國小國語文學習扶助班

差異化教學可以這麼做
～以國小國語文學習扶助班為例

文／陳惠珍　南投縣草屯國小退休主任

扶助課堂初相遇

　　初接的扶助教學班級是三年級下學期的國語文扶助班，確定進入扶助課堂教學時，因為擔任行政職，對於學習扶助班的學生是完全陌生的，此時立即做的事是申請國中小學生學習扶助科技化評量網站的帳號及密碼，以利於取得學生測驗結果的相關資料，並仔細閱讀分析施測後回饋訊息。從一個資料閱讀者的角度，分析學生學習的困難處。

　　學生測驗結果報告雖然提供瞭解學生能力及學生需要學習扶助的方向，但卻不是全面地讓我瞭解這幾個學生。所以接著聯絡了這些學生的班級導師，與導師相約談一談學生的學習狀況，畢竟導師跟學生相處時間最長，以導師的見解，從另一個向度瞭解學生在班級的學習現狀，並請導師提供學生的作業、學習單、評量卷等平常相關的學習資料，作為分析學生學習軌道的第三個象限。

　　透過蒐集、評估、分析這幾個學生的篩選測驗結果、日常學習作業資料、班級導師的觀察意見，來分析學生的準備度，讓準備教學的我能更清晰地察覺學生的不同學習起始點在哪裡，以利於選擇有利的扶助教學教材及設計有效的教學介入策略，使學習扶助課堂能讓每一個孩子樂於學習並學有所得。在分析的基礎上，我將班上六位學生依據不同的能力基礎分成二組，A組：五位（一般扶助學

（續下頁）

習者）、B組：一位（無法識字寫字，不具備基礎認知能力）。因為兩組學生能力落差懸殊，需依學習能力進行教材內容及課堂策略的設計。

差異化教學實施實例

有了學生準備度較完整的分析之後，必須開始檢視每個學生的學習困難處，找尋最大的可能性。哪些學習困難是最基礎的能力？哪些是立即性需要突破的、是馬上必要學會的？學生準備度檢視完成，才有辦法開始思考如何教學。

教學的差異化有四大面向，包含教學內容、教學過程、教學成果與教學環境等。因篇幅限制，僅以一個單元教學設計如何在教學內容上做差異化教學為例，來探討現場教學的實施現況。

確立了必須突破的學習困難之後，選擇要進行教學的教材。教材只是媒介，是學生取得能力的媒介，只要取材應用得當，就能發揮教學內容的成效。我選擇的是離學生近的、目標看得到的、成效有助益的、可以促成原班級學習困難學生學習自信及學習成就等四贏狀態的最有利教材。

開始選擇教材時，我的想法是，希望這幾個孩子能學得學習的自信，更希望課後學習扶助課程能幫助學生回到自己的課堂，讓他們也能將扶助課堂的所學能力展現在自己班級課堂上，進而建立學童的學習自信。因為回歸課堂以及建立自信的想法，我選擇的教材是三年級語文課程的文本。進入扶助教學時，班級課堂進度為第五課，我選擇了「第八課油桐花‧五月雪」的文本作為我教學的教材。這樣的選擇是希望經過兩週後班級課程與我的扶助教學課程重疊時，讓學生去發現：原來我可以、原來我學得會、原來老師教的我聽得懂。

（續下頁）

　　因為兩組學生能力的差異大，為了考量學生要達成學習目標所需處理訊息的能力與思維，我在教學內容上，以同中求異的概念，將教學內容做了符合學習者的調整。

調整面向	A組（五位）	B組（一位）	備註
文本內容	以原教材文本作為教學內容	改編原課文 第八課　油桐花・五月雪 下雪了！下雪了！ 那是開滿白色花朵的油桐樹， 遠遠看過去，真的很像白白的雪。	將兩組文本均以 A3 紙張列印，上課時、朗讀文本時，每個學生都是使用列印的文本。這是為了讓能力差異大者在課堂上能感受到他的學習同樣受到尊重。
識寫字詞量	朗讀完文本，讓 A 組學生自己圈選出自己最想學、最想懂的詞。再依每個學生選取的詞數做最大公約數的整合。 **識詞**：初夏、覆蓋、樹梢、枝椏、一簇簇、紛紛落下 **習寫字**：初、覆、梢、紛 **識讀字**：椏、簇（只認不寫）	由老師從改編文本中，選取跟學生生活情境最接近的詞彙，再詢問 B 組學生：「學習這三個詞好嗎？」取得學生學習的意願，並以至少能達成 75% 學習力為考量重點。 **識詞**：五月、白色、花朵 **習寫字**：五、白 **識讀字**：月、花	

（續下頁）

調整面向	A 組（五位）	B 組（一位）	備註
詞義理解 **詞彙量**	此組學生在詞義理解上有學習困難，但是在學習上是積極的，所以將教材內識詞內容都設定為詞義理解的內容。 **詞義理解**：初夏、覆蓋、樹梢、枝椏、一簇簇、紛紛落下	此組學生在識詞上的學習雖已有很大的困難，但是以接近生活的詞，輔以詞義理解，對識詞也有助益。所以去除時間序的詞「五月」，詞義理解內容以具象理解的兩個詞彙為主。 **詞義理解**：白色、花朵	
句型應用	A 組與 B 組採用相同的教學內容，在內容上沒有差異，但在教學過程中提供能力差異的協助，以及學習成果上的不同要求，鼓勵兩組學生嘗試、挑戰。 　　學習成果表現要求的差異——以第一個句型為例： 　1. 準備 10 組以上名詞與形容詞的詞卡，及一個「越來越……」的詞卡，在教學黑板上提供學生更多的線索進行句型配對練習。 　2. 句型學習表現。 　　A 組學生須獨力完成三個完整句。可以搜尋老師提供的詞卡完成句型，此時可以獲得一個獎勵點；但如果所用的名詞與形容詞不是老師提供的線索詞卡，而是自己想的，則可以獲得三個獎勵點。 　　B 組學生因為有寫字與識字能力的差異，提供給學生的是三組配對的名詞與形容詞。看不懂的詞卡，由教師在旁讀給學生聽（僅讀詞卡），再由學生自己以組合詞卡的方式完成句型。	三個句型 1. 天氣越來越溫暖。 　（一名詞＋越來越＋形容詞） 2. 一簇簇的白花開滿樹梢。 　（一疊字單位量詞＋的＋名詞＋動詞） 3. 一朵朵油桐花，從樹葉間飄落下來。 　（一疊字單位量詞＋名詞＋從＋位置＋動詞）	

（續下頁）

結語

　　差異化教學，除了上述的教學內容調整，重要的還有課堂上的教學過程差異化。對於不同能力的學生，在教學過程中給予不同需要的指導，容許學生在課堂中能有不同的學習速度，尊重學生的不同學習力。因為每一個需要學習扶助的學生對於接收學習內容、理解學習內容、建構學習內容知識架構等有其不同的速率與方式，唯有設計適合學生個體學習過程的教學歷程，才能讓課程成為有效的課堂。另一個重要的是學習成果的差異化，讓學生能依自己的學習成果做展現，只跟自己的學習成效做比較，能監控自己是否已經學會學習重點、已經達成設定的目標。這樣每一個學童都會逐漸建立自我的學習自信，進而喜歡學習、樂於學習。而喜歡學習就是身處於安全的學習環境，樂於學習就是建基於學習自信心的建立。

原文刊登於《小語匯》第五十九期（11-15頁），感謝作者同意節錄引用。

專欄5-2 國中國語文學習扶助班

原來補救教學可以這樣教

文／藍淑珠　臺北市萬華國中教師

營造交心的學習環境

教過了，就知道——補救教學不能急，要耐心等待，等待孩子以自己的興趣、學習風格自主學習。

國中孩子正處青春期，在乎他人的肯定與鼓勵，學習低成就的孩子也是如此。因此，補救教學若想有所成效，首要之務就是與孩子「交心」，營造一個能友善接應孩子話語的學習環境，讓孩子勇敢表達自己的想法，不怕說錯，讓孩子在安全不被批判的空間裡學習、成長。

鋪一條學習之路

覺察與尊重：發現孩子的正向能力，協助孩子擴大、發展這些能力，鼓勵孩子相信自己，用自己的速度學習。尊重每個孩子的想法，不求「統一」的答案，等待孩子慢慢找到學習的方法，相信自己有能力，看見自己的價值。

診斷與扶助：在實施補救教學時，我會透過科技化評量系統的測驗結果，瞭解學生的學習困難，並與導師對話，瞭解學生的學習背景，是受外在環境因素影響學習、還是因為個人的內在因素影響學習。我還會參考學生的各項測驗，瞭解學生的多元智能（包含強項與弱項），進行課前的診斷分析。

教材與策略：瞭解學生的學習困難後，我會在課前擬定課程目

（續下頁）

標、安排教學素材、設計適宜的學習活動與評量。課中運用「策略心法」促進學習，藉由師生對話互動的過程，給予孩子正向肯定的友善支持，協助孩子習得策略方法，自行操作應用，逐步建立學習自信和語文能力。

有方有法樂學習

依據科技化評量系統測驗結果分析與基本學習內容，發現七年級的孩子們在「句段」閱讀的能力需要加強。於是，我在抽離式補救教學的整體課程規劃上，即以提升句段閱讀能力為學習目標，編製學習教材回應學生學習需求。對於每週一節的抽離式補教教學，我的課程設計方針是：

1. 教材內容減量：配合學校定期評量，選擇適切的課次與段落，化繁為簡，先從句段閱讀開始。
2. 語法修辭減少：以敘事句結構為主，譬喻、擬人、排比等修辭為輔。
3. 必學字詞減少：以「常用」的字詞為主。
4. 教學歷程結構化：透過結構式的教學模式，提升孩子「句段朗讀與閱讀」的能力。

課程進行流程如下：

1. 學習回顧

回顧前一節課「我學到了什麼？」的筆記。尊重每個孩子的學習筆記，逐一打字整理，不修正孩子們所書寫的內容，讓每個孩子的作品都能如實被看見，也讓孩子們彼此協助修正錯誤的內容。

2. 朗讀課文

藉由朗讀的過程，診斷孩子字詞認念的準確度與流暢度。

（續下頁）

3.段落理解

首先,請孩子以「換句話說」的方式,重述敘事性段落的內容重點,並回應問題,表達自己的想法;其次,聚焦關鍵句子,請孩子以自己的話語說明句子的涵義;最後,圈選關鍵字、詞,請孩子說明字義,或運用字詞造詞、造句。

我運用鄭圓鈴和許芳菊(2013)閱讀策略三層次的五口訣:「找一找」、「說出主要的」、「為什麼」、「想一想」、「你認為」,引導孩子以簡易的口訣與閱讀方法,找出關鍵訊息,並以「換句話說」的方法,整合關鍵訊息,說出文本的重點,表達自己的想法(詳細策略指引見本章附錄三)。

4.監控理解

筆記「我學到了什麼?」。請孩子記錄自己這堂課的新學習,可以是形音義、句子的涵義,也可以是課程中師生交流對話的人生體悟。藉此培養學生自行整理學習心得,而我亦能從中檢核學生的學習樣態,調整教學內容,設計學習活動。

建立每堂課的學習模式,運用提問與閱讀技巧,引導孩子學習,希望孩子熟悉學習鷹架,試著自己梳理文意,慢慢內化成自己的學習方法。

讓孩子當學習的主人

當老師願意給孩子覺察錯誤的機會,給孩子自行調整修正的機會,孩子真的會不一樣。誠如一位觀課的輔大師培生所回饋的:

藍老師的學習單,有個很大的特點,必定有「想一想,今天的課程,我學到了什麼?」的學習筆記,引領學生思考「自己」在這天的課程學到什麼?起初,同學不容易回答出來,但經過時間的累積,與課堂

(續下頁)

間應答養成的對話能力，學生開始能說出課文主要的意涵，逐漸帶到個人的想法，甚至關聯到生活相關的看法與反思。個人從剛開始參與課堂聽到學生連課文都朗讀不完整，至學期末學生能真的理解課文，並清楚表達個人的想法，覺得這樣的成長，令人感動。

　　在老師的教學現場，也讓我經驗到，即使是「補救教學」的課程，除了主要的課本內容與知識，還有自我價值的建立與肯定、學生基本的生活能力與責任感、表達個人想法與他人溝通的能力，處處可以融入生活的教育。同時，透過這些積極有效的正向作為，學生也能覺察到自己的成長與改變，逐漸引導出學生願意主動學習的態度，讓我想到藍老師在為我們講授補救教學的課堂上，所分享的一句話：「教育不是注滿一桶水，而是點燃一把火」。每個人都有其獨特的才能，透過教育者耐心的引導與陪伴，讓學生肯定自我並發現自己的價值，主動積極向上學習，進而發揮所長，是此次見習所體悟到的教育意義。

　　三年的補救學習，真的能有成效嗎？若老師能不慌不急善等待，孩子也能相信自己有能力學習。108 年畢業的小兆說：

　　謝謝藍老師，從七年級到九年級的教導，把我教的那麼好。原本的我，國文啥都不會，但老師努力地教我國文，把我從什麼都不會教到會。老師給我們看書、培養看書的習慣，曾考後，我看《奇蹟男孩》這本書對我來說很有意義。這本書在講不要被外界的話給打敗，相信自己是獨一無二的，勇敢做自己，不怕困難，不怕失敗，努力做，人生才有勝利。

（續下頁）

結語：看見美好 相信自己

　　教育的價值來自於別人對你的評議？還是來自於發自內心的那個動機？

　　每一個老師基本上都善於學習，因此，我們常會不自覺地用自己的速度教導學習。然而，你是你，孩子是孩子，期盼有心陪伴學習扶助孩子的老師們，能靜心覺察孩子的正向能力，能耐心等待孩子以他的速度學習，嘗試著為孩子客製化學習活動──讓學習的課堂不再只是枯燥的知識傳遞，而是充滿著歡笑與活力的學習環境。陪伴孩子擁有自我導向的學習行為，願意積極投入學習，看見自己的美好，相信自己是有能力的人。

第四節　結論

　　教育部（2012a，2012b）頒布補救教學基本學習內容【國民小學語文學習領域（國語文）】、【國民中學語文學習領域（國語文）】試行版，提供國語文補救教學一個完整的架構，也宣示要達成的能力指標，讓國語文補救教學有所依循。2021年再度提出修正版本。依據基本學習內容所設計的補救教材，已在教育部國民及學前教育署「國民小學及國民中學學生學習扶助資源平臺」提供下載，減少教學者編選教材的時間。不過光有教材還不夠，老師在教學策略之應用上還有努力空間。補救教學要有效，得根據學生的程度，選擇適當的教材難度，用對介入方法。因此，最後以實際案例說明，希望讀者能夠理解如何將學生程度、教材、教學策略三者做良好的結合。

附錄一　國語文教學及教材資源

國語文教材資源網站

網站名稱	說明
國民小學及國民中學學生學習扶助資源平臺	教學資源部分有由教育部邀集專家與教師設計優質的補救教學電子書（含教師手冊及學習本），供教學者免費使用（持續建置中）
中文學習補救教學資源網	有很多功能可用，包括文章分析——協助分析文章的總字數、相異字數、字頻分布、平均句長，也有不同國語文教科書版本的調整
課文本位閱讀理解教學	以現行的各版本教科書為文本，融入各年級相應學習策略的教學主張。包括識字、詞彙和理解，依照年齡的發展，各年級都有其不同的學習成分，以及符應的策略運用
文化部兒童文化館	每月一繪本動畫導讀，透過動畫朗讀故事方式，吸引學生想看故事全文的慾望，另外還有設計互動遊戲、閱讀討論等區域。故事多適合初學閱讀的低年級學生
教育部國語小字典	線上字典，共收 4306 字，是利用國小國語課本課文內容用字及採相關字頻統計結果斟酌補充收錄。可按字音、部首、筆畫、圖片索引的方式檢索生字
教育部重編國語辭典修訂本	線上辭典，收錄的詞彙除一般之單音節詞、雙音節詞外，另收有成語、慣用語、歇後語、準固定語、諺語、外來語、專門用語等
國字標準字體筆順學習網	以動畫呈現查詢的國字之筆畫順序、唸出發音、筆畫數。也可以印出生字簿或調整筆順示範的速度

國語文補充教材

作者（年代）	書名	出版社
林世仁（2005）	字的童話（七冊）	天下
陳淑麗主編（2008，2009）	奇妙文字國（四冊）	永齡教育基金會
鄭惠卿、李佩珊（2014）	成語漫畫堂（四冊）	世一
王文華（2015）	看漫畫學論語	未來出版
曾世杰（2020）	漫畫語文故事集	親子天下

閱讀教學參考書

作者（年代）	書名	出版社
柯華葳（2009）	培養 SUPER 小讀者	天下
王瓊珠、陳淑麗主編（2010）	突破閱讀困難：理念與實務	心理
陳希欣等（2011）	問好問題！	小魯
鄭圓鈴、許芳菊（2013）	有效閱讀：閱讀理解，如何學？怎麼教？	天下
柯華葳主編（2017）	閱讀理解策略教學	教育部
黃秀霜等（2019）	樂在閱讀教學：文本分析與理解策略應用	心理
柯華葳、陳明蕾、賴明欣編著（2019）	靜觀古文皆自得	教育部

附錄二 **唐詩中的兩大巨星──李白和杜甫**

　　中國的讀書人幾乎沒人不認識李白和杜甫──盛唐詩壇中兩顆閃耀的巨星。他們兩個人在中國詩歌的發展史上有著重要的地位和深遠的影響，而且彼此還是相知相惜的好朋友。

　　有一年，杜甫在洛陽跟他的偶像──李白相遇，這時李白已經四十多歲，在詩壇上享有盛名，杜甫則比李白小十一歲。兩人志趣相投，一見如故，很快就成為了好朋友。杜甫本來就十分仰慕李白的才華，他們談論詩文、互相切磋，非常投緣。白天一起漫遊名山大川，飽覽名勝古蹟；晚上一起飲酒吟詩，暢談心事。喝醉了就共同蓋一張棉被睡覺，兩人感情真摯，情同手足。

　　後來，杜甫要去長安，只好和李白分別，沒想到這一別之後，兩個人就再也沒有機會見面了。杜甫很懷念和李白的友誼，前後寫了差不多二十首詩，思念這位好朋友。雖然李白和杜甫在詩壇都占有一席之地，兩人並稱為李杜，但是兩個人的寫作風格截然不同。李白的詩歌善於運用豐富的想像力，詩風豪邁、熱情奔放、飄逸自然，有「詩仙」之名，是浪漫主義詩人的代表。杜甫還曾經誇讚李白的作品是「筆落驚風雨，詩成泣鬼神」。

　　杜甫的寫作風格偏向寫實，自幼接受儒家思想的薰陶，眼見唐朝由極盛轉向衰落，貪官汙吏橫行，人民生活困苦不已，加深了他憂國憂民的思想，對人民的痛苦產生深切的同情。因此，他的詩歌反映了那個動亂時代的各種殘酷事實，成為時代的一面鏡子。當時的一些重大政治事件以及社會上貧富的懸殊、人民生活的窮困、封建統治階級的腐敗，都出現在杜甫的詩歌中。因此，杜甫的詩歌被後人稱作「詩史」，而杜甫也成了我國文學史上偉大的現實主義詩人，被稱為「詩聖」。

資料來源：教育部國民及學前教育署（無日期 b）。

附錄三 國中學習扶助教學實例

- **學習目標**：段落文意梳理，理解論例和因果關係
- **教學影片**：https://www.youtube.com/watch?v=ULmU0S1_1fQ
- **設計者**：藍淑珠老師
- **文本**：生命的價值（杏林子）第二段摘錄

---

1. 一位才華橫溢的年輕鋼琴家保羅・惠根司坦在戰火中失去了他的右手，他為從此不能繼續他的演奏生涯而痛苦，拉威爾知道了這件事，便特地為他作了此曲。／

2. 流露出一代宗師恢宏的氣度與愛心，也激勵了那位年輕人的信心與勇氣。／

3. 當你聽到這首活潑熱情、技巧圓熟艱深的鋼琴曲時，絕難想像是出於一隻手的演奏，它似乎在默默告訴我們：「天下無難事，只怕有心人。」

- **閱讀策略及指導示例說明**：

三層次	五口訣	閱讀技巧	教學引導→自學方法	指導示例
擷取訊息	找一找	找重要、明確、特別的訊息	• 看標點，切句子 • 圈畫關鍵訊息，如：人、事、時、地、物	斷句 看句號→畫斜線→寫編號 畫重點 用紅筆、螢光筆將重要的句子畫下來（雙底線處）
統整解釋	說出主要的	統整重要訊息、畫結構圖	• 組織關鍵訊息 →換句話說 →畫段落結構圖	寫重點 把畫的重點寫下來
	為什麼	詮釋涵義、解釋因果、比較異同、排列順序	• 以換句話說的方法，詮釋句段的涵義 • 運用「因為……，所以……」的句型，解釋句段的因果關係	1. 鋼琴家保羅・惠根司坦在戰火中失去右手，他很痛苦。 2. 拉威爾為他作了D大調左手鋼琴協奏曲。

（續下表）

三層次	五口訣	閱讀技巧	教學引導→自學方法	指導示例
			• 找出段落中人、事、物的異同，進行比較 • 找出關鍵字詞，依時間、空間，排列段落內容的順序	3. 拉威爾激勵了保羅的信心與勇氣。 4. 保羅用左手彈奏了這首活潑熱情、技巧圓熟艱深的鋼琴曲。
	想一想	寫作目的	畫關鍵語詞或句子，以自己的話，說明作者想表達的想法或觀點	5. 這個故事告訴我們：「天下無難事，只怕有心人。」
省思評鑑	你認為	表達想法	依據段落的涵義，說一說自己的想法	閱讀思考 1. 誰失去了右手？ 2. 誰為誰作了D大調左手鋼琴協奏曲？ 3. 誰用左手彈奏了D大調左手鋼琴協奏曲？ 4. 這個故事告訴了我們什麼道理？ 找因果 因果一：從問題1、2找因果 因為：鋼琴家保羅失去右手 所以：拉威爾為他作了D大調左手鋼琴協奏曲 因果二：從問題3、4找因果 因為：保羅用左手彈奏了技巧圓熟艱深的D大調鋼琴協奏曲 所以：我們知道了天下無難事，只怕有心人 總結與反思 我學到什麼道理？

📖 參考文獻

中文部分

王宣惠、洪儷瑜、辜玉旻（2012）。小學中年級學童詞素覺識與閱讀理解之相關研究。**當代教育研究，20**（1），123-164。

王瓊珠（2004）。故事結構教學加分享閱讀對增進國小閱讀障礙學童讀寫能力與故事結構概念之研究。**台北市立師院學報，35**（2），1-22。

王瓊珠（2012）。台灣中文字詞教學研究之文獻回顧與展望。**教育心理學報，44**（2），253-272。

王瓊珠、洪儷瑜、張郁雯、陳秀芬（2008）。一到九年級學生國字識字量發展。**教育心理學報，39**（4），555-568。

呂美娟（2000）。基本字帶字識字教學對國小識字困難學生成效之探討。**特殊教育研究學刊，18**，207-235。

吳善揮（2015）。漫畫融入國中讀寫障礙學生的中文寫作學習之探究。**雲嘉特教期刊，21**，51-66。

胡永崇（2001）。不同識字教學策略對國小三年級閱讀障礙學童教學成效之比較研究。**屏東師院學報，14**，179-218。

胡永崇（2003）。國小四年級閱讀困難學生識字相關因素及不同識字教學策略之教學成效比較研究。**屏東師院學報，19**，177-216。

柯華葳（1999）。閱讀能力的發展。載於曾進興（主編），**語言病理學基礎（第三卷）**（頁81-119）。臺北市：心理。

柯華葳（2010）。閱讀理解教學。載於王瓊珠、陳淑麗（主編），**突破閱讀困難：理念與實務**（頁167-185）。臺北市：心理。

洪儷瑜（2003）。**中文讀寫困難學生適性化補救教學：由常用字發展基**

本讀寫技能（I）。行政院國家科學委員會專案研究報告（NSC91-2413-H-003-020）。

洪儷瑜（2020）。被忽略的閱讀能力：朗讀流暢性。**小語匯，60**，32-39.

洪儷瑜、黃冠穎（2006）。兩種取向的部件識字教學對國小低年級語文低成就學生之成效比較。**特殊教育研究學刊，31**，43-71。

洪儷瑜、劉淑貞、李珮瑜（2015）。**國語文補救教學教戰手冊**。臺北市：心理。

秦麗花、許家吉（2000）。形聲字教學對國小二年級一般學生和學障學生識字教學效果之研究。**特殊教育研究學刊，18**，191-206。

陳秀芬（1999）。中文一般字彙知識教學法在增進國小識字困難學生識字學習成效之探討。**特殊教育研究學刊，17**，225-251。

陳姝蓉、王瓊珠（2003）。故事結構教學對增進國小閱讀障礙學生閱讀理解能力之研究。**特殊教育研究學刊，25**，221-242。

陳密桃、邱上真、黃秀霜、方金雅（2002）。國小學童後設語言之研究。**教育學刊，19**，1-26。

陳惠珍（2020）。差異化教學可以這麼做——以國小國語文學習扶助班為例。**小語匯，59**，11-15。

教育部（2010）。**閱讀理解策略教學手冊**。臺北市：作者。

教育部（2021）。**教育部國民及學前教育署補助辦理國民小學及國民中學學生學習扶助作業注意事項**。臺北市：作者。

教育部國民及學前教育署（2012a）。**補救教學基本學習內容【國民小學語文學習領域（國語文）】試行版**。取自 https://priori.moe.gov.tw/download/basic/01- 國小國語文試行版 .pdf

教育部國民及學前教育署（2012b）。**補救教學基本學習內容【國民中學語文學習領域（國語文）】試行版**。取自 https://priori.moe.gov.tw/download/basic/04- 國中國語文試行版 .pdf

教育部國民及學前教育署（2016a）。**補救教學基本學習內容【國民小學**

語文學習領域（國語文）】。取自 https://priori.moe.gov.tw/download/
basic/105-01- 國小國語文修訂版 (表格).pdf

教育部國民及學前教育署（2016b）。**補救教學基本學習內容【國民中學
語文學習領域（國語文）】**。取自 https://priori.moe.gov.tw/download/
basic/105-04- 國中國語文修訂版 (表格).pdf

教育部國民及學前教育署（無日期 a）。**基本學習內容**。取自 https://priori.
moe.gov.tw/index.php?mod=resource

教育部國民及學前教育署（無日期 b）。**7-1 唐詩中的兩大巨星──李白和
杜甫**。取自 https://priori.moe.gov.tw/download/textbook/chinese/grade7/
chi-7-1-book.pdf

曾世杰、陳淑麗（2020）。以漫畫提升二年級語文低成就兒童的中文閱讀
理解。**課程與教學，23**（2），129-152。

黃秀霜（1999）。不同教學方式對學習困難兒童之實驗教學助益分析。**課
程與教學季刊，2**（1），69-82。

黃沛榮（2009）。**漢字教學的理論與實踐**。臺北市：樂學。

黃瑞珍、黃玉凡（2001）。課程本位測量寫作測驗之顯著性指標研究。**東
臺灣特殊教育學報，3**，1-36。

廖晨惠、林盈甄、白鎧志（2011）。國小三年級識字困難學生一般字彙知識
之探究。**測驗統計年刊，19**，17-31。

廖晨惠、吳靜芬（2011）。閱讀困難兒童與一般兒童詞素覺識能力之研究。
測驗統計年刊，19，13-28。

廖傑隆（校訂）（2003）。**讀寫新法**（原作者：R. J. Marzano & D. E.
Paynter）。臺北市：高等教育。（原著出版年：1994）

鄭圓鈴、許芳菊（2013）。**有效閱讀：閱讀理解，如何學？怎麼教？**。臺
北市：天下文化。

歐素惠、王瓊珠（2004）。三種詞彙教學法對閱讀障礙兒童的詞彙學習與
閱讀理解之成效研究。**特殊教育研究學刊，26**，271-292。

西文部分

Adams, M. J. (1994). Modeling the connections between word recognition and reading. In R. Ruddell, M. Ruddell, & H. Singer (Eds.), *Theoretical models and processes of reading*. Newark, DE: International Reading Association.

Beck, I., & McKeown, M. G. (1991). Social studies texts are hard to understand: Mediating some of the difficulties. *Language Arts, 68*, 482-490.

Chall, J. S. (1996). *Stages of reading development* (2nd ed.). Orlando, FL: Harcourt Brace.

Englert, C. S., & Hiebert, E. (1984). Children's developing awareness of text structure in expository material. *Journal of Educational Psychology, 26*, 65-74.

Ku, Y., & Anderson, R. C. (2003). Development of morphological awareness in Chinese and English. *Reading and Writing: An Interdisciplinary Journal, 16*, 399-422.

Lerner, J., & Johns, B. (2009). *Learning disabilities and related mild disabilities: Characteristics, teaching strategies, and new directions* (11th ed.). Boston, MA: Houghton Mifflin.

McBride-Chang, C., Shu, H., Zhou, A., Wat, C. P., & Wagner, R. K. (2003). Morphological awareness uniquely predicts young children's Chinese character recognition. *Journal of Educational Psychology, 95*, 743-751.

McKeown, M., Beck, I., & Blake, R. (2009). Rethinking reading comprehension instruction: A comparison of instruction for strategies and content approaches. *Reading Research Quarterly, 44*(3), 218-253.

Taylor, B. M. (1992). Text structure, comprehension, and recall. In S. J. Samuels & A. E. Farstrup (Eds.), *What research has to say about reading comprehension* (pp. 220-235). Newark, DE: International Reading Association.

| 第六章 |

初階英語文學習扶助

● 曾世杰、陳淑麗

　　研究一再指出，國中基測（教育會考）英語文成績呈現明顯的雙峰分配——高分組和低分組人數都很多。為了避免學生出現貧者愈貧、富者愈富的馬太效應（Matthew effect），我們應該及早給予英語文低成就學生補救教學。本章將介紹初階英語文補救教學的兩個教材教法：字母拼讀法（Phonics；臺灣常譯為自然發音）和道奇瞬識字（Dolch 220 Sight Words）。這兩個教材教法具體清楚，是所有英語文讀寫的基礎，也方便教學者或教育行政人員進行補救教學的進展監控及成效分析。本章同時介紹如何以直接教學法進行這兩個教材教法的補救教學。直接教學法（Direct Instruction，以下簡稱 DI）是文獻中補救教學成效最佳的教學方法，其系統、明示（explicit）、結構的特質，不但有利於一般教師的教學，甚至也有助於教學經驗不足的志工和大學生增進其英語文補救教學的表現。

第一節　雙峰現象與有效教學

依我國現行課程，國小學生畢業進入國中時，至少已經接受了四年的英

語文教育，但經調查研究發現，仍有許多學生英語文能力低落，即使接受多年的英語文教育，在進入國中時，仍無法認讀所有的英文字母（陳淑麗，2009），遑論看字讀音的解碼（decoding）能力及更高層的閱讀理解。張武昌（2006）以 2002 年基測為例，具體地寫出國中畢業生英語文成就的雙峰分配：「令人憂心的是雙峰現象不僅存在於全國各縣市之間的差異，同一縣市、校園，甚至教室內也都呈現學習的雙峰現象。」萬世鼎、曾芬蘭和宋曜廷（2010）以 2005 至 2007 年的基測資料庫進行分析指出，基測英語文連續三年出現明顯的雙峰分配——有一半的人覺得題目很簡單，另一半的人則覺得題目很難。學生的能力變異很大，表示低能力和高能力的人都不在少數。這兩群人能力差距很大，而且有相當多的學生沒有達到最基本的學力。根據現場國中老師（黃婷婷，2013）的估算，每班約有三分之一的學生可能放棄學習英語文。換句話說，在臺灣，有數量不小的一群學生，在初學英語文時，需要額外的幫忙或補救教學。

國內外的研究都指出，像這樣學力低落的問題，並不會「長大就好」，只會出現貧者愈貧、富者愈富的馬太效應，這在以英語文為母語的兒童是如此（Bast & Reitsma, 1998; Stanovich, 1986），臺灣小學生的國語、數學也如此（甘鳳琴，2007）。林秀芝和蘇淑貞（2003）以大學生為研究對象指出，「國中英語文根基不好，且沒有受到有效的補救教學，就此放棄學習」，是大學生認為自己英語文能力低落的主因。

簡言之，學生出現低成就問題而無補救教學的機會，不但可能使社會付出沉重的代價，更可能直接影響個人未來的生涯發展（李文益、黃毅志，2004；謝孟穎，2003）。就英語文學習而言，如何及早介入英語文低成就學生以預防馬太效應的出現，是個重要的議題。

可能導致學生低成就及英語文學習困難的因素繁多（林建平，2010；Davis & Rimm, 1989; Kirk, Gallagher, Coleman, & Anastasiow, 2009; Mandel & Marcus, 1988），但是許多致因經常無法透過教育介入而改變。例如，低成就雖可能導因於文化、家庭、社經的不利，但在現實中，實難以從文化、

家庭、社經的切入點介入；從教育界的觀點，也許最能直接提升低成就兒童學力的就是補救教學了（陳淑麗，2008a，2008b，2009；陳淑麗、曾世杰、洪儷瑜，2006；曾世杰、陳淑麗，2007；Gunn, Biglan, Smolkowski, & Ary, 2000; Pikulski, 1994）。

　　研究指出，補救教學若能符合實證研究所指出的有效教學原則，可以讓學生有更多的成功經驗，避免學習差距加大，亦能增加學生回到同儕水準的機率（Torgesen, 2000）。這些有效的補救教學原則為：及早介入（Torgesen, 2000; Torgesen et al., 2001）、長時密集（Gunn et al., 2000; Foorman, Francis, Fletcher, Schatschneider, & Mehta, 1998; Foorman & Torgesen, 2001; Torgesen et al., 2001）、考慮作業難度（McCormick, 1995; Vaughn, Gersten, & Chard, 2000）、明示及系統性的教學（Foorman et al., 1998）、教導策略（Vaughn et al., 2000）及實施進展監控等（Fuchs & Fuchs, 1986）。

　　除了有效教學原則的研究，再從教學法的種類來看，文獻一再指出，直接教學法（DI）的成效最佳〔如 Hattie（2009）的後設分析研究〕。DI 是 Siegfried Engelmann 在 1960 年代所發展的系統化教學模式，它以組織嚴密的課程並融合層次分明的教法著稱，經由仔細的課程規劃，讓教學品質得到嚴格的控制（盧台華，1985）。DI 符合多項有效的教學原則，是一種能預防學習失敗與補救學生學業及技能缺失的教學方法，適用於普通班學生與各類障礙學生（詹秀雯，1998）。綜合學者們的意見，可以歸納出 DI 的兩個特色如下（胡永崇，2006；Lerner, 2000）：

1. 教學者：DI 是由教師主導的教學策略，在教學各階段，教師除了積極引導學生學習外，還須考慮學生的學習狀況，以安排適合的教學與立即補救。
2. 課程：DI 是一種從課程編序、教學設計到評量，都是有系統、層次分明且教學步驟嚴謹的教學策略，因此可以直接預防與補救學生學業的不足。

第二節　英語文補救教學三問

一　什麼時候教？

「及早介入」是補救教學的有效教學原則之一。但在臺灣，英語文是外語，若學習落後了，補救教學要在什麼時候開始比較適當呢？作者並未找到可以直接回答此問題的研究文獻。但因為兒童的低成就經常跨科出現，也許國、英、數都需要幫忙，這時父母師長就要考量孰先孰後的問題。

一項國外的研究（Treiman & Hirsh-Pasek, 1983）指出，因為聽覺經驗的限制，聾生的閱讀能力通常較弱，但以美式手語為母語的第二代聾人（即父母親就是使用手語的），比起缺乏第一語言的第一代聾人（父母親是聽人），卻有較佳的閱讀表現。這個發現讓許多研究者相信，若兒童有較紮實的第一語言基礎，第二語言的閱讀學習會較順利。本章作者由此推論，補救英語文的時機，應該在中文閱讀基本能力建立起來之後。作者建議，至少要在兒童中文閱讀能力達四年級，也就是可以靠中文閱讀來學習之後，才比較適合進行英語文補救教學。

在臺灣，因為國小的英語文課時數太少，對許多家境不好或弱勢地區的學生而言，入國中後，才真正開始要學英語文。而國中七年級生中文閱讀能力大多超過國小四年級程度，因此本章作者認為，國中七年級是個絕不可錯過的英語文補救介入時機。

二　教什麼？

本章作者把臺灣初學者英語文補救教材粗略分為三大類：課本、詞彙和文法，以及音標或字母拼讀。

（一）課本

　　所謂課本就是「原班英語文課」裡所使用的教材，老師在正規課裡對全班同學上過，又在補救教學裡，把同樣的課本再教一次。使用課本有很明顯的優點：學習的成果可以立即在原班的大考小考分數中反映出來。但這樣做也有重大的缺點──學生若落後同儕許多，原班教材的難度可能已經遠遠超乎其現有程度，再以此為「補救」教材，可能只會讓低成就學生有更多的挫折。

（二）詞彙和文法

　　李家同和文庭澍（2007）「專門替中國人寫的英語文課本」系列，就是典型的「詞彙和文法」教材。它從最常用、最簡單的單字及文法開始，逐課慢慢增加兒童的詞彙，例如，初級版上冊第一課至第五課之內容分別為家人、你我他、有、數字、所有格。課文牽涉的文法從「主動、肯定、現在式」開始，第六、七課才出現「否定句」，第九課才出現「問句」。這套教材每一課都有光碟錄音檔及大量的紙筆練習題，課程要求學生精熟每一課的教材後，才往下走。它的好處是系統、結構、明示，由易到難。但這套教材漏掉了一個英語文學習極重要的成分──字母拼讀能力的教導。而且，這套書基本上是學習材料，並不看重「教學」，沒有教學指引，課本中也沒有引導老師怎麼教的細部說明。

（三）音標或字母拼讀

　　在 Google 中鍵入「音標」、「自然發音」或「字母拼讀」的關鍵詞，能夠找到 258 萬以上的中文繁體網頁資料，其教學對象從國小到大學都有，可以想見，學習標音系統或字母拼讀的解碼能力，是教學現場極為看重但亟需努力的目標。

　　現行的國中教科書審訂版本中，均以 KK 音標作為課程教學輔助，它的

好處是可以正確表徵所有字彙的發音，包括例外字彙。透過音標，學生得以藉由字典或網路自學，就算沒有老師，亦能學習英語文。然而 KK 音標的缺點顯而易見——除了 52 個大小寫字母之外，初學者還要多學習四十幾個音標字母；網路上的許多討論指出，國中生學習 KK 音標經常發生困難。綜觀各版本的國中教材，教學指引都沒有清楚告訴老師 KK 音標要怎麼教，且 KK 音標的學習目標是分散在課文之間的，系統性不足。所以，本章作者判斷，這樣所造成的學習困難，並不是 KK 音標表徵設計問題，很可能是教學設計的問題。

三　誰來教？

要執行有效的補救教學（學習扶助）關鍵之一是師資。低成就學生除了成績低落，經常合併著種種情緒、行為的困擾，例如因長期挫敗養成的學習無助感，因此低成就學生對教學專業的挑戰會比一般學生更為艱鉅。所以，如果能讓有經驗的專家教師擔任補救教學教師，可以期待有比較好的成效。

但是，國內卻啟用沒有教學經驗的非現職教育人員作為補救教學師資（教育部國民及學前教育署，2021）。以 95 和 96 學年度的攜手計畫為例，大專生占了全體師資的 14.41%（曾柏瑜，2008）。此外，像是鴻海集團的永齡希望小學、李家同帶領的博幼基金會，也都大量地運用大專生為補救師資（曾柏瑜、陳淑麗，2010）。

根據曾柏瑜和陳淑麗（2010）對大專生初任低年級國語文補救教學師資的研究顯示，由大專生執行補救教學，到一個學期結束時，仍約有三成無法勝任教學。值得注意的是，該研究聘請專家教師密集、長時間地協助大專生進行補救教學，而且教導的學科是國語文，仍然有這麼高的失敗率，那麼以大專生擔任英語文補救教學師資，其教學成效就更讓人擔心了。

但教學的成效可能因師資、教材、目標設定的交互作用而有所差別。在沒有教材、任由生手師資自由發揮的狀況，教學成效是難以預期的。反之，

如果有好的教材，要怎麼教都已經逐字寫在教案上，教學者只要稍受訓練，照著教案執行即可，在這種狀況下，可望讓不同老師間的教學品質較為一致，較有可能讓接受補救教學的學生受益。

　　為了要讓補救教學維持一定的品質，以下介紹的英語文補救教材，都符合明示、系統、結構的特質，不管是生手或專家教師來教，應該都會有比較高的成功機會。

第三節　兩種初階英語文補救目標與教材教法

　　前一節所提及的三大類補救教材，老師可視學生需求選擇使用，但對於英語文初學者或低成就學生而言，本章作者認為第二及第三項的「詞彙」和「字母拼讀」能力，都是值得投入的兩種英語文補救教學目標，學生掌握這兩個目標之後，才有自學的可能。基礎的詞彙和字母拼讀解碼的能力，可以說是英語文初學者學習的入門工具，不但以英語文為第二語言的學習者如此，連美國國家閱讀小組（National Reading Panel, 2000）在廣泛研究文獻中的證據之後，也把音素覺識（phonemic awareness）和字母拼讀列為學習閱讀的五大要素中最前面的兩項，把字彙（vocabulary）列為第三項，其重要性可見一斑。

　　本章介紹的兩種補救教材，「Dolch 220 Sight Words」（以下稱道奇瞬識字）及「Teach Your Child to Read in 100 Easy Lessons」（教字母拼讀規則，即 Phonics，以下簡稱 100 Easy Lessons）（Engelmann, Haddox, & Bruner, 1983，引自曾世杰譯，2021），就是教導英語文初學者解碼能力的教材，它們的教學目標清楚，而且都以 DI 進行教學，完全符合了考慮作業難度、明示及結構的教學、教導策略及實施進展監控等有效的補救教學原則。100 Easy Lessons 教導英語文字母拼讀的原理，學會之後，所有英語文的規則字都能正確發音；但道奇瞬識字內收錄的 220 個極高頻詞中，有許多並不

能以一般的字母拼讀原理唸出，如 the、find、one 和 two 等，在教學上經常只能以閃示卡強記。因此，作者預期這兩種教材應該有互補的功能。

另外，研究指出，比起讓學生自行發現規則的潛隱式（implicit）教材，明示和系統、結構的教材教學效果更為良好。例如，Torgesen 等人（2001）以設計極佳的實驗研究指出，系統、明示的聲韻覺識及字母拼讀法（Synthetic Phonics）課程，比內含式字母拼讀（Embedded Phonics）課程有更好的成效。以下介紹的兩種教材——道奇瞬識字及 100 Easy Lessons，即符合明示、系統和結構等有效教學原則。

道奇瞬識字教材

（一）瞬識字的重要性

臺灣有許多學者把 sight words 譯為「視覺字」，但「視覺字」一詞容易讓人有脫離字音的印象，因原文有一瞥即識的味道，本文將之譯為「瞬識字」。瞬識字是英語文篇章中出現頻次最高的字。Rinsland（1945）的早期研究即指出，最常用的 250 個字，就涵蓋了美國三年級兒童全部使用字彙的 70% 至 75%，亦即，只要精熟英語文的兩百多個瞬識字，初習者就可以掌握初階英語文教材裡約七成的生字，因此，對初習英語文的學生而言，瞬識字的學習應該是邊際效應最高的學習投資之一。

瞬識字中的五分之一是功能字（function words），如：a、the、and、he、she、in 等，換言之，大部分瞬識字的字義並不具體。以詞性方面來看，瞬識字單中實字（content words；名詞、動詞、形容詞與副詞）較少，冠詞（如 the、a、an）、代名詞（如 I、he、she 等）、連接詞（如 and、but、or 等）或介系詞（如 in、on、under、by、of、from 等）居多。雖然字義不具體，但精熟瞬識字對於閱讀的流暢性和連貫性有很大的影響。

另一種瞬識字的定義則是「透過記憶而非解碼習得的字彙」、「不按

字母拼讀規則且能快速辨認的字彙」，如 love、the、have 等（Ehri, 1994; Gunning, 2001; Van Etten, 1979）。英語文文字是所有拼音文字中，拼字和發音間透明度最低的，有許多拼字—發音的例外。有趣的是，英文使用頻次愈高的詞，發音例外的比例愈高。許多瞬識字不符合拼音規則，如以 the、one、two、of 為例，它們是無從以解碼技巧唸出正確發音的，讀者必須全字（whole word）辨識之後，直接觸接其所表徵的語音，才可能唸出字音（Ehri, 1994; Novelli, 2002）。

簡言之，瞬識字是英語文字彙中最常見的高頻字，但卻經常有發音不規則的特性。從 1948 年至今，研究一再顯示瞬識字的重要性與實用性（Burns, Roe, & Ross, 1992）。以下介紹在美國最為人熟知的道奇瞬識字表，該字表分為五個等級，囊括約 70% 的書寫常見字。表 6-1 列出第一級共四十字為例子。

研究一再指出，初習英語文閱讀兒童如能精熟瞬識字，將可預防閱讀理解力及學習動機低落的情形發生（Cunningham, 1999; Snow, Burns, & Griffin, 1998; Tan & Nicholson, 1997）。瞬識字的教學不但能提升英語文弱讀學生閱讀速度與閱讀理解，連身心障礙的中學生也能受益（Browder & Shear, 1996）。但用什麼方式教瞬識字的成效較佳呢？

表 6-1　道奇瞬識字表第一級（前四十字）

Pre-primer 40 words				
a	and	away	big	blue
can	come	down	find	for
funny	go	help	here	I
is	it	jump	little	look
make	me	my	not	one
play	red	run	said	see
the	three	to	two	up
we	where	yellow	you	in

資料來源：曾世杰、陳瑋婷和陳淑麗（2013：6）。

（二）瞬識字的教學

Kaiser、Palumbo、Bialozor 和 McLaughlin（1989）比較 DI 和傳統教學方式的成效，對學生進行為期五週的教學實驗，結果，從標準化測驗的分數看來，DI 教授瞬識字顯著優於傳統教學法。此外，類比法（analogy）也是一種效果良好的教學法。Peterson 和 Haines（1992）對五到六歲幼稚園學生實施音韻類比法（rime analogy）閱讀教學，例如：介紹「ball」時，將字分解為「b-all」，然後再加入新字「f-all」，待學生瞭解其異同處後再介紹類似的字「mall、wall、hall、gall」。研究結果顯示，多重的類比例子能明顯提升學習效果。Kaiser 等人（1989）及 Peterson 和 Haines（1992）的方法都是明示、系統的教學，對學習障礙學生或幼兒都有明顯的幫助，而且效果優於隨機提示法。這些發現和前述有效的補救教學原則是一致的。

國內針對瞬識字教學的實驗研究相當少。孫佩詩（2006）以 37 位四年級學生為對象探討瞬識字教學對國小學童認字、讀字和拼字能力之影響，並比較兩種瞬識字教學方式──類比法和看說法（look-say）的成效。結果兩組的前測及後測（包括字彙辨認、字彙閱讀與字彙拼寫測驗）成績均無顯著差異；但兩組組內的後測各項成績，均較前測有顯著進步。孫佩詩（2006）的研究每週只有上課兩次，每次 20 分鐘，持續八週，其介入次數太少、時間太短、頻次太疏，並不符前述有效的教學原則。我們從研究結果只知道教學後，學生的後測比前測進步，但類比法和看說法哪一個比較好，在這個研究是看不出來的。

吳麗玲（2008）比較三種瞬識字教學策略對英語文學習的成效。研究採不等組前後測對照設計，對象為 96 位小五學生。對照組為看說組，實驗組有兩組，一組運用看說法與從閱讀中學習英語文字彙教學策略；另一組則以瞬識字學習網站進行看說法與從閱讀中學習英語文字彙教學策略。

該研究學習內容為道奇瞬識字的 220 個英語文字。結果發現，實驗組一與實驗組二的瞬識字後測成績並無顯著差異，但均顯著高於對照組；其後測

成績則未達顯著水準。另一方面，三組組內的前、後測成績均較前測有顯著進步，顯示三種瞬識字教學策略均有助於提升國小學童字詞辨識、拼字及字義理解之能力，若結合看說法與從閱讀中學習英語文字彙的教學策略，則成效更為顯著。

曾世杰等人（2013）結合 DI 及字母拼讀法教導瞬識字，以修習英語文補救教學課程的大學生為師資，在國中的早自習時間，提供 40 次、每次 40 分鐘的補救教學。前 20 分鐘教瞬識字，後 20 分鐘教字母拼讀，對象為某國中七年級下學期的學生，研究者自 16 個班中邀請每班上學期英語文成績最後一名或兩名的學生參與。研究結果顯示，實驗組在瞬識字前後測差異由平均 41.19 字提升至 182.63 字，而未接受任何介入的對照組學生前後測則無顯著差異，其效果值（effect size）達 2.09。

從以上國內外的研究看來，研究者對瞬識字教學都持正向的態度，只要有教學，學生的後測就會顯著大於前測。至於哪一種教學法教瞬識字效果較好？研究結果特別指出，以 DI 及類比法教授瞬識字的效果是優於傳統教學方法的。

至於瞬識字要花多少時間來教？根據曾世杰等人（2013）的實驗，220 個瞬識字，在十週、每週四次的教學後，16 名在各班上學期英語文成績最弱的學生，平均學會了 182 個字。這是由沒有教學經驗的大學生執行的，而且受教者是弱勢地區中最弱的學生，因此研究者預期在一般的補救教學狀況，由有經驗的英語文老師授課，應該可以有更好的效果。研究者認為，在一學期內完成 220 字的瞬識字補救教學，是合理的預期。

（三）瞬識字教材教法

曾世杰等人（2013）的瞬識字實驗教學內容全部可在網路上取得，包括 220 個分成五級的教材，和 sight words in simple sentences 等。瞬識字教材是以 A4 大小的紙張裁成名片大小的卡片製作而成，正面寫瞬識字，背面寫字彙的中文意思及簡單造句，如圖 6-1 所示。

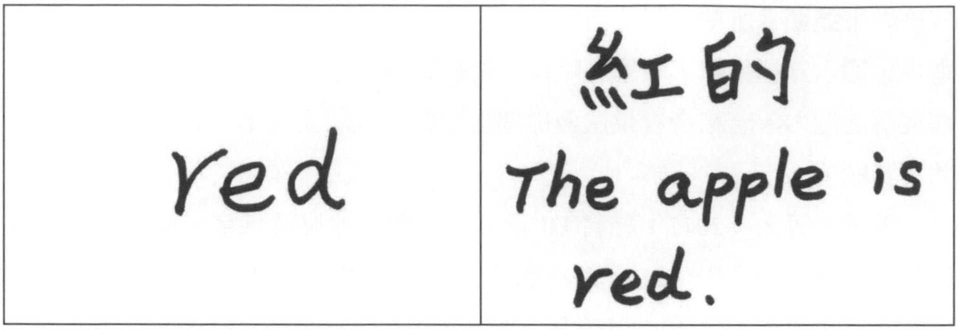

圖 6-1　瞬識字閃示卡

　　文獻指出使用閃示卡片教導字彙的效能（Tan & Nicholson, 1997）。本章作者在現場使用之後，也發現卡片有很多好處：

1. 刺激單純：以善加使用學生有限的注意力。

2. 易於分類：教學時可以應現場教學的需要，隨時將學生認識的字卡做適當分類。例如，可以把字卡分成已精熟、學習中和不認識三類；可做語義的歸類：字族如 I、me、my、mine，反義字如 up-down、big-small、boy-girl；可做發音及拼音規則的歸類：如 day、stay、pay、may、say、book、cook、look、cut-cute、kit-kite、at-ate、hop-hope；語法的歸類：如 say-said、fall-fell、tooth-teeth、foot-feet 等等。

3. 易於操作：卡片除了閃示之外，可以用來提示，也可以用來評量（看著已學會的那疊愈來愈高，學生會很有成就感）；可以洗牌；兩個以上學生可以玩遊戲，也方便攜帶。

4. 學生可參與製作：可請學生照著教材把內容寫在卡片上。

使用瞬識字卡做補救教學的注意事項如下：

1. 前測：呈現列表的 220 個瞬識字，請學生逐一唸出。因為瞬識字裡有許多字意義是不清楚的，如介系詞和定冠詞，因此，是否能說出字

義不予計分，只要能正確發音就得分。建議把規則字和不規則字分開
列，以測試學生的字母拼讀能力。

2. 每張字卡的教學目標：

- 能唸出正確的字音。
- 能說出主要的字義（字義不明顯的字，如 the，可跳過）。
- 聽到國語譯詞，能唸出例句。
- 流暢性練習，即幾張卡片放在一起，能快速唸出每一張卡片。
- 能拼字（先不進行，最後再教）。

3. 教學字安排的原則：

- 簡單的先教：按瞬識字的分級，從第一級教起。
- 盡量在情境裡教：補救教學者應瞭解原班的課文或剛學的英文歌，
  教材裡或歌中的瞬識字可以先教，即使跨分級也沒關係。
- 意義清楚者先教：如 big、look、run 等意義較明確，介系詞及定冠
  詞較不易記，前者應該先教。
- 一次不要太多：一般來說，每次六至十個字即可（包含熟悉及不熟
  悉的字）。依學生的程度來決定一天教幾個字。學生進度慢，安排
  的字彙數就應減少。

4. 有效教學原則：

- 先備經驗是重要的，學生若已經會了，就不要耗太多時間，帶過即
  可。
- 教學的節奏要快，每一個字約 1 分鐘，不要超過 75 秒；一慢，學
  生就會分心。
- 記住 DI 中不斷啟、應、啟、應[1]的特質，讓學生從頭參與到末了。

---

1 所謂「啟‧應‧啟‧應」的教學方式，指的是教師透過「明示教導」及「提問、要求複
　誦」的方式，非常頻繁地檢測兒童學習的情況。在本文所舉的教學實例中，老師的指導
　語通常在 5 秒內完成，接著立刻要求兒童複誦或回答問題，所有的課程都在如此啟應的
　過程中進行。

- 不會的字，要提供不斷重複複習的機會。
- 會的字和不會的字可以混在一起，做流暢性練習。

5. 教學示例原則：

以下舉 away 及 big 為例，說明曾世杰等人（2013）實驗中的典型教學歷程。細明體是老師的指導語，引號裡加底線的粗體字是學生的反應。

（1）教第一個字 away：

A.直接教導目標字發音及字義：

- （手持字卡）這個字是 away，跟我唸一次。「**away**」。
- away 就是離開的意思。away 就是什麼意思？「<u>**離開的意思**</u>」。

B.直接教導字母與字音的關係：

- （手指遮住 way）這個 a 在這裡唸作 /ə/，a 在這裡唸作什麼？「<u>**/ə/**</u>」。
- （手指遮住 a- 和 -ay）這裡 w 唸作 /w/，w 唸作什麼？「<u>**/w/**</u>」。
- （手指遮住 aw-）ay 唸作 /ei/，ay 唸作什麼？「<u>**/ei/**</u>」。
- （手指遮住 a-）/w/、/ei/ 唸作 /wei/，/w/、/ei/ 唸作什麼？「<u>**/wei/**</u>」。
- （露出 away 四個字母）/ə/、/wei/、/ə/、/wei/ 唸作什麼？「<u>**/əwei/**</u>」。

C.教導目標字的字義及例句：

- 對了，away 就是離開的意思。
- （指著字卡背面的 Go away）Go away 就是叫人走開的意思，你要叫人走開就可以說 Go away!
- 你要叫人走開就可以說什麼？「<u>**Go away!**</u>」
- 小狗纏著你，你要牠走開可以說什麼？「<u>**Go away!**</u>」

- 你心情不好，但小明一直來吵你，你可以說什麼？「**Go away!**」

- 你唸得很好。我們先看下一張卡，等一下我要再回來問你 away 這個字哦。

（2）教第二個字 big：

　A.直接教導目標字發音及字義：

- （手持字卡）這個字是 big，跟我唸一次。「**big**」。

- big 就是大的意思（手勢）。big 就是什麼意思？「**大的意思**」。

　B.直接教導字母與字音的關係：

- （指著 b-）這個 b 唸作 /b/，這個 b 唸作什麼？「**/b/**」。

- （指著 -i-）i 唸作 /i/，i 唸作什麼？「**/i/**」。

- （指著 -g）g 唸作 /g/，g 唸作什麼？「**/g/**」。

- （指著 -ig）-ig 唸作 /ig/，-ig 唸作什麼？「**/ig/**」。

- （指著 big）這個 b 唸 /b/，ig 唸 /ig/，b-i-g 合在一起快快唸，/b/、/i/、/g/、/b/、/i/、/g/，唸作什麼？「**big**」。

- 對了，big 就是大的意思。

　C.教導目標字的字義及例句：

- big 就是大的意思。big 是什麼意思？「**大的意思**」。

- 對了，big 就是大的意思。

- （把字卡上 big cats 的 big 遮起來）cats，跟我說一次。「**cats**」。

- cats 就是貓，big cats 就是大貓的意思，在英語文裡，常把老虎、獅子、豹叫做 big cats。

- 所以 big cats 是什麼意思？「**大貓**」。

- 大怎麼說？「**big**」。cats 是貓，大貓英語文怎麼說？「**big cats**」。老虎、獅子是一種大貓，大貓英語文怎麼說？

「**big cats**」。很好。

（3）複習字卡：

- 我們來看前一張卡（取出 away），看你還記不記得？
- 複習完 away，再複習 big。
- 複習完 big，再出示下一張卡。

（4）流暢性：

- 把 away、big 和已經會的字卡混在一起交給學生快速唸過。
- 唸出目標字，如「big cats 的 big」，請學生挑出正確的卡片（從少數幾張，到張數愈來愈多）。
- 請學生快速唸過（計時）。
- 若對某字卡停頓超過 3 秒，可代為唸出。
- 告知秒數，請學生再試一次。
- 告知是否有進步。

（5）流暢性家庭作業及進展監控：

- 家庭作業是下次見面就要評量的卡片。
- 先不評拼字，只評流暢性。
- 每次家庭作業至少十張卡；新字熟字混合。
- 規定 10 到 15 秒要唸完。
- 每次一開始上課就評量，可由學生兩兩互評。

100 Easy Lessons 教材

（一）字母拼讀能力的重要性

文獻指出，兒童的閱讀解碼需要後天刻意的教學與學習，不是處身於豐富語境就能自然學會的（曾世杰、簡淑真，2006）。而英語文組字規則非常不規律，例外字太多，我們認為，以英語文為第二語言的臺灣兒童更需要

系統化地學習拼字到發音間的解碼技能，這項技能若未自動化，解碼困難會一直成為學生學習英語文的阻礙。學生若受困於認字歷程，最後會影響後續的閱讀理解（Adams, 1990; Metsala & Ehri, 1998）；亦即，讀者若花太多時間思索單字的字音詞義，因而喪失閱讀的速度與流暢性的話，就難以理解作者所要傳達的訊息（National Reading Panel, 2000）。因此，瞬識字詞及字母拼讀能力都是極重要的解碼技能，是想要克服英語文學習困難的必要條件。

（二）100 Easy Lessons 教材簡介

100 Easy Lessons 教材是 Engelmann 等人（1983；曾世杰譯，2021）發展的一套以 DI 教導字母拼讀法的教材，原來的設計對象是尚未識字的四到六歲幼兒及其撫育者。因為大多數的撫育者並不具教學專業，所以教材有極為仔細的詳細教案，以利撫育者的教學。本教材使用自創的 DISTAR（Direct Instruction System for Teaching Arithmetic and Reading）字母，改造了傳統的英文字母符號，讓英文拼字和發音之間關係的透明度大大提高，使學生在學習的早期，可以快速掌握英語的正確發音。

例如，英文經常用兩個字母表示一個音素（phoneme），如：th、sh、ch，在這套教材裡，一定讓兩個字母在印刷的構字上是連在一起的，這樣兒童才不至於誤解其為兩個音素；又如，字母 a 在拼字時表徵不同的發音，教材就以 a 和 ā 區辨發音，兒童看到 a，如 cat 或 dad，就知道這個 a 要發短音；看到頭上加了長棒的 ā，就知道這個 ā 要發長音；而不發音的字母，教材裡則以縮小的字母出現，例如圖 6-2 右邊的 give，e 是縮小的，表示在這裡 e 是不發音的；圖 6-2 左邊的 rēad，a 縮小了，表示 a 在這裡是不發音的。隨著課程的進行，愈往後，教材中印刷字母的字型就愈來愈接近正常的英文字母。

讀者可以注意到，圖 6-2 的 read 下有三個黑點，表示這個字雖然有四個字母，但只表徵三個音素。教學時，老師或兒童的手指必須在每一個黑點

處停頓，以學習字母拼讀的原則。

　　再看 give，give 的箭頭下也有三個符號（一個 >，兩個黑點），表示這個字有三個音素。但 g 下面的「>」表示 g 是塞音，即語音學裡的 stop。教學時，老師或兒童口中要唸出這個子音 /g/ 來，但手指同時必須滑過「>」，不得停留，然後停在 i 下的黑點、再停於 v 下的黑點，再快速滑到箭頭末端。

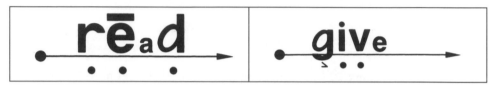

圖 6-2　100 Easy Lessons 中的 DISTAR 字母

資料來源：曾世杰、陳瑋婷和陳淑麗（2013：13）。

　　英語解碼主要包括瞭解字母發音、字母拼音方式與識字讀音三種能力（Carnine, Silbert, Kame'enui, & Tarver, 2009）。100 Easy Lessons 教材透過呈現字母發音與拼音、發音規則字與發音不規則字，說明字母之間的組合規則與形音精熟之練習（宣崇慧、盧台華，2006）。每一項學習內容，在「教學」後，分別在其後連續兩單元以上的課程中分次進行「練習」與「複習」，直到學生精熟為止（Carnine et al., 2009）。例如，教材前兩課僅教導字母 m 和 s 的發音，第 3 課才加入字母 a 的發音與 am 和 sa 的拼音，練習兩課後再加入新的字母發音，此後每課都反覆練習字母發音與拼音，並加入發音規則字，如 mat 和 rat，直到第 11 課才出現第一個發音不規則字 eat，而單音 m 的練習，一直重複出現到第 24 課，以確保兒童一定能精熟這些字母的拼讀方法。表 6-2 呈現第 1、5、10、15、20、25 課的字母發音目標及拼音練習供讀者參考。

表 6-2　100 Easy Lessons 教材第 1、5、10、15、20、25 課教學內容

課	教材內容		
	發音練習	拼音練習	閱讀練習
1	m, s		單音
5	ē, a, m, s	ēm, ēs	拼音
10	r, t, ē, a, m, s	am, mē, sēē, sat	拼音
15	i, d, r, t, ē, a, m, s	it, sit, ēar, sēēd, rat, mēēt, mad	短句
20	c, th, i, d, r, t, ē, a, m	at, mad, sat, sack, rat, this, cat	短句
25	f, i, r, o, n, c, ē	an, man, can, on, not, mē, in, sit, ant	文章

　　100 Easy Lessons 教材除了上述的編排方式外，亦將形音相似的字分開教學，以避免相同字之間的干擾，例如 he 和 him，因字首都是 h，學生可能因已學過 he，而將新字 him 唸作 he（Engelmann et al., 1983，引自曾世杰譯，2021）。因此，相同字母的字會分散在不同的單元中教導，待學生精熟後，再教導新的字母發音。學生從基礎的字母發音、字母拼音、規則字發音後，才引入不規則發音的字，以避免學生產生混淆（Carnine et al., 2009）。教學程序有「示範、引導與練習（複習）」三步驟。「示範」是指教師先展示預期的學習表現；「引導」是讓學生跟著老師的指導語做；「練習（複習）」是讓學生透過教師提問再重複一次教師示範的正確答案，透過反覆練習以達精熟。

　　在曾世杰等人（2013）的教學實驗裡，每次英語文補救教學的後 20 分鐘，大學生依逐字教案執行 100 Easy Lessons 教學，以前述「示範→引導→練習（複習）」三個精熟層次安排，教導學生精熟每一個發音與拼音。其拼音的教法非常系統化，從第 1 課開始，有系統地逐步引進快快唸（say it fast）、慢慢唸（say the sound slowly）、押尾韻（rhyming）的方式讓兒童發現音素、練習音素的語音拼合（blending）。再以 sat 為例，課程設計裡，先教 s（第 1 課；L1）、a（L3）和 t（L7）等三個語音。教 at（L7）時，學生要依序唸出 /a/ 和 /t/，再「快快唸」唸出 at 來。L8 以同樣的方

式教 mat，L9 再以同樣的方式教 sat。

從另一個角度來看，在這樣循次漸進的設計中，進展評量就設計在教學裡了。例如，第 1 課教了 m 和 s，再來從第 2 課到 21 課的教學目標都還持續出現這兩個子音；亦即，第 2 課到 21 課，每一課都重複地透過教學來評量學生是否已經確實學會 m 和 s。又例如，第 7 課教 at，後面一直到第 30 課每一課都重複出現 -at 字尾的目標字詞。評量和教學合一，這是 DI 的一個重要特色。

100 Easy Lessons 另一個最大的優勢，是擁有非常仔細的工作分析及詳細的教案。本教材的逐字教案（scripted lesson plan；或譯劇本式教案）以紅黑二色排版，紅字是教學者要說的指導語，黑字則是對教學程序及注意事項的說明。所以在曾世杰等人（2013）的教學實驗裡，雖然所有的教學者都是全無教學經驗的大學生，但只要備課時多練習幾次，教學時照著教案上的紅字唸、照黑字的「劇本」演出，就可以有中上的教學水準。

圖 6-3 舉曾世杰等人（2013）譯的實驗教材第 41 課的任務 1 和任務 2 為例，說明教案的形式。括號內的文字為教師需表現的動作，楷體字為教師的指導語。如此高結構性的逐字教案，可使教師得以快速掌握教學程序，同時確保學生的學習成效。

100 Easy Lessons 要花多少的時間來教？顧名思義，這個教材共有 100 課（lessons）。根據曾世杰等人（2013）的實驗，L1 到 L20 因為非常容易，每週四次，每次 20 分鐘，大概兩週內可以精熟，亦即，每次平均可以有兩到三課的進度；L21 到 L30，每次大約可以教一到兩課；L31 以後，預計每次一課。依此估算，一個學期上到 L50 是很保守的估計。一般的補救教學預計可以上到 L75。L1 到 L75 的教學目標即已涵蓋約 95% 的字母拼讀規則。

LESSON 41

任務 1　語音介紹

1. （指著 k 的起點）現在我們要用快快唸，把這個語音唸一遍，我先快快唸。（一邊唸一邊快速地移動至箭頭末端）k。

2. 我再快快唸一遍（指著 k 的起點），快快唸。（快速移動至箭頭末端）k。

3. （指著起點）換你唸（停頓），快快唸（快速移動至箭頭末端）。「k」。

（如果學生唸成「kuh」或「kah」、「kih」時，必須糾正：）注意聽：k，快快唸。「k」。對了，k。

任務 2　語音複習

1. 現在你來唸唸下面這些語音，有的語音可以慢慢唸，有的語音必須快快唸。仔細看每一個語音，別弄錯囉！

2. （指著 h 的起點）預備——！（手指快速滑到箭頭的末端）「h」。

3. （重複步驟 2 練習 sh、g、u、n 和 h，假使箭頭下沒有黑點也記得要快速滑到箭頭的末端）。

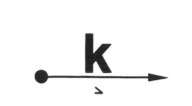

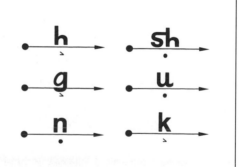

圖 6-3　100 Easy Lessons 第 41 課任務 1 及任務 2

資料來源：曾世杰、陳瑋婷和陳淑麗（2013：9）。

第四節　教材的優點、限制與建議

　　以上介紹的瞬識字及字母拼讀的補救教材並非萬靈丹。它們欲教授的能力，絕對是學習英語文的必要條件，若沒有掌握，進階的學習一定會發生嚴重的困難，但僅精熟這兩種教材還是不夠的，學生還有字彙量、文法、流暢性及閱讀理解等課題需要面對。以下說明本章所介紹教材的優點及限制。

 教材的優點

（一）教導工具性的基礎能力

　　這兩種教材所教導的能力，是學生學習英語文的入門功課，若能精熟瞬識字及字母拼讀技能，將使學生在沒有老師在旁指導的情況下，也能看字讀音，增進學習動機及自學的可能。

（二）完全符合有效教學原則

　　本章第一節描述了補救教學的有效教學原則。本章介紹的兩種教材都具備了系統、結構、明示、教導策略、考慮作業難度及進展監控等有效教學原則。如果執行補救教學時可以早期介入，並以長時密集的方式實施，應該可以收到最好的效果。

（三）強調教學細節

　　以 100 Easy Lessons 來說，每一個教學目標都有仔細的工作分析，並將之寫成互動性極佳的逐字、劇本式教案，教學者只要照著劇本演出，教學就有一定的水準。這樣的設計讓所有的教學者，包括沒有經驗的大學生、父母

或志工，都能有較高的機會達成教學的目標。曾世杰等人（2013）以無教
學經驗的大學生志工執行教學，仍然有良好的成效。

教材的限制及建議

（一）內容脫離生活情境

　　本章介紹的教材都是典型的技巧導向型（skill-based）的教材，重點在
於英語文字母拼讀技巧的學習與自動化，美麗的詞藻、動聽的故事及有趣的
生活應用都不是教材的重點。以 100 Easy Lessons 為例，整本課本幾乎都是
幫助解碼的文章（decodable text），例如 L24 的課文是「a rat is in a sack.
that rat is not sad.」這段文字的意義性不高，重點是在教短音 a。許多學者
認為這樣的文字會戕害兒童的閱讀動機，但我們在實驗的過程中，卻有許
多國中生告訴我們：「我第一次覺得自己願意上英語文課。」「我有學到
東西……老師還沒有教的單字，我就會唸了。」為了提高學習英語文的意
義，我們在臺東一個部落裡的教會進行夜間的英語文補救教學時，刻意引
進了英文歌教唱，讓學生學的瞬識字及字母拼讀立刻可以用在英語文歌的
學習上，例如，一首兒童英文歌裡只有四句話，God is so good. He answers
prayer. He is coming back. He is so good to me. 幾乎每個字都是剛剛學過的
瞬識字，這樣的歌，學生一學期可以學二十首。這類的嘗試，不但提高學習
動機，也解決了「內容脫離生活情境」的限制。此外，教學者若能將補救教
學的內容與原班使用的教材盡量形成連結，也可以達成一樣的效果；若補救
教學者就是原班的英語文老師，能將兩邊教材搭配著使用，最好不過。

（二）「一對一」的師生比

　　100 Easy Lessons 原本是一對一師生比的教學設計，這對在臺灣實施的
補救教學是不太可能的師生比。曾世杰、孫翌軒和陳淑麗（未出版）的研究

把 100 Easy Lessons 教材製作成投影片,以一位英語文教學專長老師對十位英語低成就的高職生進行實驗性的補救教學,研究結果仍然指出補救教學的效果值高達 1.33,可見直接教學法可以應用在一對多師生比的教學情境中。

(三) 外加式課程的限制

本章介紹的兩種教材都是原英語文課程時數之外的外加式課程,不能立即提升學生在原班的考試成績,也許會因此遭到家長及老師的誤解,甚至抗議。我們建議執行補救教學之前,一定要和家長及原班英語文老師有充分的溝通,以取得配合。此外,補救教學的時間若能提早到國中七年級前的暑假,將可完全避開這個困難,且幫助學生在開學後的學習取得更高的成功機會。

 參考文獻

中文部分

甘鳳琴(2007)。**國小學業成績之馬太效應:以高雄縣為例**(未出版之碩士論文)。國立臺東大學,臺東市。

吳麗玲(2008)。**Sight Words 教學策略與學習網站之研究:以國小五年級學生為例**(未出版之碩士論文)。國立臺北教育大學,臺北市。

李文益、黃毅志(2004)。文化資本、社會資本與學生成就的關聯性之研究:以臺東師院為例。**臺東大學教育學報,15**(2),23-58。

李家同、文庭澍(2007)。**專門替中國人寫的英語文課本**(初級本上)。臺北市:聯經。

林秀芝、蘇淑貞(2003)。從技職生之英語程度談中等教育英語文補救教

學的急迫性。**中等教育，54**（6），150-161。

林建平（2010）。低成就學童的家庭環境與自我調整學習之研究。**新竹教育大學教育學報，27**（1），93-125。

宣崇慧、盧台華（2006）。聲韻覺識能力及口語詞彙知識與國小一至二年級學童字、詞閱讀發展之探究。**特殊教育研究學刊，31**，73-92。

胡永崇（2006）。直接教學原理在學習障礙學生之教學應用。**屏師特殊教育，12**，28-36。

孫佩詩（2006）。**視覺詞彙教學對國小四年級學童認字、讀字和拼字之影響：類比法與看說法之比較研究**（未出版之碩士論文）。國立臺北教育大學，臺北市。

教育部國民及學前教育署（2021）。**教育部國民及學前教育署補助辦理國民小學及國民中學學生學習扶助作業要點修正規定**。取自 http://priori.moe.gov.tw/index.php?mod=about/index/content/point

張武昌（2006）。臺灣的英語教育：現況與省思。**教育資料與研究，69**，129-144。

陳淑麗（2008a）。二年級國語文補救教學研究：一個長時密集的介入方案。**特殊教育研究學刊，33**（2），27-48。

陳淑麗（2008b）。國小弱勢學生課業輔導現況調查之研究。**臺東大學教育學報，19**（1），1-32。

陳淑麗（2009）。**弱勢學童讀寫希望工程：課輔現場的瞭解與改造**。臺北市：心理。

陳淑麗、曾世杰、洪儷瑜（2006）。原住民國語文低成就學童文化與經驗本位補救教學成效之研究。**師大學報：教育類，51**（2），147-171。

曾世杰、孫翊軒、陳淑麗（未出版）。**字母拼讀法對高職英語低成就學生之補救教學成效研究**（未出版之碩士論文）。作者。

曾世杰、陳淑麗（2007）。注音補救教學對一年級低成就學童的教學成效實驗研究。**教育與心理研究，30**（3），53-77。

曾世杰、陳瑋婷、陳淑麗（2013）。大學生以瞬識字及字母拼讀直接教學法對國中英語文低成就學生的補救教學成效研究。**課程與教學季刊，16**（1），1-34。

曾世杰、簡淑真（2006）。全語法爭議之文獻探討：兼論其對弱勢學生之影響。**臺東大學教育學報，17**（2），1-32。

曾世杰（譯）（2021）。**字母拼讀直接教學 100 課**（修訂版）（原作者：S. Engelmann, P. Haddox, & E. Bruner）。臺北市：心理。（原著出版年：1983）

曾柏瑜（2008）。**職前補救教學教師專業成長歷程之研究**（未出版之碩士論文）。國立臺東大學，臺東市。

曾柏瑜、陳淑麗（2010）。大專生初任補救教學的教學困難與成長歷程之研究。**教育研究集刊，56**（3），67-103。

黃婷婷（2013）。KK 音標 or 自然發音？！國中七年級英語發音教學之省思。**臺灣教育評論月刊，2**（5），22-24。

萬世鼎、曾芬蘭、宋曜廷（2010）。國中基測英語科雙峰分配探索。**測驗學刊，57**（1），107-137。

詹秀雯（1998）。**直接教學模式對國中身心障礙資源班學生英語科學習之成效研究**（未出版之碩士論文）。國立臺灣師範大學，臺北市。

盧台華（1985）。直接教學法在智能不足數學課程實施之探討。**教與學，4**，16-17。

謝孟穎（2003）。家長社經背景與學生學業成就關聯性之研究。**教育研究集刊，49**（2），255-287。

西文部分

Adams, M. J. (1990). *Beginning to read: Thinking and learning about print.* Cambridge, MA: MIT Press.

Bast, J., & Reitsma, P. (1998). Analyzing the development of individual differences in terms of Matthew effects in reading: Results from a Dutch longitudinal study. *Developmental Psychology, 34*(6), 1373-1399.

Browder, D. M., & Shear, S. M. (1996). Interspersal of known items in a treatment package to teach sight words to students with behavior disorders. *Journal of Special Education, 29*, 400-413.

Burns, P. C., Roe, B. D., & Ross, E. P. (1992). *Teaching reading in today's elementary schools* (7th ed.). Boston, MA: Houghton Mifflin.

Carnine, D. W., Silbert, J., Kame'enui, E. J., & Tarver, S. G. (2009). *Direct instruction reading* (5th ed.). Boston, MA: Merrill.

Cunningham, P. M. (1999).What should we do about phonics? In B. Gambrell, L. M. Morrow, S. B. Nueman, & M. Pressley (Eds.), *Best practices in literacy instruction* (pp. 68-89). New York, NY: The Guilford Press.

Davis, G. A., & Rimm, S. B. (1989). *Education of the gifted and talented.* Englewood Cliffs, NJ: Prentice-Hall.

Ehri, L. C. (1994). Development of the ability to read words: Update. In R. B. Ruddell, M. R. Ruddell, & H. Singer (Eds.), *Theoretical models and processes of reading* (pp. 323-358). Newark, DE: International Reading Association.

Foorman, B. R., & Torgesen, J. (2001). Critical elements of classroom and small-group instruction promote reading success in all children. *Learning Disabilities Research and Practice, 16*(4), 203-212.

Foorman, B. R., Francis, D. J., Fletcher, J. M., Schatschneider, C., & Mehta, P. (1998). The role of instruction in learning to read: Preventing reading failure in at-risk children. *Journal of Educational Psychology, 90*(1), 37-55.

Fuchs, L. S., & Fuchs, D. (1986). Effects of systematic formative evaluation: A meta-analysis. *Exceptional Children, 53*(3), 199-208.

Gunn, B., Biglan, A., Smolkowski, K., & Ary, D. (2000). The efficacy of supplemental instruction in decoding skills for hispanic and non-hispanic students in early elementary school. *Journal of Special Education, 34*(2), 90-103.

Gunning, T. G. (2001). *Building words: A resource manual for teaching word analysis and spelling strategies*. Boston, MA: Allyn and Bacon.

Hattie, J. (2009). *Visible learning: A synthesis of over 800 meta-analyses relating to achievement*. New York, NY: Routledge.

Kaiser, S., Palumbo, K., Bialozor, R. C., & McLaughlin, T. F. (1989). The effects of direct instruction with rural remedial students: A brief report. *Reading Improvement, 26*, 88-93.

Kirk, S., Gallagher, J. J., Coleman, M. R., & Anastasiow, N. (2009). *Educating exceptional children* (12th ed.). Boston, MA: Houghton Mifflin.

Lerner, J. W. (2000). *Learning disabilities: Theories, diagnosis, and teaching strategies* (8th ed.). Boston, MA: Houghton Mifflin.

Mandel, H. P., & Marcus, S. I. (1988). *The psychology of underachievement: Differential diagnosis and differential treatment*. New York, NY: John Wiley & Sons.

McCormick, S. (1995). *Instructing students who have literacy problems*. Englewood Cliffs, NJ: Merrill.

Metsala, J. L., & Ehri, L. C. (1998). *Word recognition in beginning literacy*. Hillsdale, NJ: Lawrence Erlbaum Associates.

National Reading Panel (2000). *Teaching children to read: An evidence- based assessment of the scientific research literature on reading and its implications for reading instruction: Reports of the subgroups*. Washington, DC: National Institute of Child Health and Human Development.

Novelli, J. (2002). *40 sensational sight word games: Quick and easy games and reproducible that reinforce the top 100 sight words that are key to reading success.* New York, NY: Scholastic.

Peterson, M. E., & Haines, L. P. (1992). Orthographic analogy training with kindergarten children: Effects on analogy use, phonemic segmentation, and letter-sound knowledge. *Journal of Reading Behavior, 24*, 109-127.

Pikulski, J. J. (1994). Preventing reading failure: A review of five effective programs. *The Reading Teacher, 48*(1), 30-39.

Rinsland, H. D. (1945). *A basic vocabulary of elementary school children.* New York, NY: Macmillan.

Snow, C. E., Burns, M. S., & Griffin, P. (1998). *Preventing reading difficulties in young children.* Washington, DC: National Academy Press.

Stanovich, K. E. (1986). Matthew effects in reading: Some consequences of individual differences in the acquisition of literacy. *Reading Research Quarterly, 21*(4), 360-407.

Tan, A., & Nicholson, T. (1997). Flashcards revisited: Training poor readers to read words faster improves their comprehension of text. *Journal of Educational Psychology, 89*, 276-288.

Torgesen, J. K. (2000). Individual differences in response to early interventions in reading: The lingering problem of treatment resisters. *Learning Disabilities Research and Practice, 15*, 55-64.

Torgesen, J. K., Alexander, A. W., Wagner, R. K., Rashotte, C. A., Voeller, K. K., & Conway, T. (2001). Intensive remedial instruction for children with severe reading disabilities: Immediate and long-term outcomes from two instructional approaches. *Journal of Learning Disabilities, 34*(1), 33-58.

Trelman, R., & Hirsh-Pasek, K. (1983). Silent reading: Insights from second-generation deaf readers. *Cognitive Psychology, 15*(1), 39-65.

Van Etten, M. C. (1979). Sight-word vocabulary. In J. E. Button, T. C. Lovitt,

& T. D. Rowland (Eds.), *Communications research in learning disabilities and mental retardation* (pp.125-140). Baltimore, MD: University Park Press.

Vaughn, S., Gersten, R., & Chard, D. J. (2000). The underlying message in LD intervention research: Findings from research syntheses. *Exceptional Children, 67*(1), 99-114.

| 第七章 |

數學學習扶助教學

● 譚寧君、蘇進發、吳金聰

　　數學教育的目的之一是激發學生的數學能力，而數學能力的發展始於流利的基礎運算、概念的瞭解與關係的推演，透過推理解決數學問題（教育部，2008）。檢視臺灣數學教育可以發現，我們重視計算能力的培養，卻忽略了主動思考與概念理解的重要性，學生所學習到的數學知識是零碎而缺乏組織架構、是記憶而缺乏邏輯推理，造成學生對數學產生焦慮與不喜歡。2003 年與 2007 年國際數學與科學教育成就趨勢調查（Trends in International Mathematics and Science Study，簡稱 TIMSS）的研究結果亦顯示，臺灣學生在數學表現上名列前茅，但在數學學習的正向態度與自信心方面，卻幾乎敬陪末座；顯示我國學生的成就表現雖佳，但對數學的態度和自信心則表現非常負向（王美娟、李美賢、李源順、陳怡仲、蘇意雯，2009），且學生學習成就兩極化亦趨明顯。不僅如此，研究發現低數學成就者有近半數抱持數學是規則運算的觀念，高數學成就者有 45.45% 則是解決問題、建模與思考（曾建銘、吳慧珉、趙珮晴，2019），顯示對數學的認知與信念可能是影響學習成就的原因之一；同時，數學詞彙的理解也是可用來篩選低能力學生知識的重要因素（吳昭容、曾建銘、鄭鈐華、陳柏熹、吳宜玲，2018）。

　　為改善學習落差，教育部自 2006 年開始實施攜手計畫，受輔學生從 2006 年的 62,387 人次到 2012 年 255,880 人次，至 2020 年則達 348,186 人次（教育部，2020）。然而追蹤發現，學習扶助教學方案往往流於作業的指導與任務的完成，對數學學習成效雖有遞增但仍較不顯著。究竟數學學習扶助包含哪些成分？又有哪些策略可運用呢？教育部頒布的國民中、小學學習扶助基本學習內容（教育部國民及學前教育署，2016），提供了數學科基本學習內容；國家教育研究院則於 2012 年完成國民中、小學數學教材原型 A 冊（陳昭地主編，2013；鍾靜、謝堅主編，2013），說明了數學教材的核心內容。本篇將從此等研發的教材談起，再根據作者在教材教法的教學經驗，歸納老師能運用的教學策略，最後再由國中、小教師提供實例說明，讓讀者有全盤且統整的理解。

第一節　數學學習與教學

　　臺灣從 1991 年起參加國際教育進展評量（International Assessment of Educational Progress，簡稱 IAEP）中的數學學習成就評量，即展現學生優秀的表現，但也顯示在解題能力上的不足，進而影響了國小數學課程需要調整的迫切性。之後，1992 年參加國際數學與科學教育成就趨勢調查（TIMSS），並自 1999 年起至今，參與國中二年級與國小四年級每四年一次的數學能力國際評比，這些結果對數學教育課程與教學都有一些回饋和影響。

　　過去二十餘年，數學課程經過幾次變革。首先，教育部頒布 82 綱要，從民國 85 年（西元 1996 年）開始採一綱多本的數學教科書，自國小一年級逐年實施解題導向的教學，重視知識的主動建構；之後，頒布九年一貫 89 暫綱，從民國 90 年分成四年完成國小六年、國中三年共九年的新課程，重視國中、小階段的銜接與知識的主動建構；此期間又頒布了 92 正綱，從民國 94 年逐年實施，又轉為知識導向教學，重視數學知識與組織邏輯；最

後，97 綱要則進行部分修訂，從民國 100 年逐年實施，教學取向沒有太大
改變；十二年國民基本教育課程綱要則自 108 學年開始實施，主張素養導
向的設計與學習。短短二十餘年，國內的數學教育在課程設計理念、教學信
念、教材組織架構、教學時間分配與教學階段的調整變化，對教師或學生都
有極大的挑戰與適應的困難，尤其是教科書的銜接與編輯理念的差異。面對
學習落後的學習扶助教學更需有全方位的掌握，數學教學應該有如專家所謂
的「在熱鬧的情境當中進行有意義的對話」之教室文化（歐用生，2000）。

一　數學學習主要重點

美國國家教育進展評量（National Assessment of Educational Progress，
簡稱 NAEP）將數學能力的組成元素定義為概念性知識的理解、程序性技能
知識的流暢，與解題知識三面向。概念性知識的理解是透過生活情境的布題
與探索歷程，掌握不同數學內容的核心概念；程序性技能知識包括運算規則
與計算的流暢性；解題知識包含應用習得的知識，透過解題的形式，達到成
功解題的目標。然而對於習得知識的內涵，不同專家有不同的認知。傳統上
認為，數學教學主要是數學知識的傳授和數學技能的培養，學生思維的發展
是在教學情境中自然達成的；現代數學教學則著重思考力的培養，數學知識
只是應用的素材，目的是進行思維的訓練與發展。故教育部委託學者與專家
老師編製數學教材原型，即指出數學學習的核心概念，學生可據此發展出思
考習慣與數學技能。

除了教學本質上的差異，在數學教學方面，Lesh 等人認為一個人的解
題行為，最關鍵的在於其對問題情境的概念模型，他們從溝通的觀點，將
資料的表徵分成五種形式：真實情境的描述（experience-based scripts）、
具體操作物的展示（manipulatable models）、圖表或圖像表徵（diagram
or pictures）、口說的語言表徵（spoken language）、書寫文字符號表徵
（written symbols）等（Lesh, Post, & Behr, 1987）。若評鑑成功的數學學

習者,則代表擁有較穩固與多元的概念表徵;換言之,若能以多元的表徵方式呈現所學習的概念,即展現對新概念的鞏固性。

此外,Vinner(1983)指出,個體在心智中所建立的數學概念結構包含了兩部分,第一部分是用定義的方式表示概念,稱為概念定義(concept definition),這部分往往以文字的形式表之,如兩雙對邊平行的四邊形為平行四邊形,恰有一雙對邊平行的四邊形為梯形。但我們常使用的概念並不一定都被正式定義,如垂直或高,我們多半靠經驗慢慢理解,過程中概念會被賦予符號表徵如「」或名稱如「高」以方便溝通。其實「高」含有垂直的幾何向度與高度的量測向度雙重意義,故一般在面積教學中的畫高活動,必須從頂點畫垂線到底邊稱為高,其同時也代表了高度。第二部分是具有組織架構意義,稱為概念心像(concept image),心像描述與概念間關係的認知結構,包括概念間的心理圖像,例如根據定義,兩雙對邊平行的都是平行四邊形,但其圖像會因傾斜程度的不同,可能有相當差異。學生要能察覺圖形間有一種共同的性質,並藉此區分平行四邊形與梯形的關係因定義不同而影響兩者的包含關係,即,當「只有」一雙對邊平行被定義,就能區分出平行四邊形與梯形中,僅有梯形符合此定義。故,數學教材的核心概念目標都會包括數學能力組成元素,或概念的表徵與定義的方式。

二 國民中、小學數學教材原型 A 冊

九年一貫課程綱要指出,「數學能力」是指對數學掌握的綜合性能力及對數學有整體性的感覺(教育部,2008),這種感覺包含數學知識與直覺的應用。由於教科書已市場化,如何掌握數學教學內涵與促進教學改進,需要有專責機構詮釋與研發教材的核心概念。在教育主管機關推動下,2013年的數學教材原型先出版第一冊(稱為 A 冊),其中指出國民中小學生應學習的基本概念知識。國小部分提供四個主題:(1)整數的數概念,包含整數的命名及說、讀、聽、寫、做;(2)加減情境問題,包含加減法文字

題題型與記錄、加減互逆關係；（3）加減法運算，包含計算算則；（4）大數及概數，包含大數的命名與概數的意義。國中組則提供三個主題：（1）數字符號代表，包含相反數、科學記號等；（2）數字關係應用，包含因倍數、分數等；（3）代數，包含等量公理、平方數等。此兩冊均顯示了國中小學生在數與計算領域的核心概念，學生應習得的概念知識如下所述，最後再據此發展進階學習教材。

（一）數概念：單位量與單位次數

「數概念」涵蓋數的認識及數的分解與合成；「數」涵蓋數字符號與數的意義。劉秋木（1996）認為數是一個計數系統，需透過數數的過程才能確定有多少總量，此即是數量。此涵蓋了靜態的量與數字符號的對應，如「○○○○○○○○」與「8」對應，此為數概念的基礎；也包括了動態的計數，如「○○○○○○○○」一個一數，數了八次數字是「8」；或是兩個一數表示單位量為 2，共數了四次總量是「8」，這都是透過數數過程產生的數量——當一次數 m 個時，m 稱為單位量，數 n 次，n 即是單位數。數字的抽象性即是相同的數字符號可表徵不同的數概念意涵，進而掌握數字間的分解與合成關係並加以應用，如 8 可分成 5 與 3，12 可分成 10 與 2，3 與 4 合起來即是 7。

（二）位值概念：數字、位名與位值的關係

位值概念指的是，數字符號在不同的位置上，代表不同的數值。如羅馬記數法沒有位值，只以符號或位置表之，例如 XII 中 X 代表 1 個 10，II 代表 2 個 1；當 II 在 X 右方代表加法合成，故 XII 表示 10 + 2 = 12；當 I 在 X 左方代表減號，故 IX 表示 10 - 1 = 9。由於印度－阿拉伯記數系統採十進位制，只要使用 0 到 9 共 10 個數字，即可選擇採用的進位制（一般採十進位制），進而確定位值的概念來表示數量，如 23 = 2×10 + 3×1 表示 23 個 1 的數量，同時也擴展數值的應用範圍。

（三）位值的化聚：單位與單位間的轉換關係

不同數字所記錄的單位是由它們所在的位置來決定，以 22 為例，十位數字的 2，可代表 2 個「10」，也可代表 20 個「1」，或是 1 個「10」和 10 個「1」合起來。此種單位間的轉換關係，可透過數量的交換，逐步察覺十位數字的 2 是個位數字 2 的 10 倍，個位數字的 2 是十位數字 2 的 0.1 倍，透過整數倍的推理經驗，作為未來分數、倍數、分數倍學習的基礎。

（四）運算規則：位值關係的轉換或「數」的分解與合成

運算規則可用直式也可用橫式，直式算則在國小教學過程是常被使用的計算工具，「對齊」是學生在計算中常被叮嚀的原則，然而學生對為什麼要對齊與如何對齊往往一知半解。在正整數加減運算時，問題不易彰顯；但在乘與除的直式記錄時，常形成困擾；尤其是小數的基本運算，更容易產生混淆，不明白為何加減時是小數點對齊，乘法時又是末位對齊。其實直式記錄即是位值概念的應用，不僅比較簡潔，且有利於將相同位值放在同一行對齊，使得計算時比較精簡，進行進位與退位加減法時亦簡潔明白。然而，可能被疏忽的是當利用「數」的分解與合成概念解題時，在計算的有效性會更為流暢，如 18＋5＝（　　）可將 5 分成 2 與 3 時，明顯看出 18＋2＝20 得知答案是 23；又如 15－8＝（　　），將 8 分成 5 與 3 時，即形成只需 10－3＝7 的簡捷運算，此時會以橫式表之。故應用運算規則時，會需要數概念與位值概念的理解，分別使用直式或橫式的不同記錄方式。又如 123＋78，也是個位與個位對齊，即使是 0.123＋0.78 時，亦是十分位與十分位對齊，所以小數點會對齊；當計算乘法時則是單位量的單位次數倍，如 1200×34 可代表 1200 累加 34 次，或 1200 的 30 倍與 1200 的 4 倍合起來的數，更可代表 12 個 100 的 34 倍。不同單位轉換概念會形成不同的直式記錄，顯示直式算則是建立在數概念與位值概念的理解上，橫式記錄則是瞭解數字的分解與合成。老師於低年級進行教學時，可透過定位板讓學生瞭解位值的關係，亦可

在具體的情境中，利用數字的分解與合成進行記錄。

（五）情境問題：單步驟文字題的解題

　　文字題解題在小學數學課程中是很普遍的題材，其結合了學生的生活經驗、直觀和抽象思考方法，來探究瞭解數學知識內容，也是學習抽象代數的前置經驗（教育部，2008）。而加減法文字題是複雜的四則運算文字題的基礎，因此簡單步驟之文字題顯得格外重要。數學問題包括許多文字的辨識、語意的解碼與關係性的語言，造成學生在閱讀上的困難。Carpenter和 Moser（1984）以「語意結構」將只有一個運算符號的單步驟加減法文字題，分為四種基本的型態：合併型（combine）、改變型（change）、比較型（compare）、等化型（equalize）；Nesher、Greeno 和 Riley（1982）依據單步驟問題情境，提出問題基模發展層次；Nesher 和 Hershkovitz（1994）更將兩步驟文字題由易到難分成三類，此均顯示文字題布題順序的重要性。至於怎樣解題，Polya 提出解題的四步驟：瞭解問題、擬訂計畫、執行計畫、反省檢討，提供了可依循的教學模式（蔡坤憲譯，2006）。

（六）符號的彈性應用與數系的擴充：解集合從一組到多組、數系從　　　正數到負數

　　符號的認識是數學學習的第一步，國小階段是數字符號、運算符號、關係符號的認識與應用，數系中也只學到正整數、分數與小數，代數關係中亦以單一解為限；國中時從單一的數字符號延伸到文字符號的變化性，故符號的探索成為掌握變數的重要活動，例如下題中透過位值概念瞭解 M＝0，但N、A、O、I 卻有多組解。如何探討各個算則中符號的數字關係則是數字的推理與應用，此可激發學生思考與推理，是數學學習的主軸。

$$
\begin{array}{ccccc}
& \text{A N} & & \text{A N D} & & \text{A L} & \\
+ & \text{O N} & - & \text{O D D} & \times & \text{O D} & \text{A} \overline{)\text{D O}}^{\text{E}} \\
\hline
& \text{I N} & & \text{R A N} & & \text{A L M} & \underline{\text{D O}} \\
& & & & & & \quad\ \text{M}
\end{array}
$$

（七）數字關係的推理與組合：因數、倍數、質數的判定與應用

國小高年級開始學習因數、倍數、質數概念，然而此種數字關係的察覺與推理是需要從經驗中逐漸習得的。認知心理學家 Richard R. Skemp 於 1976 年《數學教學學報》提出，數學概念是數學教學的核心，但概念的瞭解有關連性瞭解（推理）與機械性瞭解（記憶）兩種，國小若僅強調記憶性的理解學習，進入國中要學習抽象符號意義的運用時，會出現很大的轉化困難（許國輝譯，1995）。

第二節　數學學習扶助教學元素

心理學家 Ausubel（1968）曾說：「如果我必須把所有的教育心理學理論化約成一個原則的話，我寧願這麼說：影響學習的一個最重要因素即是學習者已經知道的事（what the learner already know），只要確信『它』是什麼，並且以此作為教學的依據即可。」Cawley 和 Miller（1989）也認為數學補救教學需先瞭解學生的迷思概念或解題錯誤類型，才能從學生已有的先備知識出發，採取漸進的方式，提供有意義的教材與練習的機會。唯有兼顧學生的個別學習，數學學習有困難的學生才能持續在學習上進步，如國中教育會考 108 年數學科第 1 題：

算式 $-\dfrac{5}{3}-\left(-\dfrac{1}{6}\right)$ 之值為何？ (A) $-\dfrac{3}{2}$　(B) $-\dfrac{4}{3}$　(C) $-\dfrac{11}{6}$　(D) $-\dfrac{4}{9}$

很多老師認為待加強學生的通分有問題，但從 108 年全國數學試題分析待加強的學生作答情形可知，57,606 人中扣除未作答與複選的 269 人，選正確答案 (A) 者有 25,084 人，但有高達 17,691 人選錯誤答案 (C)。這些學生不是不會通分，而是整數加減有問題。張新仁（2001）認為補救教學是一種「評量─教學─再評量」的循環歷程，顯示學生起點行為、迷思概念的診斷

是進行補救教學的第一步。教師可以從靜態的紙筆資料覺察學生的學習經驗與先備知識，再透過對話瞭解其迷思，以作為彈性調整教學策略的參考。

　　表徵在數學學習有著重要的地位，它們不僅是將數學概念結構具體表現的工具，也是將數學基本結果分類的方法（Vergnaud, 1987）。Bruner（1966）將表徵發展分為三個階段，依序為動作表徵（enactive representation）、圖像表徵（iconic representation）和符號表徵（symbolic representation），他認為人類能透過知覺，將外在環境轉換為內在心理事件，此轉換的過程稱為「認知表徵」或「知識表徵」（張春興，1999）。Lesh 等人（1987）特別強調多重表徵系統的重要性，認為學生若真正瞭解分數「1/3」，應該能從不同的表徵系統中辨識此觀念，也能精確地從一種表徵形式轉化到另一表徵形式。例如教學可同時以多重表徵方式來組合教學素材，以外在的動態表徵（dynamic external representation）呈現，如 2/3 是真分數概念，可透過操作切割活動展示圖與符號的關係，或利用電腦的動態連結，將分數概念中的不同表徵，以動態方式呈現：將三等分中取一份稱為 1/3，再取一份是兩個 1/3 即是 2/3 的單位分數概念。這可提供學習者強而有力的視知覺經驗，因此得以讓學習者形成內在表徵，使學習者的抽象概念能有知覺的基礎（鄭晉昌，1997）。

　　補救教學（學習扶助）的另一個關鍵因素是，如何發展教學設計並有效運用在有限的認知資源，以提升學習者獲取知識與面對新情況的能力（Clark, Nguyen, & Sweller, 2006），亦即教學應考慮學習者的認知負荷。Sweller、van Merriënboer 和 Paas（1998）將認知負荷分成：內在認知負荷（intrinsic cognitive load，簡稱 ICL）、外在認知負荷（extraneous cognitive load，簡稱 ECL），及有效（增生）認知負荷（germane cognitive load，簡稱 GCL）三種（陳密桃，2003；Sweller et al., 1998）。內在認知負荷受學習者自身的先備經驗影響，外在認知負荷受教材設計、教材呈現方式、教學方法或教學活動的影響。研究發現，工作範例設計能提升學習效果（Halabi, Tuovinen & Farley, 2005; Kalyuga, Chandler, Tuovinen, &

Sweller, 2001; Sweller, 2006），教學順序的安排亦會影響教學成效（許文清、吳慧敏、譚寧君、楊凱翔，2013；鐘瑩修，2012；van Gog, Kester, & Pass, 2011）。學習者若能主動將認知資源投入處理內在負荷，雖會增加學習者的負荷感，但此種負荷卻能促使學習者進行有意識的認知歷程與基模建構以及自動化，促進學習者的學習，會形成有效認知負荷以提升學習成效（Sweller, 2010）。此種有效認知負荷，可使學生學得有感覺，也可激發學習動機。梁淑坤（2012）也從動機的觀點著手，提出補救教學的教學策略包括教學生活化、簡易化，布題趣味化，教材呈現多元化。

網路上有關數學的教學資源相當豐富，有的可讓學生透過網路自學，有的可提供教師教學使用，都是學習扶助教學的重要資源，如表 7-1 所示。

表 7-1　數學學習扶助教學之網路教學資源

編號	網站名稱	說明
1	國民小學及國民中學學生學習扶助資源平臺 http://priori.moe.gov.tw	為加強扶助弱勢家庭之低成就學生，以弭平學習落差、實現社會公平正義，教育部自 2006 年起開辦「攜手計畫：課後扶助方案」，2013 年設置網站將學習扶助教學資源彙整提供下載。
2	國家教育研究院教育資源及出版中心愛學網 https://stv.naer.edu.tw/about/index.jsp	國家教育研究院教育資源及出版中心製作，提供學生課後學習及教師課堂教學輔助之參考。
3	臺北市政府數位學習網酷課雲 https://cooc.tp.edu.tw/	提供教材資源包括教案、教學影片等，學生可以居家學習。
4	數學領域課程與教學輔導網 http://mathseed.ntue.edu.tw/	教育部於 2002 年成立數學領域課程與教學輔導團隊，連結各縣市輔導網絡，提供國中小教師豐富的資源。
5	台灣數學教育學會 http://tame.tw/	2004 年台灣數學教育學會成立，提供教師數學教育相關資訊，並出版電子期刊，提升教師數學教學研究專業知能。

（續下表）

編號	網站名稱	說明
6	數學教師知識庫 http://www.mtedu.utaipei.edu.tw	本站服務數學教育族群，期能成為教師找尋國小數學教學資源的首選網站，使國小學童的數學能學得更好、更有興趣。
7	萬用揭示板 http://magicboard.ntcu.edu.tw/	本站提供小學數學教師一個多功能的虛擬教具（virtual manipulatives），作為數學教學的輔具。教師也可利用成員所分享的布題，再組織成適合自己課堂上需要的教材。
8	均一教育平臺資源中心 https://www.junyiacademy.org/	財團法人誠致教育基金會創辦。目標是透過雲端平臺，結合「翻轉教室」，提供「均等、一流」的啟發式教育給每一個人。
9	昌爸工作坊 http://www.mathland.idv. tw/	國中數學教師建置，提供數學故事、數學謎題、數學遊戲、試題練習、挑戰題等教學工具，並連續多次獲得教學網站特殊獎勵，可以提升學生數學學習視野。
10	教育部因材網 https://adl.edu.tw/HomePage/home/	政府支援之專案計畫，提供教師與學生豐富的素材，可以自我增能，又能成為教學的輔助工具。

第三節　數學學習扶助策略

　　除了前一節所述的數學教學要素──課前評估與診斷、表徵的整合、認知負荷量的考量和善用網路資源外，本章作者整合相關文獻及多年參與數學補救教學和教材教法授課的經驗，將學習扶助教學策略分為學科知識（Content Knowledge，簡稱 CK）、教學內容知識（Pedagogical Content Knowledge，簡稱 PCK）、教學知識（Pedagogical Knowledge，簡稱 PK）三類，共十九種教學策略分述如下：

一　學科知識方面

（一）備課策略：善用學習扶助科技化平臺，有益課程規劃，掌握教材脈絡

　　教學前是否有準備，是教學有無成效的關鍵因素。教育部自 2006 年即關注學習遲緩者，開始實施攜手計畫，並逐步整合資源協助老師瞭解兒童。因此，每年六月左右會舉辦學習扶助篩選測驗，十二月左右舉辦成長測驗，各校可上「國民小學及國民中學學生學習扶助科技化評量」網站（https://exam.tcte.edu.tw/tbt_html/），下載測驗報告統計表的 Excel 檔。該檔記錄所有施測學生的測驗結果——哪些施測指標對、哪些錯；教師即可對該檔進行編輯，刪除指標全對者，保留指標全錯或部分錯誤者。教師在學習扶助班開課前進行備課——依錯誤指標規劃整期需補救的課程與教材準備。規劃課程時，若學習扶助班是在寒暑假開班，則可依數學的知識結構規劃課程；開班若在學期中舉行時，則宜搭配班級數學教學進度規劃課程，以期在原班教學前，將學生學習不佳的先備知識加以補救。平臺中也提供個別學生的「施測後回饋訊息」，以及教學建議，甚至可下載錯誤指標對應的補救教材。該平臺也可連結至「國民小學及國民中學學生學習扶助資源平臺」（https://priori.moe.gov.tw），資源平臺中的「教學資源」可點選「基本學習內容」下載數學科 1 至 9 年級的數學科基本學習內容，教師可從基本學習內容瞭解各年級的數學學習扶助內容，及掌握學習教材的來龍去脈，甚至教學建議；另可點選「教學教材連結」，可下載各指標對應的概念與教材，有利老師們的教學準備。

（二）問題工作分析策略：理解概念結構，依據題目複雜程度布置教材順序

文字題是學生學習過程中感覺最困難的內容，因涉及語意的理解與數字的計數雙重能力，故不同類型問題對學生會產生不同的解讀與困難，如下列三題均為單步驟改變型問題：（1）小明有 5 顆糖，小華給他 3 顆糖後，小明現在有幾顆糖？（2）小明有 3 顆糖，小華又給他一些糖後，現在小明有 8 顆，請問小華給小明幾顆糖？（3）小明有一些糖，小華又給他 5 顆後，現在小明有 8 顆，請問小明原有幾顆糖果？問題難易差距極大，教學上應有時間與順序的區別，不宜同時進行。

又如進行二步驟以上的文字題時，題目需經過二次以上的轉折思考，才易解題，對於部分低成就學生來說太難，如「**題目：**3 個人共花了 516 元，費用由 3 個人平分，安安又買了 1 個 50 元的小熊鑰匙圈，安安共花了幾元？」當教師發現學生學習有困難時，可於課前先將題目進行工作分析。其做法是先把二步驟的題目分解成兩個一步驟題目，舉例說明如下：

題目 1：3 個人共花了 516 元，費用由 3 個人平分，1 人花幾元？

題目 2：（接著題目 1）安安又買了 1 個 50 元的小熊鑰匙圈，安安共花了幾元？

教師依序布題，引導學生理解、求解題目 1 與題目 2 後，再回到原題目求解。

二　教學內容知識方面

（三）理解結構圖像表徵策略：學習知識概念前先熟悉結構圖像，可降低學習認知負荷

數學學習中，常涉及具有數學結構圖像的學習，例如鐘錶、秤面、量角

器、量杯等（如圖 7-1），這些圖像中有刻度、間隔（格）、數字，刻度甚至有大、中、小刻度，間隔也有大、中、小間隔；統計表有一維、二維，統計圖有橫軸與縱軸。對於許多低成就學生來說，光認識這些複雜的數學結構圖像表徵就是極大的認知負荷。因此，在進入這些數學結構的知識概念教學前，宜引導學生先認識、熟悉這些結構。例如，進行鐘面的時間教學前，可引導學生思考：鐘面有什麼？（有刻度、格、指針）、刻度有什麼不同？（有大、小刻度）、什麼是大／小刻度？（指出來）、格有什麼不同呢？（有大、小格）、什麼是大／小格？（指出來）……。當學生熟悉面板後，再進入鐘面的時間教學，學生就能清楚教學過程中老師的表達，容易理解所學的知識概念。其他的數學結構圖像教學道理亦同。

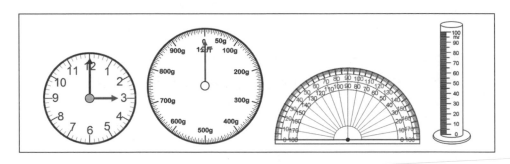

圖 7-1　結構圖像

（四）問題文字簡化策略：降低學生認知負荷，提升興趣與信心

簡化問題是解題的一個重要策略。由於文字題是學生較感困難的題型，布題的形式或數字複雜性也會增加解題的難度，故教師可以利用簡化提問降低學生認知負荷，如圖 7-2 中的兩題型，第一題為增加多餘的訊息提供學生思考判斷，此時教師可以藉由提問引導學生選擇關鍵的訊息或刪去與解題無關的語句，如提問：「這一題告訴我們什麼？又要求什麼？哪些字是關鍵的訊息？哪些是與解題無關的訊息？」以提升對文字題的理解。透過教師不斷的提問，引導學生思考的方向，可以促進解題成功的機會，如圖 7-2 的範

例，像這樣將不必要的資訊刪除後，即可為簡單易懂的數學解題。

> 安安和同學一起去動物園，那天天氣晴朗，大家玩得很愉快，3 個人坐公車和吃午餐共花了 516 元，費用由 3 個人平分，離開前經過紀念品店，安安又買了 1 個 50 元的小熊鑰匙圈，安安共花了幾元？

> ~~3 個人~~　　　　　　　共花了 516 元，費用由 3 個
> 人平分，~~　　　　　　　安安又買了 1 個 50 元的小熊~~
> 鑰匙圈，安安共花了幾元？　簡化題目

圖 7-2　簡化文字題

另一種簡化策略則可用在數字較大或非整數時，簡化數字來降低難度，如「2 公尺長的鐵條重 $5\frac{1}{3}$ 公斤，3 公尺長的鐵條有多重？」學生若不理解基準量與比較量的關係，則可以採用整數化（數字要小）的簡化策略，如改成「2 公尺長的鐵條重 3 公斤，1 公尺長的鐵條重多少公斤？」讓學生察覺可用 $3 \div 2 = 1.5$ 表示 1 公尺長的重量，再應用到分數比的關係上。此策略也可運用在國中教學上，例如，用未知數來表示式子時，也常用簡單數字做轉化思考，如：

父、子分別秤重後，兒子發現其體重的 2 倍少 5 公斤剛好是父親體重，試回答下列問題：

（1）若兒子是 x 公斤，則父親為多少公斤？（以 x 表示）

（2）若父親是 y 公斤，則兒子是多少公斤？（以 y 表示）

學生於解第（2）小題求兒子體重時，會產生 $\frac{y}{2}+5$ 的錯誤概念，此時可從第（1）小題舉一個實際案例：若兒子 30 公斤，則父親應為 $30 \times 2 - 5 = 55$ 公斤，再請學生代入（2）小題，可以察覺 $\frac{55}{2}+5 \neq 30$，反思正確答案

應該是 $\dfrac{y+5}{2}$ 的意義。

（五）分段提示的教學策略：引導思考程序與建立推理的習慣

　　認知負荷理論主張人類的認知資源是有限的，如果學習活動所需的認知資源超出學習者所能運用的認知資源，則會造成學習者的認知負荷過重，導致學習活動的失敗，故解題者如採分段布題或提示的策略，增加連結已有的基模，可減輕認知負荷，幫助後續的推理解題。古欣怡和林碧珍（2011）研究亦發現，利用圖像及分段布題可以協助孩子理解題意。例：「弟弟有 12 顆彈珠，弟弟的彈珠比哥哥少 5 顆，哥哥有幾顆彈珠？」這是屬於參照量未知的比較型問題，對低年級學生而言，是屬於比較複雜且須耗費較多認知資源的題型。首先，「比哥哥少」，「哥哥」雖是一個被參照的量，但卻是一個未知的量，困難度增加；其次是語言的干擾，「少」在學生的認知基模中以為是減法，但此題卻是加法，故教學時可以分段提問，如：「弟弟有 12 顆彈珠，弟弟的彈珠比哥哥少 5 顆，所以哥哥和弟弟誰的彈珠比較多？」再問：「哥哥有幾顆彈珠？」如此多一次的提問，學生有了多一次語言轉換的機會，解題成功的機會也將會大一些。

　　分段提示的教學策略亦可用於二步驟文字題教學，舉前例說明如下：

　　題目：3 個人共花了 516 元，費用由 3 個人平分，安安又買了 1 個 50 元的小熊鑰匙圈，安安共花了幾元？

　　第一段提問：「先算什麼？」（若學生不會則繼續問）→「3 個人共花了 516 元，費用由 3 個人平分，1 人花多少？算算看。」→「這時安安花了幾元？安安共花了 172 元嗎？」

　　第二段提問：「再算什麼？」（若不會則繼續問）→「還花什麼錢？」→「安安又買了 1 個 50 元的小熊鑰匙圈，買的錢要算進去嗎？」→「怎樣算？算算看」→「題目問什麼？你的做法回答問題了嗎？再從頭想一遍」。

　　若分段提示的教學策略仍難以理解，亦可將題目進行工作分析，如策略（二）分解成兩個題目。

（六）促進具體操作與程序性知識連結的策略：協助理解程序性知識每一步驟的意義

　　進行整數／分數／小數的加、減、乘、除等程序性知識教學時，若學生只是透過計算程序的記憶式練習，往往容易遺忘、混淆；因此，教師都會搭配操作具體物或圖像，協助學生理解其中的道理。但有些教師雖知道透過操作具體物或圖像協助學生理解，卻發現學生還是難以理解，這是何道理呢？這些教師採用的策略可能是依程序（一連串的步驟）從頭到尾操作一次具體物或動態圖像，得知答案後就寫入算式中，其雖有具體操作，但學生仍難以理解各步驟與各操作間的關係，認知負荷大。若進行程序性知識理解時，是一個步驟操作一次對應的具體物或動態圖像，讓步驟與對應的具體操作連結，逐步讓學生理解各步驟知識與具體物或動態圖像間的關係，學生的認知負荷較低，易於理解、學習。以二位數加法直式算則教學為例：「水餃店阿姨包了 87 個豬肉水餃，和 36 個牛肉水餃，她一共包了多少個水餃？」直式算則教學時（如圖 7-3），同時呈現具體物／圖像與直式算式（算式寫在定位板上）。步驟一進行個位的 7 ＋ 6，先進行左邊具體物或動態圖像的操作，得出 13 個 1，換成 1 個 10 和 3 個 1，再把操作結果寫在右邊的直式上；依此類推，再分別進行步驟二（十位數字計算）、步驟三（百位數字計算）。其他的程序性知識教學也可採用此策略。

（七）步驟化的解題程序策略：隔離教學材料的交互作用（isolated-interacting elements），減輕學習者的認知負荷

　　97 年度臺北市小學六年級數學基本能力檢測試題「算算看，並把你的算法和答案寫下來。16＋64÷（24－8×2）×2」通過率為 46.53%，分析學生解題策略發現，學生均瞭解四則混合的規則：從左到右算、括號先算、先乘除後加減。教科書亦強調此規則，但當運算符號增加，也就是元素交互作用較高時，學生對使用規則的時機即感覺混淆。事實上，四則運算有其解題

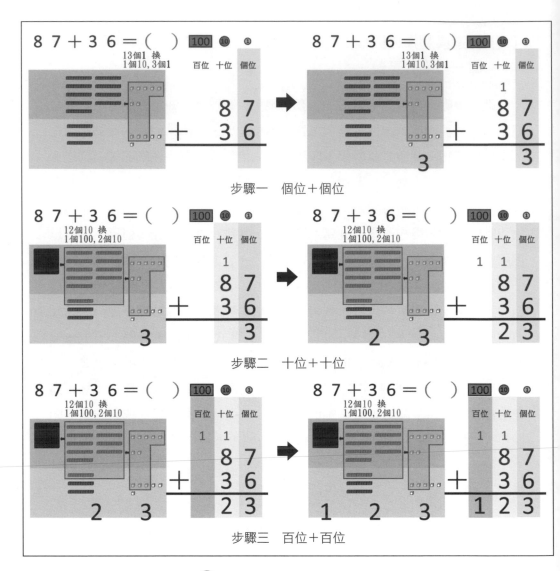

圖 7-3　二位數加法直式算則

順序：在整數系時是次方、負號與絕對值優先，此部分的概念會出現在國中教材。國小階段的自然數系問題，其優先順序為：括號先算，再先乘除後加減；當符號位階相等時，即只有加減或只有乘除時，就從左到右算。以「16

＋64÷（24－8×2）×2」為例，括號內先算，即先算出（24－8×2）部分；此時形成有減與乘兩個不同位階的算式，先乘除後加減成為規則，也就是 24－8×2＝24－16＝8。再來，原式＝16＋64÷8×2，出現加與乘除不同位階算式，故乘除須先算，即「64÷8×2」須先算。當只有乘除，屬於位階相同時，即從左到右算，即 64÷8×2＝16，原式可分解成 16＋16＝32，此步驟化的解題程序可減輕元素的交互作用。

（八）重複動態表徵策略：兼顧個別差異，允許學習上有時間差

　　表徵對數學學習影響很大，例如學童在進行基本乘法教學時，核心概念即是單位量與單位數的關係轉換，學童若只透過口訣背誦，會難以察覺乘數遞增與總量的關係。所以教乘法概念時，可先約定被乘數是單位量，即一次數數的量；乘數是單位數，即是計數的次數。2×4＝8 代表 2 數 4 次，2 有 4 個，也是 2 的 4 倍（如圖 7-4 左圖）。初次學習 2 的倍數時，宜有聲音、圖像、符號的動態表徵連結，透過圖像表徵察覺關係，及透過符號表徵記錄累加 4 次即是 4 倍的意義。其他數的基本乘法也依此類推，最後歸納整理於表中，如此學生較易察覺個數與「倍」之間的關係；如圖 7-4 右表，學生才易理解 5 的 5 倍比 5 的 3 倍多了 2 個 5 的意義。到國中學習時，5＋5＝5×2、7＋7＝7×2、（－3）＋（－3）＝（－3）×2、x＋x＝x×2＝2x，就較不會產生 2x＝2＋x 的迷思，而能正確理解 2x－2×x 的意義。口訣背誦教學時間短，但不易理解且易遺忘；重複動態表徵策略教學時間較長，卻易理解且不易遺忘。

一雙筷子有 2 枝，媽媽買了 4 雙，共有幾枝筷子？

／／／／

2　2　2　2

一雙筷子有 2 枝，媽媽買了 4 雙，共有幾枝筷子？

／／／／

怎麼算呢？
2＋2＋2＋2＝（8）

物　品	加法算式	倍　數	乘法算式
✿	5	5的 1 倍	5×1＝5
✿✿	5＋5＝10	5的 2 倍	5×2＝10
✿✿✿	5＋5＋5＝15	5的 3 倍	5×3＝15
✿✿✿✿	5＋5＋5＋5＝20	5的 4 倍	5×4＝20
✿✿✿✿✿	5＋5＋5＋5＋5＝25	5的 5 倍	5×5＝

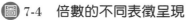

圖 7-4　倍數的不同表徵呈現

（九）情境化思考策略：生活與情境的融入，降低學習的難度感

Brown、Collins 和 Duguid（1989）的情境學習理論，主張知識是情境化的，是人與社會情境產生互動後的產物，學習應在真實情境中進行，讓學習者從耳濡目染產生潛移默化。故學生的學習若能與生活情境連結，比較能產生意義性；如圖 7-5，連結生活的百貨公司週年慶活動，看似複雜，但若能以關係性的樹狀表徵，較能產生有意義的學習。

百貨公司週年慶，買滿 3,000 元可以換禮券 400 元，買滿 500 元可以換禮券 60 元。媽媽買了 8,400 元，可以換禮券多少元？怎麼換最划算？

小英的做法：
$3000 \times 2 = 6000$
$400 \times 2 = \underline{800}$
$500 \times 4 = 2000$
$60 \times 4 = \underline{240}$
$800 + 240 = 1040$
A：1040 元

小明的做法：
$8400 \div 3000 = 2...2400$
$2400 \div 500 = 4...400$
$400 \times 2 + 4 \times 60$
$= 800 + 240 = 1040$
A：1040 元

小華的做法：

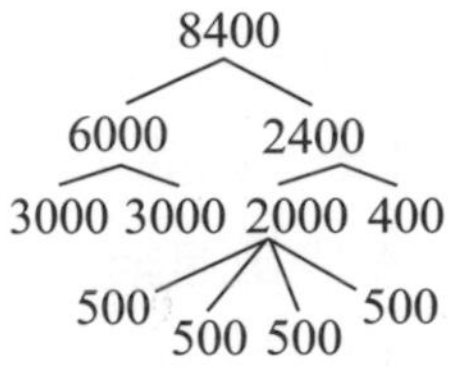

$$
\begin{array}{c}
8400 \\
\diagup \quad \diagdown \\
6000 \quad\quad 2400 \\
\diagup\,|\,\diagdown \quad\quad \diagup \diagdown \\
3000\ 3000\ 2000\ 400 \\
\diagup\quad\diagdown \\
500\quad\quad 500 \\
500\ 500
\end{array}
$$

$3000：400$
$= 6000：800$
$500：60$
$= 2000：240$
$800 + 240$
$= 1040$
A：1040 元

你看得懂上面三個小朋友的做法嗎？你會怎麼做呢？

圖 7-5　生活情境文字題

在國中階段，亦常使用生活情境與學習連結，幫助學生先知道關係是否成立，如：$(a + b) \div c$ 與 $a \div c + b \div c$ 是否相等？可舉例說明：「老師拿了 2 包大小不同的糖果，第 1 包有 60 顆，第 2 包有 90 顆，要均分給班上 30 人，每人可得多少顆糖果？」解此題時可引導學生想成：「2 包糖果先合在一起後再分給所有學生，每位學生所得糖果數」與「第 1 包分給所有學生，第 2 包也分給所有學生，每位學生所得的糖果數」是相同的；又如 $a \div (b + c)$ 與 $a \div b + a \div c$ 是否相等？也可用類似的概念引導，學生將發現是不相等的，進而察覺除法分配律與乘法的差異性。

（十）圖像化思考策略：視覺與知覺的統整，提升學習效率

圖解是數學解題常用的策略，透過圖像的類比表徵可讓學習者充分沉浸在視覺化的思考層次；例如讓學習者對等值分數的圖像進行分析或描述並進行臆測，使學習者對抽象符號的概念能有知覺的基礎，進而理解抽象化的符號，如圖7-6 的第一例：$\frac{1}{2}=\frac{2}{4}=\frac{4}{8}$。又如分配律的抽象意義：a×（b＋c）＝a×b＋a×c，學習者若能透過圖解，便易察覺一樣的數字代表的意義（如圖 7-6 第二例，4 都是表示圖形的一邊）。故教學時抽象的計算（如圖 7-6 第三例），若輔以具象的實物操作或動態表徵，較能激發學生的認知成長。文字題輔以線段圖，複合圖形輔以圖解，都是此策略的應用。

小朋友，看下圖想一想你發現了什麼？

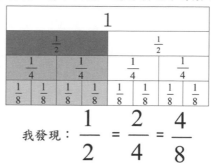

我發現：$\dfrac{1}{2} = \dfrac{2}{4} = \dfrac{4}{8}$

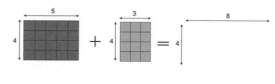

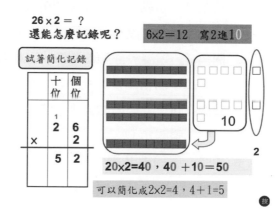

圖 7-6　數量等值圖示

國中一元一次方程式的解題亦可用類似的策略（如圖 7-7，其中沙包表示 x 克、砝碼表示 1 克）。

$5x+3=2x+9 \leftrightarrow$
$5x=2x+6 \leftrightarrow$
$3x=6 \leftrightarrow$
$x=2 \leftrightarrow$

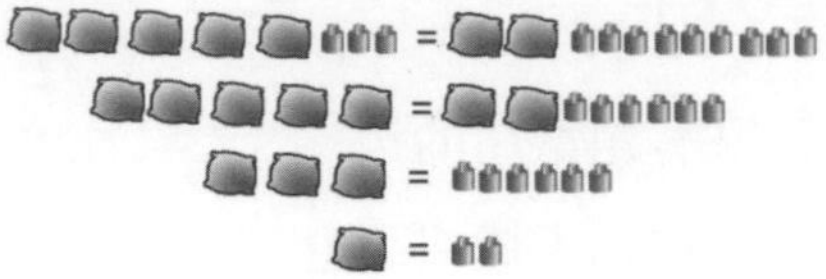

圖 7-7　一元一次方程式解題圖示

（十一）認知衝突教學策略：診斷學生迷思，建立正確概念

認知衝突教學是在診斷教學模式中常用的策略，前提是要先充分瞭解教材結構與學生迷思概念。例如角的概念既是幾何的平面圖形，又是測量角度的量測概念，如三年級指標「初步認識角與角度，並比較角的大小」同時兼有 N-3-13 與 S-3-1 兩個指標。Stavy 和 Tirosh（1996）研究角的比較大小發現，即使是八年級，學生通過率仍只有五成多，近四成學生尚有邊愈長角愈大的迷思。Mitchelmore（1989）曾對角的概念提出三種不同意義：

1. 角是自一頂點與兩線所圍出的一個相交平面區域（region），此時為一平面圖形，沒有測量的意義只有轉折的圖象表徵，如「四邊形有四個角」，這屬於靜態的圖像，又稱圖形角。

2. 角是由一個頂點及共此頂點的兩條射線（ray pairs）所組成，兩條射線的方向決定開口的大小，開始有角的大小比較，也有測量的意義，又稱為張開角。

3. 角是一射線繞其端點旋轉（rotation）一個程度的量，這屬於動態的旋轉，從始邊到旋轉後的終邊決定角的大小，又稱為旋轉角。

由於學生學習的歷程常會將一般規則做出過度的推論，故把迷思概念作為教學設計的素材，可製造學生認知衝突，建構正確的概念。

　　在實施認知衝突時，先提供一個與學生原概念不符的概念情境，使其自己有所覺知，並造成認知上的衝突或不平衡；學生因想恢復認知平衡，進而修正原有概念，建構新概念；最後再鞏固此一新概念（徐文鈺，2000）。又例如，「一杯水 10 分公升（如圖 7-8），12 分公升是幾杯？」學生的答案是「$\frac{12}{20}$ 杯」。學生可能是受分母寫「全部」所影響，點數圖 7-8 的右圖有 20 等分，因此分母寫 20。此時，教師可畫出 $\frac{12}{20}$ 杯的圖（如圖 7-9），再指著圖問：「1 杯是平分成幾等分？」（20 等分）「1 等分是幾杯？」當學生回答 $\frac{1}{20}$ 杯後，再引導學生點數：$\frac{1}{20}$、$\frac{2}{20}$、$\frac{3}{20}$……$\frac{12}{20}$。

　　接著問：「這個圖是 $\frac{12}{20}$ 杯，那個圖也是 $\frac{12}{20}$ 杯，但這兩個圖的水一樣嗎？」讓學生產生認知衝突。隨後指著原題之圖形，問：「原題目的 1 杯水 10 分公升，1 分公升是幾杯？」（$\frac{1}{10}$ 杯）「2 分公升呢？」（$\frac{2}{10}$ 杯）……「12 分公升呢？」以建構新概念。最後引導學生發現 1 杯水 10 分公升，1 分公升是把 1 杯平分成 10 等分的 1 等分，分母中的全部應該指 1 杯的 10 等分，而非 20 等分。

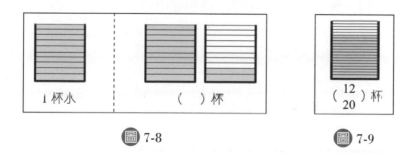

圖 7-8　　　　　　　　　　　　　　圖 7-9

　　在國中階段也可採用診斷學生迷思、再利用認知衝突的策略來進行教學，其教學流程說明如下：

1. 發現錯誤迷思概念

$a^2 + b^2 = 4$（同除 $\sqrt{}$ ）

$\sqrt{a^2} + \sqrt{b^2} = \sqrt{4}$

$a + b = 2$

2. 製造認知觀念的衝突

$a^2 + b^2 = 4$

$a^2 + b^2 = 1 + 1 + 1 + 1$（同除 $\sqrt{}$ ）

$\sqrt{a^2} + \sqrt{b^2} = \sqrt{1} + \sqrt{1} + \sqrt{1} + \sqrt{1}$

$a + b = 1 + 1 + 1 + 1$

$a + b = 4$

與 $a + b = 2$ 不同

3. 進行調整學生的認知

（1）追查造成錯誤概念的原因，往往因為簡化了教學流程

　　例 1：$15X + 10Y = 25$（同除以 5）

　　　　 $15X \div 5 + 10Y \div 5 = 25 \div 5$（每一項都除以 5）

　　例 2：說明 $\sqrt{5} \times \sqrt{3} = \sqrt{5 \times 3}$ 的過程中

$X = \sqrt{5} \times \sqrt{3}$

$X^2 = \sqrt{5}^2 \times \sqrt{3}^2$

$X^2 = 5 \times 3$

$X = \pm\sqrt{5 \times 3}$

　　　　（負不合）

故在概念建構中，有些過程是不可以省略的。

（2）概念重新建構歷程

例 1：$15X + 10Y = 25$

$15X + 10Y = 25$（同除以 5）

$\dfrac{15X + 10Y}{5} = \dfrac{25}{5}$（視 $15X + 10Y$ 為 1 項）

$\dfrac{15X}{5} + \dfrac{10Y}{5} = \dfrac{25}{5}$

$15X \div 5 + 10Y \div 5 = 25 \div 5$

例 2：$X = \sqrt{5} \times \sqrt{3}$

$X^2 = (\sqrt{5} \times \sqrt{3})^2$　◄--- 此時括號不可省略

$X^2 = \sqrt{5}^2 \times \sqrt{3}^2$

$X^2 = 5 \times 3$

$X = \pm\sqrt{5 \times 3}$

（負不合）

（3）重新布題：下述做法為學生經常呈現的錯誤類型，可以利用認知衝突策略，提供學生偵錯，再提供正確解法，以鞏固學生的正確概念

例：$\sqrt{X} = \sqrt{5} - 1$（平方）

$X = 5 - 1$

$X = 4$

$\xRightarrow{\text{正確答案}}$

$\sqrt{X} = \sqrt{5} - 1$

$(\sqrt{X})^2 = (\sqrt{5} - 1)^2$

$X = 5 - 2\sqrt{5} + 1$

$= 6 - 2\sqrt{5}$

求方程式的解之過程如上式，你認為對嗎？若不對請訂正。

（十二）反省式思考策略：透過想像連結內隱知識

數學思考是學習數學的內涵，過去的數學教學往往著重數學知識的詮釋，學生再模仿解題，事實上只是在練習與記憶，缺乏主動探索的動力。學生在解數學問題時的掙扎與試誤過程，及解題成功的喜悅或振奮往往被剝

奪，使數學學習成為抽象的、複雜的、不易理解的。教學是幫助學生主動參
與的過程，教師應提出開放性問題，使學生能自行運用已有的知識和技能解
決問題，主動建構與結合概念知識與程序知識，透過反省思考或內心複誦學
習。認知負荷理論稱此為想像效應（imagination effect），研究發現此策略
比探究程序或概念的教學更有效（Cooper, Tindall-Ford, Chandler, & Sweller,
2001; Tindall-Ford, & Sweller, 2006），可見反思與想像在數學學習的重要
性。例如，進行加法文字題列式求解：「哥哥蒐集了 6 張郵票，媽媽又給他
3 張郵票，哥哥現在共有幾張？」當學會「6＋3＝9」後，可再引導學生反
思此算式、符號的意思：「6 代表什麼意思？3 呢？6 ＋ 3 呢？＝ 9 呢？6
＋ 3 ＝ 9 呢？」此教學策略也可用於減、乘、除、二步驟、四則等文字題的
教學。

　　在國中的配方法教學上，「x^2+6x+（　　），（　　）應填入多少，才能成
為完全平方式？」教師引導學生配成正方形的圖像（圖 7-10），學生透過操
作建構出（　　）＝3^2，歸納察覺到其結果為一次項係數 6 的一半後的平方，
而非單純的公式記憶，即 x^2+6x+（9）＝（$x+3$）^{2}。

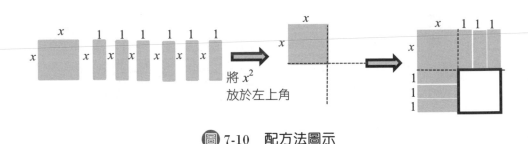
將 x^2 放於左上角

圖 7-10　配方法圖示

（十三）區塊化（chunking）思考策略：歸類與組織的建構，促進概念的連結

　　是否要背誦九九乘法表，成為數學教育改革過程中爭議的焦點。其實數
學教學問題不應簡約為「要不要背」，而應思考「為什麼要背」？如果能利

用理解就比較不容易遺忘，九九乘法的學習是一種類型關係的察覺，教學時可引導學生發現：1 隻青蛙 4 條腿，記成 4×1＝4；2 隻青蛙是 8 條腿，記成 4×2＝8。此時宜詢問兩者的差異，如青蛙多 1 隻表示乘數多 1 倍，積數則多了 4 條腿，使學生能依此類推察覺乘數與積數的關係，進而達到 12 隻青蛙有 48 條腿的事實。只要瞭解總量與單位量及單位個數的轉換意義，乘法倍數關係即是一個區塊的概念。指導九九乘法時逐一增加是非常重要的，學生比較容易察覺倍數關係，教師亦可協助學生將相關相同概念進行分類與比較，建立區塊的連結。又如，國中的等差數列亦同，當學生察覺 3, 7, 11, 15, 19 的後項減前項是一樣時，能否繼續發現第 2 項是第 1 項＋4、第 3 項是第 1 項＋4×2，最後透過規律現象與式子關係，理解等差數列第 n 項公式的由來。若只發現前項＋4，一項一項慢慢加而求得，則無助於第 n 項公式的發展，或只能靠死背公式求解，日後公式忘了就不知如何求解。

（十四）概念構圖思考策略：邏輯與推理的培養，促進關連性思考

圖形組體（grahpic organizers）是一種將知識、概念或訊息的重要層面加以視覺化、結構化表徵的方式，結合文字與數字或符號，讓學生理解概念間的結構關係。Bromley、Irwin-DeVitis 和 Modlo（1995）指出圖形組體的種類繁多，如概念圖、心智圖、網狀圖、語意圖、故事圖等，概念圖是利用此種視覺說明或寫作的方式來描述數學概念之間的關係。如圖 7-11 可發現學生對菱形與平行四邊形、長方形、正方形的圖形性質間的關係產生了迷思；吳素芬、譚寧君和黃永和（2013）研究亦發現，透過循環圖的教學設計，能促進學生對帶分數與假分數轉換的理解（如圖 7-12）。

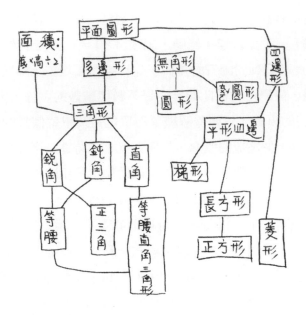

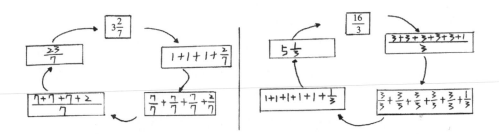

🔖 7-11　學生對平面圖形之概念圖

🔖 7-12　學生用循環圖表徵帶分數

資料來源：吳素芬、譚寧君、黃永和（2013）。

⊜ 教學知識方面

（十五）嘗試錯誤策略：先引發動機與興趣，再掌握學習目標

　　學習動機是促進有效學習的第一步，為提升參與感，允許學生猜測與嘗試錯誤，既可以增加互動又能促進專注，故教師的提問方式會影響學生的理解。例如一則估算的教學活動，在網路上成為討論的焦點：$901 - \square 95 = 106$，學生理解減數即是被減數減去差數，並可以算出正確值即是 795，這代表學生能有效計算，此也是一種重要的數學基本能力，值得讚許。然而，此布題的教學目標為應用估算概念的經驗與培養，目的在培養學生的推理與連結能力，即，若以 $901 ≒ 900$，$106 ≒ 100$，$900 - \square = 100$，$\square = 900 - 100 = 800$，$795 ≒ 800$　$\therefore \square = 7$，一連串的數字符號、關係符號與算則，已增加了學生的認知負荷，也可能因過多的抽象符號與算則而關閉學習數學的意願；不妨以嘗試錯誤的方式提問，如：「猜猜看□是多少？」若學生從數字 1 開始依序猜，表示他的數字感不理想；若學生能察覺百位 9 與百位 1 的關係而猜是 8 時，可讓他嘗試計算，若他具計算能力則一定會發現錯誤，進而調整猜測策略。故推理或聯想是一種激發思考的活動，教師的教學目標是正確且需掌握的，但估算教材即是著重在對數字的感覺，若要求學生以模仿方式進行解題是不易成功的，一個原本非常重要的估算習慣培養，卻可能變成被動模仿的學習，反而讓教學目標失焦。

（十六）自我解釋教學策略：鼓勵學生發表想法，才能瞭解學生的解題習慣與思維

　　自我解釋（self-explanation）是　種口語調節思考的動態過程，學習者在自我解釋的過程中反思自己的想法，藉以建構知識。作者曾有以下的教學經驗：教師布題：「五年甲班有 34 名同學，第一次段考全班數學平均數

為 65 分，因為有兩個題目題意不清楚，故每位學生均加 10 分，請問現在學生數學平均分數為多少？」老師指定學生發表說明，甲生記錄：（$10 \times 34 + 65 \times 34$）$\div 34 = 2550 \div 34 = 75$，並解釋因每名加 10 分，全班共加了 10×34，數學平均是 65 分，全班分數是 65×34，加起來後再除以班級人數，故現在平均分數是 75。乙生記錄：$10 \times 34 = 340$，$340 \div 34 = 10$，$65 + 10 = 75$，並解釋因每人加 10 分，全班共增加 340 分，再平分給 34 人，每人多 10 分，故現在是 75 分。兩位學生均是班級前五名，透過學生的解釋說明，讓老師察覺學生非常重視程序性的知識。而當丙生解釋：「何必這麼麻煩？因為是每人都加 10 分，故平均 65 + 10 = 75。」此時居然遭全班圍攻，認為沒有算總分哪會有平均。此例顯示班上多數學生能算出平均數，卻無法瞭解平均數的代表性意義。故宜多鼓勵學生發表，引導學生從發表中察覺可能的迷思；對於低成就或不擅言詞的學生，教師亦可適時給予提示。

（十七）遊戲融入教學策略：激發學生參與動機，於遊戲中學習數學

數學的趣味性在於遊戲中可用自己的想像力解決問題，並從中得到樂趣（高翠霜譯，2013）；數學的魅力之一是在解數學問題的過程，把遇見的挫折、痛苦轉化成有趣、興奮、試誤的創造歷程，而遊戲正可扮演此角色。芬蘭教科書（如圖 7-13）常出現數學遊戲的題型，如提供一系列算式，讓學生除了逐題解答外，亦可察覺算式間的關係以探索算式中的類型；算式與語文的猜字遊戲；以迷宮遊戲認識奇偶數等，這樣的教材設計，讓學生學得有感覺、算得有樂趣。另外，遊戲的趣味性、挑戰性與競爭性，也可激發學生的參與動機。因此，教學設計不再只是逐題求解，而是重視題型的多元；教學評量不再只是重視答案的正確性，而是察覺答案間的關連性。而國內近年來推行的奠基教學中，也有許多教學採用類似遊戲融入教學的策略，例如：三角形 72 變、分數心臟病、長方形數……，這些影片可上臺灣師範大學「數學教育中心」網站（https://www.sdime.ntnu.edu.tw/zh_tw/2020061205/page202）觀看。

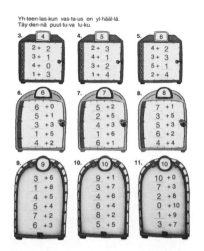

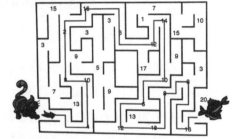

📖 7-13　數學遊戲範例

資料來源：Rikala, S., Sintonen, A.-M., & Uus-Leponiemi, T. (2004).

　　除了可融入數學教學外，也可透過數學遊戲熟練數學知識／技能，例如：骨牌遊戲，取出骨牌中的紙牌排成正方形（如圖 7-14），使正方形的每一邊之點數和（如 10）需相同；而每邊的點數可指定為一定數。學生求解時透過思考、心算（或點數），使每邊的三種點數加起來相等。學生可透過此遊戲熟練基本加法知識。

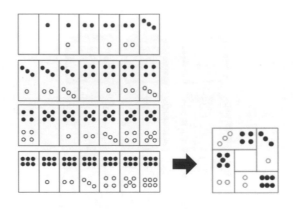

圖 7-14　骨牌遊戲

（十八）討論式教學策略：透過協同學習整合經驗與知識

　　討論式教學是教師透過學生的發表，幫助學生澄清數學概念。透過學生們質疑辯證的互動過程，可學習不同的解題策略，提升自我的數學解題能力，故討論過程即使有錯誤的答案，在澄清後也有助概念的重建。房昔梅和鍾靜（2005）針對四年級學生進行討論式教學研究，發現學習成就中低程度者，其解題表現的進步不亞於學習成就高者，顯示課堂討論活動對提升各種程度學生的解題能力都有幫助。學生學習態度也從被動、不合作的歷程，轉變為有解題信心及挫折容忍度，且勇於接受挑戰與積極主動的思考。討論方法在執行上，可以採二至數人的小組討論，也可全班討論。小組討論過程可把討論結果摘錄在白板上，也可只口述討論結果。發表時，可把易說明或發表的分配給低成就學生，較難或複雜的則可給高成就學生。

（十九）支持與肯定策略：學習動機的引發與嘗試錯誤的勇氣

　　數學已然成為不少學生的夢靨，如何吸引學生願意參與數學活動，最佳策略即是支持嘗試錯誤的勇氣與肯定學生原生的想法。研究發現，低成就學生的數學學習，往往執著於習得的方法，解題缺乏彈性，也造成解非例行性

問題的困難。一位老師曾分享一案例，當詢問學生「連續錄一首歌四次，共花了 8 分 40 秒，如果只錄一次需花多少時間？」結果三分之二以上的學生採用全部化成秒，再除以 4 的方法。老師於是分享其他學生做法：「將複名數的兩個單位分別處理，即 8 分和 40 秒剛好都是 4 的倍數，所以先算分鐘，需要 2 分鐘；再計算秒數，需要 10 秒。故錄一次歌是 2 分 10 秒，這樣不是又快又方便嗎？」結果有一半以上的學生仍認為全部化成秒數較簡單，因為他們已習慣化成相同單位再計算。林碧珍（2001）曾研究學生如何形成問題，發現透過形成問題能瞭解學生迷思概念，有助學生察覺數學的本質。如下面案例：「假如現在你是老師，你會拿一個什麼樣的數學題目表示 0×7＝（　）？請用圖畫出來。」其中兩個學生的解法如圖 7-15，顯示學生對單位量與單位數間倍數關係的瞭解，即當被乘數為 0 時，代表單位量為 0；乘數為 7 時，代表單位次數為 7，也代表 7 倍。此對往後「倍」概念的

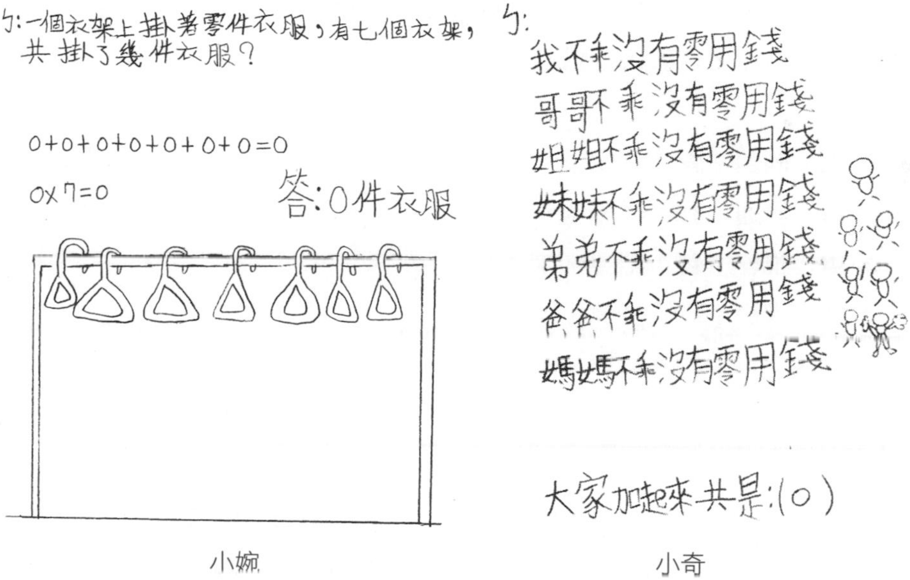

圖 7-15　小婉和小奇為 0×7 所擬的問題

資料來源：林碧珍（2001）。

發展有關鍵性的影響。

　　但要如何支持與肯定？老師在教學過程中，只要學生解題合理，宜加以鼓勵：「不錯喔！你的方法很獨特！」只要能嘗試解題，即使做錯也鼓勵：「你的方法雖然沒有完全正確，但對大家的學習很有幫助！」「不要怕錯，錯了才知道錯誤在哪裡，改過來就對了！」

第四節　結論：形塑一個新的心靈地圖

　　生命的真諦在於面對問題與解決問題的過程，問題能啟發我們的智慧，解題能激勵我們的勇氣，促使心靈健全發展；唯一的方法是體認受苦的價值，面對問題，勇於承擔相隨而來的痛苦。面對現實上愈來愈多的數學學習問題與困難，應先思考什麼是學習——其實學習是一種開發自我潛能的過程，是學習者主動接收資訊並加工處理訊息與反思的歷程。究竟數學學習的目標與價值為何？作者曾針對數學教學的未來趨勢提出六點建議（譚寧君，1996）：

1. 重「問題」輕「習題」：
2. 重「溝通」輕「權威」；
3. 重「推理」輕「記憶」；
4. 重「瞭解」輕「計算」；
5. 重「估算」輕「精算」；
6. 重「網絡」輕「線性」。

　　時至今日仍然如此。目前國小教科書均努力符合國家課程能力指標的要點，無論是九年一貫的「注意數學內部連結的貫串，以強調解題能力的培養；數學外部的連結除了強調生活應用解題外，也要能適當結合其他學科教材的發展，讓學生能認識到數學與其他學科的關係。如果能在教材中，適切

呈現如何觀察問題、分析問題、提出解題的策略與方向，或如何藉由分類、歸納、演繹、類比來獲得新知的過程，將對學生的智能發展與數學能力有莫大的幫助」（教育部，2008）。

　　十二年國教揭櫫的「核心素養」是指個人為適應現在生活及面對未來挑戰，應具備的知識、能力與態度，其強調學習不宜以學科知識及技能為限，而應關注學習與生活的結合，透過實踐力行而彰顯學習者的全人發展（教育部國民及學前教育署，無日期），顯見教育的核心價值是有共識的，終身學習成為教育核心目標，主動、互動、共好為基本的學習態度。李國偉、黃文璋、楊德清和劉柏宏（2013）對十二年國教提出國民數學素養的內涵是：個人面臨問題時，能根據數學知識、運用數學技能、藉由適當工具與資訊，描述、模擬、解釋與預測各種現象，發揮數學思維方式的特長，做出理性反思與判斷；在解決問題的歷程中，能有效與他人溝通觀點（p. 21），顯示教育即是培養能思考、會溝通、擅長解決問題的學生。但事實上，學習扶助現場學生常疲於做練習題，問題探索的機會較少，過度強化工具性的記憶與學習，忽略邏輯推理的重要性。諾貝爾獎得主德雷莎修女的名言：「窮人餓了，不僅僅是希望一塊麵包而已，更希望有人可愛他。而只有付出愛與關懷的人，才是全世界最幸福快樂的人。」（陳宗琛譯，2001）故學習扶助是一個愛與希望的工程，不僅包含學科知能的補強，更有情緒挫敗的安撫、學習動機的激發，以及錯誤解題的診斷與包容，因為學習扶助應該是有方法、有步驟、有尊重的重大工程。

📖 參考文獻

中文部分

王美娟、李美賢、李源順、陳怡仲、蘇意雯（2009）。「**中小學課程發展之相關基礎性研究」整合型研究（二）：臺灣學生學習表現檢視與課程發展運用——子計畫三：臺灣國中小學數學能力表現之分析與運用**。臺北市：教育部。

古欣怡、林碧珍（2011，12 月）。**整數四則運算規約的教學研究**。發表於中華民國第 27 屆科學教育研討會，高雄市。

吳昭容、曾建銘、鄭鈐華、陳柏熹、吳宜玲（2018）。領域特定詞彙知識的測量：三至八年級學生數學詞彙能力。**教育研究與發展期刊，14**，1-40。

吳素芬、譚寧君、黃永和（2013）。圖形組體應用在四年級分數概念學習之研究。**仁德學報，10**，35-57。

李國偉、黃文璋、楊德清、劉柏宏（2013）。**教育部提升國民素養實施方案——數學素養研究計畫結案報告**。臺北市：教育部。

房昔梅、鍾靜（2005）。國小教師在高年級實施討論式數學教學之行動研究。**國立臺北教育大學學報，18**（2），33-64。

林碧珍（2001）。教師如何培養學生形成數學問題的能力。**國教世紀，198**，5-14。

徐文鈺（2000）。認知衝突策略 Cognitive Conflict Strategies。**教育大辭書**。取自 https://terms.naer.edu.tw/detail/1313473/?index=1

高翠霜（譯）（2013）。**一個數學家的嘆息**（原作者：P. Lockhart）。臺北市：經濟新潮社。

張春興（1999）。**現代心理學**。臺北市：東華書局。

張新仁（2001）。實施補救教學之課程與教學設計。**教育學刊，17**，85-106。

教育部（2008）。**國民中小學九年一貫課程綱要數學學習領域**。臺北市：作者。

教育部（2020）。**教育部國民及學前教育署補助辦理國民小學及國民中學學生學習扶助作業要點執行成果**。取自 https://www.k12ea.gov.tw/files/common_unit_id/91fe93ab-972a-47cb-a4d2-e6345e41fbb0/doc/105-109執行成果.pdf

教育部國民及學前教育署（2016）。**基本學習內容**。取自 https://priori.moe.gov.tw/index.php?mod=resource

教育部國民及學前教育署（無日期）。**12 年國教／課程綱要－108 課綱重點**。取自 https://12basic.edu.tw/12about-3-1.php

梁淑坤（2012）。數學學習低落學生補救教學之策略。**教育研究月刊，221**，25-36。

許文清、吳慧敏、譚寧君、楊凱翔（2013）。工作範例之教學順序對國小四年級學生學習面積覆蓋的實驗研究。**科學教育月刊，363**，2-19。

許國輝（譯）（1995）。**小學數學教育：智性學習**（原作者：R. R. Skemp）。香港九龍：香港公開進修學院。

陳宗琛（譯）（2001）。**心靈雞湯：永不放棄**（原編者：傑克・坎菲爾、馬克・韓森、海瑟・麥克拉瑪拉）。臺中市：晨星。

陳昭地（主編）（2013）。**國民中學數學教材原型 A 冊**。新北市：國家教育研究院。

陳密桃（2003）。認知負荷理論及其對教學的啟示。**國立高雄師範大學教育學系教育學刊，21**，29-51。

曾建銘、吳慧珉、趙珮晴（2019）。臺灣學生數學學習內容表現之探討：來自 TASA 和 TIMSS 的跨資料庫比較。**測驗學刊，66**（1），27-50。

劉秋木（1996）。**國小數學科教學研究**。臺北市：五南。

歐用生（2000）。加強課程理論與實際的對話：再評九年一貫課程的配套
　　措施。**國民教育，40**（6），2-10。

蔡坤憲（譯）（2006）。**怎樣解題**（原作者：G. Polya）。臺北市：天下遠
　　見。

鄭晉昌（1997）。視覺思考及科學概念的獲取：設計與發展電腦輔助視覺
　　學習環境。**教學科技與媒體，33**，20-27。

鍾靜、謝堅（主編）（2013）。**國民小學數學教材原型 A 冊**。新北市：國
　　家教育研究院。

譚寧君（1996）。國民小學數學科教學未來發展趨勢。**國民教育，37**
　　（2），79-81。

鐘瑩修（2012）。**工作範例與解題練習呈現順序對學生面積基本概念學習
　　成效與認知負荷影響之研究**（未出版之碩士論文）。私立佛光大學，宜
　　蘭縣。

西文部分

Ausubel, D. A. (1968). *Educational psychology: A cognitive view*. New York,
　　NY: Holt, Rinehart & Winston.

Bromley, K., Irwin-DeVitis, L., & Modlo, M. (1995). *Graphic organizer*. New
　　York, NY: Scholastic Professional Books.

Brown, J., Collins, A., & Duguid, P. (1989). Situated cognition and the culture
　　of learning. *Educational Researcher, 18*(1), 34-42.

Carpenter, T. P., & Moser, J. M. (1984). The acquisition of addition and
　　subtraction concepts in grades one through three. *Journal for Research in
　　Mathematics Education, 15*, 179-202.

Cawley, J. F., & Miller, J. F. (1989). Cross-sectional comparisons of the
　　mathematical performance of children with learning disabilities: Are

we on the right track toward comprehensive programming? *Journal of Learning Disabilities, 23*, 250-254.

Clark, R., Nguyen, F., & Sweller, J. (2006). *Efficiency in learning: Evidence-based guidelines to manage cognitive load*. San Francisco, CA: Pfeiffer.

Cooper, G., Tindall-Ford, S., Chandler, P., & Sweller, J. (2001). Learning by imagining. *Journal of Experimental Psychology: Applied, 7*, 68-82.

Halabi, A., Tuovinen, J., & Farley, A. (2005). Empirical evidence on the relative efficiency of the worked examples versus problem-solving exercises in accounting principles instruction. *Issues in Accounting Education, 20*(1), 21-32.

Kalyuga, S., Chandler, P., Tuovinen, J., Sweller, J. (2001). When problem solving is superior to studying worked examples. *Journal of Educational Psychology, 93*(3), 579-588.

Lesh, R., Post, T., & Behr, M. (1987). Representations and translations among representation in mathematics learning and problem solving. In C. Janvier (Ed.), *Problems of representation in the teaching and learning of mathematics* (pp. 33-40). Hillsdale, NJ: Lawrence Erlbaum Associates.

Mitchelmore, M. C. (1989). The development of children's concepts of angle. In *Proceedings of the Thirteenth International Conference for the Psychology of Mathematics Education* (pp. 304-311). Munich, Germany: Bavarian Academy of Sciences.

Nesher, P. S., & Hershkovitz, S. (1994). The role of schemes in two-step word problems: Analysis and research findings. *Educational Studies in Mathematics, 26*, 1-23.

Nesher, P. S., Greeno, J. G., & Riley, M. S. (1982). The development of semantic categories for addition and subtraction. *Educational Studies in Mathematics, 13*(4), 373-394.

Rikala, S., Sintonen, A.-M., & Uus-Leponiemi, T. (2004). *Laskutaito, 1.* Helsinki, Sweden: WSOY.

Stavy, R., & Tirosh, D. (1996). Intuitive rules in science and mathematics: The case of "more of A –more of B". *International Jounal of Education, 18*(6), 669-683.

Sweller, J. (2006). The worked example effect and human cognition. *Learning and Instruction, 16*(2), 165-169.

Sweller, J. (2010). Element interactivity and intrinsic, extraneous, and germane cognitive load. *Educational Psychology Review, 22*(2), 123-138.

Sweller, J., van Merriënboer, J. J. G., & Paas, F. G. W. C. (1998). Cognitive architecture and instructional design. *Educational Psychology Review, 10*(3), 251-296.

Tindall-Ford, S., & Sweller, J. (2006). Altering the modality of instructions to facilitate imagination: Interactions between the modality and imagination effects. *Instructional Science, 34*, 343-365.

van Gog, T., Kester, L., & Paas, F. (2011). Effects of worked examples, example-problem, and problem-example pair on novices' learning. *Contemporary Educational Psychology, 36*, 212-218.

Vergnaud, G. (1987). Conclusion. In C. Janvier (Ed.), *Problems of representation in the teaching and learning of mathematics* (pp. 227-232). Hillsdale, NJ: Lawrence Erlbaum Associates.

Vinner, S. (1983). Concept definition, concept image and the notion of function. *International Journal of Mathematical Education in Science and Technology, 14*(3), 293-305.

成功方案篇

第八章

找方法，不找藉口的
反敗為勝學校

● 曾世杰、陳淑麗

　　許多弱勢中小學的老師、主任、校長們經常抱怨：「（學生都）六年級了，大字也識不了幾個。」「家裡都不管，你（教育部、處）又攜手又教育優先區又夜光天使，全部推給學校，還是沒有用的。」「親師座談會，全校來的家長不到十個。」簡單地說，許多老師、主任、校長倍感挫折，覺得「拿了一手爛牌」。但本章要介紹一些弱勢的學校，各種客觀的條件都不好，仍然把孩子們的讀寫能力帶了上來，我們把這些學校稱為「反敗為勝學校」[1]。

　　文化、社會、經濟弱勢的學生學業成就低落，在許多國家是一個普遍受到研究者及教育決策者關注的議題（巫有鎰，2007；Entwisle & Alexander, 1988; Nicholson, 1997; Washington, 2001）。雖然絕大部分的學校都有弱勢學生，但因為地理或社會經濟的因素，弱勢學生經常群聚出現，可能全校都是弱勢學生。例如，臺東縣是全國人均收入最低、也是文化最多元的縣市，80% 以上學生為原住民的學校比比皆是，學生家庭不但窮，也較難參與孩子的學校教育，兒童學習低落的情形因此非常普遍。以花東地區為例，九年

1　在英文文獻裡，可以用 turn around schools 或 schools that beat the odds 為檢索關鍵詞。

級最後 16% 學生的識字量不到全國國小三年級的常模平均值，六年級最後 16% 學生的識字量不到國小二年級的常模平均值，且這種識字能力低落的情況，愈是偏遠小型的學校，情況愈是嚴重（陳淑麗、洪儷瑜，2011）。

為了解決這個問題，各國多透過提供補償教育來彌補弱勢學童的學習劣勢。例如，美國 1965 年的「啟蒙方案」（Head Start）和 2002 年的「不讓任一個孩子落後」法案（No Child Left Behind Act of 2001，簡稱 NCLB），以及英國、法國、臺灣推動的「教育優先區計畫」，目標都是希望提升弱勢地區學生的學習成效。但這些方案實施的初期，評估資料大多顯示成效不佳。以英國及法國為例，在實施教育優先區之後，並未能有效提升弱勢學童的學業成就（許添明、葉珍玲，2015；Bénabou, Kramarz, & Prost, 2009）。可見，要扭轉弱勢地區學校的劣勢並不容易。但整體計畫的成效不明顯，並不表示所有的參與單位都成效不彰。研究發現，同樣位於貧窮的少數族群社區，學生的學業能力通常普遍低落，但在許多的弱勢學校中，會有幾所學校的學力表現特別優異。研究者以量化及質性的方式，描述這些學校成功的因素，說明它們具備了哪些特質及運作方式。

本章旨在介紹這幾所反敗為勝的學校，希望對教育行政決策及各級學校的校長領導有所幫助，進而能動員全校資源，有效地解決弱勢學校的低成就問題。

第一節　他山之石（一）：
國外反敗為勝學校案例

Denton、Foorman 和 Mathes（2003）報導了五所反敗為勝學校，這些學校都位於偏遠或弱勢地區，但每一所學校都有相當不錯的學業成就。五所學校都提供證據本位的閱讀教學，校內老師對「什麼才是有效閱讀教學的主要元素？」已建立共識。不管努力的焦點是「事前預防」還是「事後介

入」，教學的主要元素都是聲韻覺識、音素解碼、流暢性、閱讀理解、拼字和寫作。雖然謹守以上的基本原則，在執行上，五所學校仍然存在許多相異之處。多年來，到底哪一種早期閱讀教學才是「最好的」閱讀教學，學界爭議不斷。這些成功的弱勢學校彼此之間的差異指出，教學方法論之外，還有其他的因素會影響高危險群學生閱讀課程的效益。以下分享整理、擷譯自 Denton 等人（2003）所介紹的五所反敗為勝學校。

派戴爾小學（Pinedale Elementary）

（一）對每個孩子的績效責任

在派戴爾小學，老師們要對每個孩子學業上的成功負起全責。他們採用的核心閱讀課程是平衡式的教學，其中有分年級的課本（Fountas & Pinnell, 1996）和系統性的字母拼讀法（Phonics）教學。

（二）設定目標

派戴爾小學的成功築基在為每個學生設定學業成就的目標，然後持續監控整個教育過程是否不偏不離，持續幫助每個學生達成目標。每學年開始，老師為每個學生進行評量，並且根據評量結果設定每個學生的目標；學期中，實施每週一次的簡易閱讀評量，以觀察兒童的進步情形。校長每週都和教師團隊一起討論某些進展不佳的兒童，看看還需要做哪些努力或改變。

（三）一個安全網

老師們不是孤軍奮戰的。當評量結果指出某位學生閱讀有困難，一個介入的安全網就會啟動。學校教練、音樂老師、圖書館員和其他學校行政人員，每天會在圖書館內提供這些孩子個別指導。所有的老師都要在早晨上課前及下午放學之後，依據學生的需求提供個別教學和練習；有的學生練習音

素解碼、有的學習理解策略，或提高自己閱讀的流暢性。

柯提茲小學（Cortez Elementary）

（一）對閱讀困難學生的仔細照顧

柯提茲小學的校長描述，學校裡有種迫切感，大家總動員想要讓每一個孩子能閱讀。該校核心的閱讀教學是一個語文藝術課程，加上有系統地教導聲韻覺識、閱讀理解和寫作的觀念與技巧。

（二）永不放棄的介入

柯提茲小學用了一個多層級的方式來進行閱讀介入。第一層是由班級老師在班上提供額外的小組閱讀教學給需要幫忙的學生；如果這樣不夠，除了每天 90 分鐘在教室的閱讀教學之外，他們會和閱讀介入教師合作，每天多用 45 分鐘來教導閱讀；如果這樣還不夠，早晨上課前及下午放學後，學生必須接受個別閱讀指導。閱讀最困難的學生，由讀寫障礙專家用許多不同的方式來教，包括琳達木音素序階教材〔Lindamood Phoneme Sequencing®（LiPS®）Program〕（Lindamood & Lindamood, 1998）和一個多感官的字母拼讀法教學課程。

對學年中轉學進來的學生，柯提茲小學給予「密集關照」（利用下課時間給予短期的介入）。校長說學校不放棄任何一個孩子，他們費心建立起這些安全網，以保護高危險的孩子。一個極端不利的孩子，會得到一系列和其他孩子完全不同的安排。

（三）教學領導

柯提茲小學的校長，本身以前就是教師，是教學團隊的領導人。當老師們需要協助時，這位校長就會進入教室幫忙，甚至示範教學。校長支持老

師，而且提供老師們需要的資源，以幫助老師得到成功的經驗。老師們對學生的期望很高，一位老師說：「我們是專業的老師，要負責教會孩子閱讀。如果孩子的家庭狀況很糟，還是必須教會他們閱讀。沒有任何藉口，父母入獄或無家可歸都不是藉口。」

 三　曲柳小學（Willow Bend Elementary）

（一）一種系統性的閱讀教學取向

曲柳小學位於城市，這所學校採用的是一種植基於直接教學法（Direct Instruction）的閱讀課程和閱讀介入。其核心閱讀課程稱為精熟閱讀（Reading Mastery）[2]（Engelmann & Bruner, 1995），是以直接、明示的方法進行教學。教材中有系統性的字母拼讀法教學，閱讀材料中的解碼難度均有良好控制。每班導師依閱讀能力將學生分成三到四組，每一組中的每一個學生都必須完全學會課程中的每一個元素，才能進階到下一級教材。如果有學生特別有困難，則接受介入教師（intervention teacher）的額外教學。

（二）沒有失敗的空間

曲柳小學的老師全心幫助孩子們得到學業上的成功。學生的學業成就有定期的評量，學校有計畫地教導學生需要學會的材料。有位老師強調：「每個學生都從原來的能力層級中拉出來，依其學習的速率，被推到他們該去的地方。所以，你不能失敗，你可不願達不到目標，被別人取笑。」

校長說：「除了提高閱讀的成就之外，這套課程還有另一個好處——在每天 2 小時的完整閱讀教學時間中，小朋友是完全沒有常規問題的。」為什

2　Reading Mastery 是奧勒崗州立大學發展的一套直接教學法的閱讀教學，多年來在美國各種大規模的實證研究中，都被指出是最有成效的一套閱讀教材。

麼呢？「因為孩子發現他們能讀，感覺很爽啊！」校長也注意到，轉介到特殊教育的人數減少了。

四 亞述頓小學（Ashton Elementary）

（一）不為失敗找藉口

　　亞述頓小學有將近 85% 的學生出身於低社經地位家庭，英語對大多數的學生是第二語言。但是，州政府規定的學力測驗指出，幾乎所有亞述頓小學的學生，其閱讀能力都達到年級應有的水準。亞述頓接受了「Success for All」（簡稱 SFA）（Slavin, Madden, Dolan, & Wasik, 1996；見 www.successforall.org）英文版和西班牙文版的計畫。SFA 是一套完整的學校重組的方式，包括課程材料改進、大範圍的專業發展、困難學生的個別指導和家庭支持等等。

（二）有力的教學領導，對師生均有高期待

　　亞述頓小學是個「不找藉口」的典範。學校對師生都持續地抱著高度期待，校長每週和各個教師團隊開會，並且親自進教室示範教學；SFA 計畫的催化員也隨時以教練和良師的角色提供老師們協助。有閱讀困難的學生必須接受大量的閱讀教學，除了一般的語文課，這些學生每天接受 20 分鐘的 SFA 個別指導，並由閱讀介入教師提供外加 90 分鐘的補救；有些學生每天放學後甚至要接受 2 個小時的教學。此外，這個學校採用跨年級的分組，並請家長志工提供每節 20 分鐘的閱讀指導。

五　湯生小學（Townsend Elementary）

（一）針對學生需求提供介入教學

　　學術界為了爭論哪一種教學取向較佳，而引發一場長年的「閱讀戰爭」[3]，湯生小學才不管這些爭議，它坐落在市區中，根據學生的需求，自己發展出一套獨特的閱讀教材。

（二）平衡式的讀寫教育模式

　　湯生小學的核心閱讀課程採用的是平衡式閱讀取向，校長說這是一種「開放式讀寫教育模式」，能擷取各家的教學技巧。教學的成分包括引導式閱讀和寫作工作坊，加上十分強調用聲韻—字形方案（Phono-Graphix）（McGuinness & McGuinness, 1998）來系統性地教導字母符碼——用一種研究本位的方式來教導基礎和進階的字母符碼、字詞建構、聽覺處理和多音節策略等。在湯生小學，讀寫教學擺在全校目標中的第一位，讀寫教學專家以提供教材、協同教學、示範教學、協助分析評量資料等方式支持班級導師。老師們在放學後參加讀書會，大家在讀書會裡閱讀和討論與讀寫教學相關的書籍。校長說：「有一些教學工作本來只會出現在補救教學裡的，現在都出現在一般教室裡了，所以有更多的孩子可以成功，從源頭預防閱讀困難的發生。」

3　主要是「全語言法」（the whole language）和「字母拼讀法」（Phonics）兩派閱讀教學取向的爭議；前者強調意義，後者強調解碼。但近二十年的實證研究顯示，全語言法對初習閱讀的低年級和文化弱勢的兒童是不利的，這些研究結果，導致美國 2002 年「不讓任一個孩子落後」法案中，明白指出要教聲韻覺識（phonological awareness）及字母拼讀法。湯生小學所謂的平衡式閱讀取向，指的是既看重解碼、也看重文章意義的一種折衷式閱讀教學法。

（三）一種折衷式的介入

有些學校只採用了一種介入方式，湯生小學的學生卻擁有多種選擇，包括了閱讀復甦方案（Reading Recovery Program）（Clay, 1993）、聲韻—字形方案、語言理解及思考的視覺化和口語化方案（Visualizing and Verbalizing for Language Comprehension and Thinking）（Bell, 1991）。每個學生的教學，都依據其個別的需求而設計。在湯生小學，問題不在於「字母拼讀法是不是比全語言法好？」而是「在這個閱讀發展階段，這個學生需要的是什麼？」

綜合以上的介紹，這五所典範學校雖各自採用不同的閱讀課程並自成一格，但在面對閱讀困難高危險群時，卻有相同的成功基礎，包括：（1）迫切感與使命感，認為學習十分重要，閱讀是最核心的目標；（2）強力的教學領導及績效責任制；（3）專業發展及指導，老師們在採用的閱讀教學法上接受許多專業發展課程、現場指導或示範，並且有足夠的教材可以好好地執行閱讀教學方案；（4）經常性的評量和學業進展的監控；（5）鎖定目標的教學和介入，當評量區辨出有閱讀困難的學生時，介入的網絡隨即展開；（6）一個不找藉口的態度，教師對自己有高期許。此外，這五所學校都提供證據本位的閱讀教學，都教導最重要的閱讀元素——聲韻覺識、音素解碼、流暢性、閱讀理解、拼字和寫作。這些典範學校提供了學校讀寫方案成功的關鍵成分，清楚地說明了讓每一個孩子學會閱讀，是有方法的、是可行的、是有機會成功的。

第二節　他山之石（二）：
一所反敗為勝學校改變的歷程

除了上述五所典範學校外，還有許多弱勢學校經營成功的案例
（Blaunstein & Lyon, 2006; Langer, 2001）。Blaunstein 和 Lyon（2006）
的專書提及，Ben Sayeski（以下簡稱 Sayeski）校長[4]透過強勢的閱讀教學
領導，在短短兩年內，就讓曾經是美國維吉尼亞州最弱勢、學業表現最
差的強森小學，在全州的閱讀測驗上，達到州政府要求的 70% 學習標準
（Standards of Learning，簡稱 SOLs）通過率。以下說明 Sayeski 校長帶領
學校反敗為勝的歷程，素材取自 Blaunstein 和 Lyon（2006）的專書及本章
作者曾世杰對 Sayeski 校長的訪談紀錄。

 強森小學（Johnson Elementary）的原貌

2000 年 6 月，Sayeski 到了強森小學，當時該校學生的閱讀分數在前三
年分別只有 40%、34%、49% 的三年級孩子通過維州閱讀學習標準。白人
學生通過這個測驗的百分比幾乎是弱勢學生的兩倍。成績已經夠慘了，雪上
加霜的是，好像大家什麼事也做不了。

Sayeski 一來就發現，全校教職員都認為學校裡這 330 個學生是註定要
失敗的。大家都把學生的學力低落歸咎於家庭社經背景——70% 的孩子窮
到不必繳午餐費，75% 的孩子由單親媽媽撫養，將近 80% 的孩子是非洲裔
美國人。有許多「這些窮孩子難教」、「學不會」的迷思在校內流傳，久而

---

4 2007 年，本章作者曾世杰在維吉尼亞大學（University of Virginia）休假研究，多次造訪
　強森小學，並兩度訪問 Sayeski 校長。還記得他拿著 Blaunstein 和 Lyon（2006）的書分
　享，書裡有介紹強森小學的專章，在此特別感謝他的協助和熱情分享。

久之，教職員習慣了孩子們的低成就，不再去想那些教材教法、課程改變的事。

　　經費絕對不是問題。維吉尼亞是全美國最富有的州之一，強森小學所在的學區，教育經費充裕，每個學生平均的教育費用大概一年有一萬美元，班級人數少，而且有充分的教學和人力的支援。Sayeski 說，有這麼好的資源，如果還不能成功，那學生應該要到更好的學校去、換更好的校長、換一批新的老師。Sayeski 的目標很清楚──先提升讀寫能力，他說：「我們必須幫助學生在早期就能讀，以預防後續的學業失敗。我們的學生大多有多重不利，學校絕對不能再戕害其學習潛能，並且導致日後的中輟。能不能改變孩子的學業成就，接下來的三年是個機會，增進閱讀能力，是首要目標。」

　　表面上看來，強森小學的教學設計似乎沒有問題：每個孩子先接受測驗，再按著他們的閱讀水準接受教學；學校也有不同的介入方式，以幫助落後的孩子。學校看重閱讀教學時間，早上的閱讀教學時段很完整，不會被干擾；教師的在職進修，有校內自辦以及與當地大學合作兩種，而且，還有一個駐校的閱讀專家教師（reading specialist），以小組教學及個別化的方式提供持續的支援。但是，在這麼豐富的資源下，學校卻一直有預期失敗的傳統。

　　問題出在哪裡？ Sayeski 開始去看整個學校的結構性因素。

（一）閱讀教學的時間

　　Sayeski 相信，時間的安排反映了學校各樣事務的優先順序，他開始觀察學校裡每天的教學時間是怎麼安排的。他發現幼稚園[5]的學生每天約有 1 小時學習閱讀，但日程中有許多鬆散、無結構的時間，這樣的時間比用在

5　美國的幼稚園（kindergarten）提供五至六歲幼兒的教育，乃是正規教育的一環，小學都有 K 至五年級；kindergarten 之前的，叫做學前教育（preschool）。根據「不讓任一個孩子落後」法案，學前就開始認識字母，進 K 的時候，兒童就應該認得字母，並擁有最基礎的字母代表語音的概念。

閱讀教學的時間多兩、三倍。下課的時間加起來，就多過了閱讀的時間。Sayeski 認為，這實在說不過去。只有 18% 的孩子在幼稚園入學時認得字母，只有 40% 的孩子上過托兒所，先備的閱讀知能已經如此有限，幼稚園當然更要花時間來教閱讀。

幼稚園每天有 1 小時用在閱讀教學上，一至四年級則每天有 90 分鐘，Sayeski 又去看老師的人力怎樣分配到這 90 分鐘的教學時段上。

（二）學生分組

強森小學二到四年級的學生都接受過閱讀測驗，並依測驗結果安置在不同的小組裡。所以，學生是依閱讀能力分組進行小組教學，而不是依年級分組，這讓同樣閱讀能力的學生分在同一組，也讓學校的閱讀課有最高的師生比。學校用「大家一起來」的策略，把普通班教師、特殊教育教師、Title I 閱讀教師[6]、資優教育專家和教師助理分派到各個小組裡去。這個做法看來不錯——學生依程度分組，並接受最高師生比的閱讀教學。但在執行時，卻出現幾個問題。

第一，有些孩子已經落後了一、兩年，這樣的教學，有什麼計畫可以讓這些孩子趕上來嗎？一個落後兩年的孩子，在一年內即使有了一年的進步量，仍然還是落後兩年，不是嗎？

第二，雖然各組間可能有非常大的閱讀能力差異，所有小組的師生比卻都相同。照理來說，最需要補救的孩子，應該需要最高的師生比才對。第三，合格教師不夠，有些學生是由不具教師資格的助理在教的。第四，學生的閱讀程度如果有所改變，就會被再次分到另一個組別去接受教學，所以也許一年之內，他們會換好幾個閱讀教師。結果是，這個學生的閱讀在年度結束時是好是壞，沒有一個老師能負責任。孩子沒進步，大家都沒責任。

6　Title I 是美國聯邦政府對弱勢學校特別提供的教師員額，薪水由聯邦支付。強森小學因其弱勢族群比例及貧困家庭的比例，有三個 Title I 教師。

（三）教師進修未經協調

　　強森小學的教師進修內容，乃根據國家閱讀小組（National Reading Panel）的報告所強調的六大閱讀教學支柱中的五項，即聲韻覺識、字母拼讀法、閱讀流暢性、詞彙、文本理解等。這些內容當然正確，問題在於教師進修每年只聚焦在一個成分；也就是說，要完全跑過這五項教學成分，讓老師能把這些重要的教學成分融入課程與教學，是五年以後的事了。換句話說，全校學生接受良好的、有效的閱讀教育，至少要等五年。Sayeski 說，這種教師進修模式一開始就沒有考量到問題的迫切性，學校哪裡會有五年的時間去等待老師進修完畢，才開始提供良好的閱讀教學？更重要的是，學生怎麼辦？他的就學生涯有多少個五年呢？

　　而且，這個進修模式也沒有考慮老師的流動率，這五年中若有新進老師，學校也沒有補救的方法可以讓他／她學到已談過的主要教學成分。這種教師進修模式的另一缺點，來自於老師們所採用的種種不同的閱讀教學策略。此模式的前提是老師們可以接受到密集、持續的教師進修課程，並且幫助老師創造出自己的閱讀教學方式。問題是，老師們的閱讀教學師出多門，大家各教各的，沒有人能保證研究中指出的有效教學成分，在這樣的進修過程中能否被有效、持續地整合進每間教室裡。

二 看見改變：反敗為勝

（一）第一年的成績

　　Sayeski 校長在強森小學的第一年，學生的成績仍然像往年一樣，又是整個學區裡最後一名。學測成績指出，只有 37% 三年級學生通過春季的學習標準測驗，和州政府要求的 70% 差了一大截。族裔之間的鴻溝依舊，白人三年級學生有 67% 通過考試，非裔學生卻只有 33% 通過。有的老師倍覺

挫折，淚如雨下；有的不告而別；有的則怪罪於貧窮和學校的過渡期。又是一年，同仁們的努力付諸流水。

> 其中一位最認真的老師最為難過，她一邊哭一邊說，「我真的沒辦法再這麼搞上一年了，我這麼努力，情況卻還是一樣。我真的不要再這樣做了。」我回答道：「我也不要。」（B. Sayeski 的回憶；Blaunstein & Lyon, 2006, p.143）

但家長們似乎習以為常，沒有一個人批評學校。

Sayeski 說：「我們不能一再重蹈覆轍，我怎麼可能去跟學校董事會講，我要原地踏步？我也不要拿貧窮、過渡期、單親家庭的比例來當藉口，這些都是不能控制的因素，找藉口……不能讓學生進步。只有……教學的改變，才能夠讓我們脫離泥沼。」

強森小學開始改變策略，聚焦在最需要幫助的學生身上，而不是那些「差點過關」的學生身上。以前普遍的共識是，集中火力在這些「將過而未過」的學生，是最快速有效提升平均成就的辦法，但經過這些年，強森小學的老師們知道，最困難的學生才是最該努力的目標。

（二）第二年的改變

1. 學生得到符合需求的教學資源

首先，強森小學放棄了「讓所有學生接受同樣類型、同樣長度教學」的做法，強森小學現在要設法讓不同需求的學生，得到不同的教學。這就好像在急診室裡，最緊急的病人應該得到最及時的治療。要做到這點，就必須先改變閱讀教學的結構方式。第二年開始，二、三、四年級學習最困難的學生，每個早上都有 2 小時平均　對六的補救教學——現在，病得最重的，得到了最好的治療。

這樣做，當然會有困難。首先是排課的問題；其次是，因為這樣的安排，有些組別的學生人數會因而增加。過去，所有的閱讀課都安排在早上，但現在各年級閱讀時間是輪流的，有的排在早上，有的排在午餐之前，有的則排在下午。很多老師對這樣的安排有意見，他們認為最好的上課時間是早上的第一個時段，其他時間的學習效果都不好。但 Sayeski 都溫和而有禮地堅持：「我們已經這樣教了多少年了，可是一點效果也看不見啊！」許多其他的改變也都碰到阻力，但校長以不變應萬變，這句話是他「吾道一以貫之」的招數。

本來各組人數都一樣，都是七至九個，現在除了最弱勢的學生，其他教室的平均人數都增加到九至十二個。有許多老師覺得難以調適，但是受過博士訓練的校長引用文獻提醒：「研究指出，十五個人以下的班級，教學成效最好。」也有家長抗議他們孩子班級的人數增加，但在看到教學的成效之後，這些阻抗漸漸消失。普通班老師發現，他們班上最弱勢的學生閱讀進步了，而且這個進步，開始類化到其他的學科上，老師因此可以在其他學科的課堂中，提供更多更有意義的教學活動。

2. 教師採用有實證研究為基礎的閱讀教學策略

強森小學開始採用有實證研究為基礎的直接教學法教材[7]。在最重要的閱讀教學核心領域中，學生得到的是系統、結構而且明示的教學，他們的進步與否，都可以在持續的評量中看出來。學生如果沒有進步，就改採別的教學方式。這套新的課程有清楚的工作分析，逐步漸進地教導閱讀的每一個成分，學生可以一步一步把該學的學會，最後得到成功的經驗。這套教材像是個寫得非常仔細清楚的劇本，老師們是演員，只要照著劇本演出即可。這種直接教學法最大的好處是，老師們教學的個別差異降低，各個教室的教學品質非常整齊，效能也會大幅提升。

7　美國教育部設有「什麼有效資訊透明站」（https://ies.ed.gov/ncee/wwc/），任何人都可以上網去查市面上出版的教材是否有實證研究指出其成效。

　　Sayeski 的學術訓練告訴他，要靠證據來做教育決策，而不能靠直覺。他對直接教學法的信任，來自於科學文獻的證據，也因為有證據，他才能說服老師們改變；相對地，他排斥全語言取向的教學，也是因為它沒有得到實證研究的支持。Sayeski 說，新進教師徵聘面談時，他劈頭第一句話一定是：「你對全語言有什麼看法？」如果對方表示對全語言的極度好感，他就停止面談，理由是「道不同不相為謀，不必浪費彼此的時間」。此外，並不是所有的老師都歡迎新的教材，三位 Title I 教師中，就有一位對這樣結構化的教材抱著批評懷疑的態度。

　　　那位意見最多的老師，後來告訴我，有好幾個月，她每天早上醒來，就開始詛咒：「我恨我的校長。我恨我的校長。」到了 11 月，她終於克服了這種感覺，因為學生真的有進步了。和其他的老師一樣，「教學效能」和「學生成就」變成她心頭最重要的兩件事。她停止詛咒，變成整個方案裡的冠軍。（B. Sayeski 的回憶；Blaunstein & Lyon, 2006, p.145）

3. 師生一起收成

　　隨著教學成效的出現，教材漸漸得到肯定。在這一年中，老師、家長、行政人員和學生自己都看到了進步。在年度結束時，維州常用的「聲韻覺識篩選測驗」（Phonological Awareness Literacy Screening，簡稱 PALS）所篩出需要補救教學的學生，人數之少，創歷年紀錄──大概有一半的學生通過了 SOLs 的閱讀測驗，最後 25% 的學生終於第一次開始閱讀。強森小學現在的設計能夠確定學生一整年都由同一位老師教閱讀，這樣做才能講求績效責任。而且因為每一個老師教同一組學生一年，師生之間有更好的瞭解，親師之間的溝通也更方便，家長若有問題，只需要找一個老師談。家長似乎變得較為熱心，而且樂於見到這個結構性的改變。

　　Sayeski 校長的第二年任期很快接近尾聲，學生的閱讀成就進步許多，許多孩子在閱讀流暢性、正確性和閱讀理解上有較好的成就，大家都等著學年末的 SOLs 閱讀評量結果，看看 Sayeski 下的處方是否有效。

　　辛苦的播種，終於有了收穫。2001 年只有 37% 的學生通過 SOLs，但 2002 年，有 71% 通過，將近是前一年的兩倍。不但如此，族裔間的差距也拉近了，非裔美人的通過率從 33% 進步到 62%，白人從 67% 進步到 92%，強森小學終於第一次突破了學習失敗的障礙。強森小學的成功，並非一蹴可及，Sayeski 校長首先診斷學校教學措施的問題，接著進行一系列的改變，包括：聚焦在最需要幫助的學生身上，讓最困難的學生有合理的師生比及介入時間；採用有實證研究為基礎的教材，讓學生得到系統、明示的教學及持續的進展監控；改變教師零散的進修方式；強調績效責任，讓學生一整年由同一位老師授課。改變的過程裡，有抗拒、有挫折，第二年才看到成效。國外許多研究推動大規模學校改革的方案，也有類似的發現（Taylor, Pearson, Clark, & Walpole, 1999; Taylor, Pearson, Peterson, & Rodriguez, 2005），例如：Taylor 等人推動十三個弱勢學校的改革，他們發現，改革愈積極的學校，學生閱讀能力的成長愈好。改革的成效第一年較小，第二年的成效較佳，但仍有三分之一的學校沒有成功。

　　以上國外的成功案例告訴我們，讓弱勢學校反敗為勝，並非不可能，但需要整個學校一起努力，不能只停留在個別學生、個別班級的層級，對不同程度或需求的學生，學校應能提供不同的支援系統。改革的過程也不會一帆風順，會經歷一些陣痛與挫折，但讓弱勢學校反敗為勝，是可能的。

第三節　國內反敗為勝學校實驗方案

　　國內偏遠或弱勢學校的經營，普遍較看重文化或體育特色的建立，而不是提升兒童基礎學力。2008 至 2011 年，臺東大學研究團隊以臺東五所弱勢小學為對象，進行國內第一個以提升讀寫能力為目標的校本實驗方案，我們稱它為「反敗為勝方案」。這個方案整合了永齡基金會和國科會的資源，連續執行了三年，是國內少見的大型教學實驗。以下分享臺東反敗為勝學校方案的做法與成效。這個方案的研究成果，已陸續發表在國內的學術期刊（陳淑麗、曾世杰、蔣汝梅，2012；陳淑麗、曾世杰，2019；曾世杰、陳淑麗、蔣汝梅，2013）。

 ## 反敗為勝方案介入模式

　　參與反敗為勝方案的五所國小都位於臺灣最弱勢的臺東縣。五所實驗學校都是原住民學校，原住民學生比例占 69.3%，弱勢學生（包括原住民、單親、低收入戶、隔代教養）比例占 83.5%，五所國小共有 809 位學生。對照組學校有三所，原住民學生占 66%，弱勢學生占 78%，共有 662 位學生。這個方案提供兩個層級的介入服務——初級及次級的國語文介入，兩層級的介入目標分別如下：

- 初級介入：提升普通班的國語文教學品質（研究團隊透過研習及教材提供，幫助每位導師更有效能地在原班進行國語文教學）。
- 次級介入：提供低成就學生密集的外加國語文補救教學（永齡基金會提供每個實驗學校兩名全職的國語文補救教學老師，他們的任務在幫助每一班國語成就最弱的六個人）。

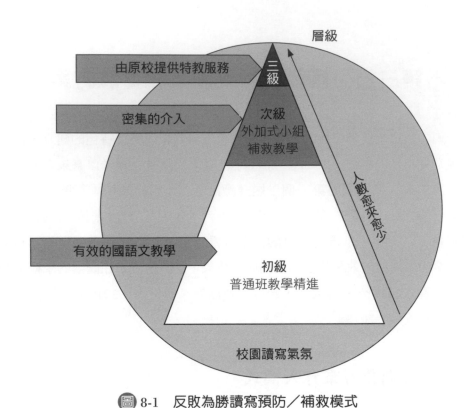

由原校提供特教服務 — 三級

密集的介入 — 次級
外加式小組
補救教學

有效的國語文教學 — 初級
普通班教學精進

層級

人數愈來愈少

校園讀寫氣氛

圖 8-1 反敗為勝讀寫預防／補救模式

　　介入模式如圖 8-1。為了瞭解方案的實施成效，這個研究設置了對照組，對照組學校維持原校的學習服務系統。

二 初級（全校層級）的努力：精進普通班國語文教學

　　這個層級的努力，是要提升普通班的國語文教學品質。方案的第一年，研究團隊的目標有：與普通班導師建立信賴關係、透過研習讓全校老師瞭解本方案設計的教學策略與教材，並鼓勵老師嘗試新的教學策略；第二年開始，班級導師才被要求調整任教班級語文課的教學策略。為了造成改變，這個方案在全校層級提供了一系列的協助，相關的教學資源可參考永齡·鴻海

台灣希望小學的網站[8]。

（一）提供有研究為基礎的語文教學策略

這個方案採用經研究證實為有效、可行的閱讀教學元素與策略，重新為實驗組學校所安排的南一版國語課本發展了詳細的教學設計，以下稱南一調整教材。所有的教學設計都顧及了有效教學原則，包括適當的作業難度、明示的教學、教導學習策略、結構化的教學、善用先備知識及經常性的評量等（Foorman & Torgesen, 2001; Torgesen, 2000）。

教學成分採包裹式的設計，每一個年級包含識字、詞彙、閱讀理解和流暢性等四個成分，但年級愈高或能力愈強，閱讀理解的比例愈重，教學的鷹架和引導也逐漸撤除。每一個教學成分都有其核心的教學策略：

- 識字：主要採「部件教學法」，期使學生透過部件的重複集中識字，以建立中文的組字原則與部件知識。
- 詞彙：除了以說明、解釋、情境引導、造句等多元方式來協助詞義的理解之外，亦運用「詞彙網」促進詞彙概念的擴增與連結。
- 閱讀理解：採「文章結構法」和「多層次的提問」來促進文章的理解與文章重點的掌握。
- 流暢性：以重複朗讀輔以碼表計時，進行解碼自動化的流暢性訓練。

此外，每個教學成分均輔以學習單，以穩固概念的建立；每堂課結束，皆實施形成性評量，以瞭解學生的學習成效。

（二）主題聚焦的在職進修

五所實驗學校的所有教師，第一年都接受 6 小時的精進閱讀教學培訓課程，培訓內容包括瞭解方案的目標與閱讀教學重要的元素、如何使用這些核心的閱讀教學方法（含實作）等。而且在方案實施期間，每學期會再根據教

8　永齡·鴻海台灣希望小學網址 www.tomorrowschool.org。

師的需求，安排兩次各 3 小時的進階培訓課程，一年至少提供 18 小時的精進閱讀教學培訓課程。方案第二、三年的新進教師則於暑假期間補做培訓。學期間，再針對所有教師提供每學期兩次「以解決現場問題為導向」的跨校討論或研習，例如：如何實施進展監控，以及教師應如何運用學生資料來做教學的決策。

（三）看重專業成長的教學觀察與討論

為了確保普通班教師執行有效的語文教學，方案進行的第二、三年，學校邀請國語文專家教師進入普通班教室進行教學觀察，每位教師每學期至少接受兩至三次專家教師的「入班教學觀察」，每次一節課。專家教師在教學觀察後，會立即提供教學討論與回饋，以幫助普通班教師提升教學能力。此外，各校也有定期的反敗為勝教學討論，以解決普通班教師在教學上遇到的困難。

（四）推動全校性的大量閱讀活動

鼓勵學生大量閱讀是預防失敗的關鍵，因此，這個方案鼓勵學校推動全校性的閱讀活動，推動閱讀的方式則由各校自行設計。研究團隊提供「閱讀火箭」的做法，讓學校參考使用。閱讀火箭活動是讓學生自己選書、自己閱讀，並於閱讀後，由老師問十個簡單的問題，檢驗學生閱讀理解狀況。學生只要答對六題就算通過，可以在紀錄表上累積閱讀字數或本數。學生閱讀的進展將公告在閱讀火箭的海報上，以幫助監控學生學習進度。

（五）提供持續性的進展監控

這個方案在每學期進行兩次標準化的語文能力測驗（期初、期末），以瞭解學生的語文能力在全國常模的相對位置是否有進步，教師及研究團隊並根據測驗結果篩選出需要進行補救教學的學生。此外，每個月在普通班都進行一次課程本位評量，通過標準設定為 80 分，教師可以分析學生未達標準

的可能原因，以作為調整教學的參考。

（六）定期的反敗為勝行政協調會議

為了能順利地推動方案及確保方案執行的品質，五所學校的校長和教導主任會定期參與反敗為勝行政協調會議，每學期舉行三至四次。

 ## 次級的努力：提供小組補救教學

國內公私立機構在推動補救教學方案上，不像國外有全職補救教師的設計，多由學校教師或兼職教師以計算鐘點的方式執行補救教學。如前所述，反敗為勝方案由永齡基金會提供五所實驗學校、每校兩名的全職補救教學教師，每位補救教學教師負責三個班級的補救教學。補救教學教師針對每個班級讀寫最困難的學生，提供額外的、小組的密集讀寫教學。補救教學教師在進入現場之前，都受過嚴格的訓練，並已熟悉永齡基金會為了弱勢兒童發展的國語文教材教法。此外，為了確保補救教學的品質，所有的補救教學教師在寒暑假期間，都要接受密集的補救教學培訓，培訓內容主要聚焦在精進各種閱讀教學成分的教學策略與教學診斷。介入期間，還有兩位專職的教學督導，以個別督導及團體督導的方式協助補救教學教師解決問題與精進教學。

補救教學的執行為每班四至六人，每週在原班課程外，外加 6 至 8 小時課程。補救教學教材有兩類：永齡臺東教學研發中心發展的「奇妙文字國」與「南一調整教材」。國小二至三年級的補救教學教材採用「奇妙文字國」，這套教材與學生在班上學習的教材內容不同，但學習目標相近；國小四至六年級的補救教學教材則採用「南一調整教材」，使用與原班課程相同的課本，但做教學策略的調整，採預習的方式先教。兩種教材的教學策略與初級介入的教學策略（如部件教學法、詞彙網教學法、文章結構法、多層次的提問和流暢性訓練）相同，但鷹架更細部化、更明示，同時也不斷地根據學生的程度調整教學的目標。

另外，在補救教學系統裡，除了密集、系統的讀寫技能教學外，還要幫助低成就孩子能夠獨立學習、大量閱讀。許多研究指出，要讓低成就孩子追趕上一般孩子並不容易，提供補救教學有時只能防止差距持續加大。Nagy和Anderson（1984）推估，在中年級，一般孩子和閱讀困難的孩子平時的閱讀量，差距達100倍。因此，對語文低成就的孩子，若只有每週外加6或8小時的補救教學，可能還是不易彌補落差。因此這個方案設計了一些自學活動，包括閱讀火箭、國字銀行、字卡自我練習等活動，分別鎖定了字、詞、文章等不同的成分，鼓勵孩子做大量的延伸閱讀與獨立學習，這些活動也同時鼓勵在初級介入進行，全校一起努力，以期達到加乘的效果。

寒暑假期間，研究團隊、補救教學教師與導師會討論每一個學生的進展。若經過補救教學，學生進步到該年級的水準，就可以離開補救教學班，回到普通班的學習進展監控，然後再換另一個需要協助的學生進入補救教學班。若學生在補救教學之後仍無進展，則轉介進行特殊教育鑑定，以尋求進一步的特殊教育服務。

四 改變：學校老師從抗拒到肯定的歷程

臺東反敗為勝方案的推動，就像美國的強森小學，過程也充滿了艱辛與挑戰。從第一年到第三年，我們看到學校老師對方案的接受度經歷了抗拒、接納到肯定的歷程。

（一）第一年：充滿抗拒的挑戰

第一年，方案還沒有要求普通班老師做教學策略的調整，但提供了對老師最具體的幫忙——班上最弱的學生下課後可以得到具體的協助，永齡基金會聘任的專職、駐校補救教學教師，會給這些學生們6至8小時的補救教學。第一年，主要透過研習課程讓全校老師瞭解方案，並鼓勵老師嘗試新的教學策略。亦即，對普通班老師的要求，第一年只是參加反敗為勝的研習。

即使如此，雖然有些老師躍躍欲試，仍有約一成七的老師一開始就有強烈的抗拒。有的老師抗拒參與教學精進研習，有的老師抗拒嘗試使用新的教學策略，也有老師擔心日後會有人進教室做教學觀察。

- 小黃（化名，以下所有個案均隱去可辨識的資訊）老師研習時雙手交叉在胸前，始終板著一副撲克臉，研習中間休息時，他來到講師面前，第一句話就問：「我可以走了嗎？」接著又說：「舞蹈隊要比賽了，我要回學校照顧學生。而且，我的班級重點在數學，不在國語，我不需要國語教學的精進。」（研習紀錄，2009/10/07）

- 「一位資深老師，一開始就拒絕參與反敗方案的教學精進研習，只願意把最困難的小朋友送出來做補救教學。他教一年級，第十四週時，班上小朋友還不會寫自己的姓名。他不僅不參與校內週三進修，還聯合資淺一年級老師，取消第十一週的注音檢測，校長主任也無可奈何。」（訪談紀錄，2010/01/13）

- 一位老師說：「校長決定參與這個方案時，我們只知道會有人幫忙做補救教學，但沒有跟我們說要參與研習、要用你們研發的教材和做教學調整，也沒有說以後會有入班觀察，我覺得我教得很好，不需要改變，我也不希望以後有人進來我的教室看教學。」（訪談紀錄，2009/09/30）

第一年是磨合期，每個學校都有抗拒改變的老師。方案能否持續，校長和主任的領導是關鍵。

很可惜地，第一年結束時，五所學校中，就有一個學校退出方案，終止合作。這個學校的校長看見老師的抗拒與不配合，卻始終沒有任何具體的行動，也沒有公開或私底下的溝通或說服，最終，連期末的標準化語文能力測驗，也有老師抗拒，不讓班上學生接受測驗，研究團隊只好決定終止合作。

　　從第一年的經驗，我們看到行政領導的重要。校長、主任若看重這個方案，介入前曾向老師們充分告知參與反敗為勝方案的緣由，方案開始後有積極的教學領導，學校的改革就會持續；校長若沒有任何作為，只有外部資源的投入，改革就不易持續。

（二）第二年：半推半就的接納期

　　過了第一年的磨合期，有四所國小繼續參與反敗為勝方案。第二年雖然還是充滿挑戰，但老師終於慢慢接受方案，因為學生真的有進步了。某些學校的某年級，學生的語文能力甚至超越了全國常模，在過去，這幾乎是不可能出現的情況。第二年，方案要求普通班老師開始全面性試用有研究為基礎的語文教學策略。方案讓老師仍保有教學自主權，相對的要求是，老師不能一開始就完全拒絕改變。另外，研究團隊聘請的專家教師開始入班做教學觀察。第二年，許多老師看到自己的教學進展，教學討論的氛圍也逐漸形成；抗拒的聲音逐漸變小，取而代之的是逐漸接納的支持與行動。

- 有一位老師在培訓課程中分享：「過去我的教學陷在趕課的惡性循環中，我教學生，學生學不會，學生的習作錯誤百出，於是我得在課堂上花很多時間訂正學生的錯誤，這又壓縮了上課的時間，讓我得一直趕課，然後學生就更學不會。我覺得我教學很認真，但學生學習效果不好。參加研習後，我嘗試用了部件教學策略教生字，突然間，我覺得自己好像變成名師了，學生不但學得會，而且非常熱烈參與學習活動。習作正確率變高，我因此不必再花很多時間訂正學生的錯誤了，我可以有更多時間用來教學了。」（研習紀錄，2010/10/06）

- 一位資深的教導主任表示：「反敗方案實施後，學校老師的對話開始不一樣了。過去學校的會議，老師們很少討論孩子的學習和教學，平日閒談的話題，也多與教學無關。但現在，老師們會在

　　會議中深入地討論一個一個孩子的學習表現、討論教學，平日閒
談的話題，也常出現和教學有關的話題，老師漸漸關注教學的效
能。」（反敗行政會議紀錄，2010/11/08）

　　方案的推動在第二年漸漸平順，校長和主任的支持仍扮演重要的角色。
除了學校行政的努力，為了減低老師們的阻力，研究團隊在提供各種專業支
援時，考慮到老師們的感受，駐校補救教學教師和專家教師都跟普通班導師
建立起良好互信的關係，也是關鍵。

　　前段文字提到的小黃老師，是學校的意見領袖，小黃老師第二年的態度
迥異於第一年。這一年裡，研究團隊的補救教學教師隨時敞開自己，提供教
學示範與入班協助；經過研習、教學觀摩、個案討論、專家教師入班給予肯
定之後，小黃老師開始願意改變，接納反敗為勝方案的計畫，並提供許多好
的建議。

（三）第三年：得到肯定，開始收成

　　這個方案一開始就設定推動三年，研究團隊期待三年的資源投入，可以
造成永續性的改變。方案進入第三年，普通班教師使用有研究為基礎的語文
教學策略已經有一段時間了，老師、行政人員和學生都看到了自己的進步，
這一年不再有抗拒的聲音，老師們最關心的兩個問題是：「學生有沒有進
步？語文能力有沒有趕上全國常模水準？」及「反敗為勝方案是否可以持續
進行？」（反敗行政會議紀錄，2012/04/11）。這一年，每位普通班教師都
自發性地使用研發團隊提供的教材和教學策略。有的老師覺得部件教學策略
讓學生學習生字變得有效率；有的老師覺得詞彙網教學策略大大提升了學生
的詞彙量；有的老師覺得最有幫助的是教材的文章結構分析；也有老師覺得
多層次的閱讀理解提問讓學生可以深入理解文章內容。各種教學策略都有不
同的愛好者，大家開始期待看到期末的閱讀評量結果，看看自己的努力是不
是讓弱勢地區學生的語文能力可以趕上全國常模。

五 改變：學生的學習成效

　　這個方案進行三年，持續做學業進展的監控。評估指標有二：一是成就測驗，每個月進行一次，評量教材內容，通過標準設定為 80 分；二是語文能力測驗，包括注音（一年級）、識字、聽寫和閱讀理解能力測驗，學生接受方案前有一次前測資料，之後，每學期期末進行一次後測。對照組學校僅蒐集語文能力測驗資料，沒有蒐集成就測驗資料。這個方案的研究成果，已陸續發表在國內的學術期刊（陳淑麗等人，2012；曾世杰等人，2013），本文僅描述整體性的結果。

　　參與反敗為勝方案的學生，在成就測驗上有極佳的表現。不包含特殊學生，整體的平均分數約 90.6 分左右，且年級愈低，平均分數愈高；通過標準者達 91.4% 以上。成就測驗主要評量學生是否能掌握學習教材，教什麼，就考什麼。評量項目包括閱讀理解、造句、生字聽寫，上述的測驗結果顯示，弱勢地區學生是可以掌握學習教材的，他們是學得會的。對於近百分之百的通過率與高平均分數，許多參與學校的老師推測，是測驗題目偏易所致，並抱怨這樣的測驗「分不出高下」。但這個測驗鎖定的目標，本來就是在評估學生是否能達成課程的目標，而不是分出高下，在多次的宣導說明後，老師們才能接受。因此，對於高通過率的表現，我們仍可有信心宣稱，即使是弱勢地區的學校，較有品質的教學可以讓絕大多數的學生學會教材內容。

　　在語文能力測驗方面，這個方案主要有三個發現：第一，介入時間愈長，效果愈明顯。我們發現參與反敗為勝方案的學校，參與學生的語文能力，大致上都是介入時間愈長，成效愈好。第一年成效較不明顯，到了第二年成效的差距就出來了，且介入時間愈長，學生發生閱讀困難的機率愈低（陳淑麗等人，2012）。

　　第二，學生的年紀愈小，成效愈好。這個方案發現，不論是識字或閱

讀理解，大致上都是年紀愈小，成效愈好。再以識字量為例，圖 8-2 呈現了小一到小六參與學生的識字量表現，從圖 8-2 可知，參與反敗為勝方案的學生，在方案介入後，小二和小三兩個年級學生的識字量都超越了全國常模的平均值；小四到小六學生的識字量，介入後雖高於介入前，但介入後的識字量還是稍落後於全國常模的平均值。

　　另外，值得注意的是，方案介入後，小一學生的識字量還是低於全國常模，且介入前後的位置沒有顯著改變，我們推論這和介入重點有關。一年級上學期介入重點主要是注音能力，一年級下學期介入重點才轉移為中文識字和閱讀，從圖 8-3、圖 8-4 可知，一年級的注音學習成效相當好，參與反敗為勝方案的學生，不論分析單位是初級或次級，其注音能力在一上就幾乎已經超越全國平均水準，但對照組學生的注音能力則落後於全國常模，這個結果再次說明了，介入的時間愈早，成效愈好。

　　第三，和對照組學校相較，參與反敗為勝方案學生的語文能力進展較佳，但高層次的閱讀理解能力成效則不清楚。為了瞭解方案實施的成效，這個方案設置了對照組學校，研究結果發現，整體來看，反敗為勝學校語文能

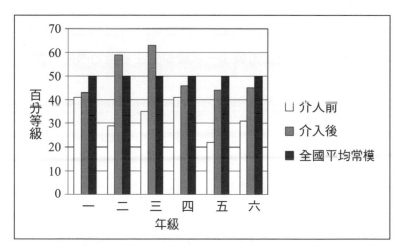

圖 8-2　反敗為勝方案小一到小六初級學生識字量百分等級

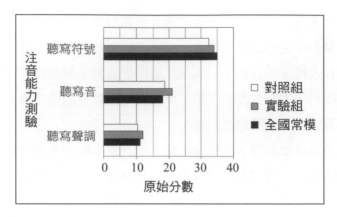

圖 8-3　反敗為勝方案小一初級學生注音能力原始分數

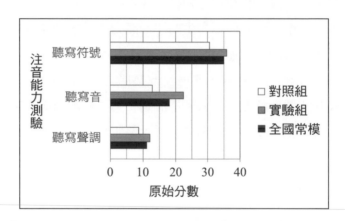

圖 8-4　反敗為勝方案小一次級學生注音能力原始分數

力的進展較佳。圖 8-5、圖 8-6 分別以識字量和聽寫為例呈現介入的效果，
大概可清楚看到一個趨勢：在初級和次級層級，大致上都是實驗組的語文能
力較佳。但較可惜的是，和識字量及聽寫能力相較，高層次的閱讀理解能力
成效較不明顯，許多年級的資料顯示，實驗組和對照組的閱讀理解能力沒有
差異。閱讀理解能力的成效為什麼不明顯？陳淑麗等人（2012）的研究推
論，原因可能是閱讀理解測驗的敏感性不夠好，也可能是跟偏遠地區學校師
資流動性過高有關。除了這兩個原因，研究者認為，也有可能是研發團隊發

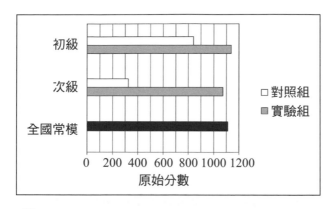

圖 8-5　反敗為勝方案小二學生識字量原始分數

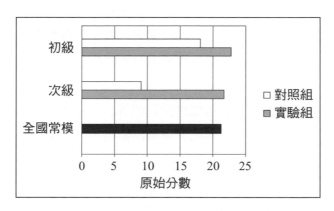

圖 8-6　反敗為勝方案小二學生聽寫原始分數

展的閱讀理解教學策略不夠有效。但真正的原因為何，仍有待未來的研究進一步檢驗。

　　上述臺東的反敗為勝方案，其參與學校教師對方案的反應，經歷了類似強森小學改革的歷程，教師從初始的抗拒，到慢慢地接納與肯定方案。但二者不同的是，強森小學的改革是校長領導，由學校內部做改變；但臺東的反敗為勝方案有外部資源的投入，且是由學校外的研究團隊帶領改革，難度更高。因此，當方案進入第三年，每個學校都期待方案能持續進行時，我們必

須進一步釐清真正的理由：是希望學校的教學品質繼續往上提升？還是擔心每校兩名全職補救教師資源被撤除。當然，兩個理由可能是並存的。這個方案為每所參與反敗為勝的學校注入了兩位全職的補救教學教師，這雖然是一個極為理想的模式，但在臺灣的教育制度裡，實現這種師資結構的可能性不高。因此，臺東研究團隊在 101 學年度，在屏東縣和新竹縣各找一所偏遠小學複製反敗為勝模式，但不同的是，不再對這兩所學校提供專職的補救教學教師，初級和次級的介入都由學校老師執行；其他的教學支援則相同，包括教材教法、培訓、教學示範、教學督導、學習進展監控等。

兩所學校學生的語文能力都有進步，但屏東縣的學校，合作一學期就終止了，終止因素和學校校長、主任、老師及家長都有關係，其中近三分之一老師抗拒改變以及校長因病無力領導是關鍵；而新竹縣的偏遠學校，則成功複製了臺東的經驗，學生的學業表現和老師的教學，在一年內都有了明顯的進步。六個年級中，有五個年級的學生識字量之平均值已接近全國常模，校長和老師們在夜裡促膝長談教學是常見的景象，連家長也偶爾參與討論。在這個學校，我們再次看到校長的領導與高期待，是改革成功與否的關鍵因素。

第四節　反敗為勝學校案例的啟示

本章的主旨是「反敗為勝」。這四個字意味著在改變的開始，學校是困難重重的，需要經過一番努力才會解決問題，邁向成功。綜觀前述美國和臺灣的反敗為勝學校，從結果論，讓孩子的讀寫能力反敗為勝，是可能的；從過程論，雖然在改變中，老師的抵制反彈難免，但在學校領導、政策及教學執行上的一些做法，可以帶來成功。以下我們整理出這些反敗為勝學校共同具備的四項特質。

強而有力的教學領導

學校要改變，就會有同仁抗拒改變，在這個時候，校長的教學領導是解決問題的關鍵。強森小學 Sayeski 校長在觀察了學校一年之後，下了診斷，並給出處方：他改良教師進修方式、引介新的課程和教學法，甚至各班的師生比都因學生的需求而改變。對於這些做法引發的反彈，Sayeski 校長都能根據他的教學專業來說服老師們繼續下去，同時他也敢堅持自己的理念，在聘任教師面談時，只要教師贊同某一種只憑信念、沒有證據支持的教學法，他便立刻停止面談。這樣的領導方式看起來有點霸氣，但他還能藉由經常性的評量，讓每位老師即時見到努力後的成果。堅持一段時間之後，終於造成改變。臺東大學研究團隊在臺東的反敗為勝方案也有類似的發現，四所成功的學校校長及主任都能踴躍參加定期的行政會報，分享各校的做法、遭遇的困難與因應之道。校長、主任不但鼓勵老師們參與跨校教學研習，更進入每一間教室觀課、參與老師們課餘的教學討論，並啟動全校的閱讀活動。

再看失敗的兩所學校，我們認為其失敗的主因在於領導。一所學校的校長無為而治、順其自然，老師不配合，也沒有嘗試溝通、設法克服；另一所學校校長則因病無力進行改革，主任不願意承擔重任，幾位老師稍有意見，在校務會議中就推翻了原來的決議。這兩所學校最後宣告失敗，並不意外。

不找藉口的態度

弱勢學校學生學力低落，其根本的原因經常來自家庭或社區，而不是學校。但問題發生的原因，經常不是教育或學校可以切入的重點，例如貧窮、單親、隔代教養或文化差異，都是學校無能為力的現實因素。因此，教育者若只將學力的低落歸諸於家庭或社區的不利，不但於事無補，還可能讓整個學校產生「努力也沒用」的失敗主義，連可以努力的部分，也放棄了努力。

最後，學校放棄了孩子，孩子也放棄了學校。

本章所介紹的反敗為勝小學，不管在美國或臺灣，學校的領導人都努力地營造一個「不找藉口」的態度，鼓勵同仁們齊心努力，想盡辦法把每一個孩子帶上來。

永齡臺東教學研發中心曾經就臺東某國小一位學習極度困難的小一新生小熊（化名）作了個別化的介入。小熊沒上過幼稚園，在教室裡完全坐不住，不但自己沒辦法上課，也讓全班沒辦法正常上課。老師和學校當然可以怪罪給家長、家庭或學生天生的特質，但這對誰都沒有幫助。老師不找藉口，向主任、校長求救；主任、校長不找藉口，向永齡臺東教學研發中心求救。於是小熊被安排在永齡於該校設置的補救教學班裡，接受一對六的密集補救教學，但最有經驗的補救教學老師仍然罩不住，研究團隊於是再以工讀生方式，聘請大學生當教師助理，坐在小熊旁邊協助，補救教師及班級導師再輔以額外的個別教學。入學三個月後，小熊終於學會注音，並且進入學習狀況。

在反敗為勝小學中，這樣的案例每班都有，且在各種場合被提出來討論，最後，每位同仁遇上困難，就設法去解決，讓抱怨和找藉口成了過去式。

三 證據本位的有效教學

美國最近的一波教改，即「不讓任一個孩子落後」法案有四大改革主軸，其中一個是「證據本位的有效教學」。2000 年美國政府聘請學者組成國家閱讀小組（NRP），針對近四十年中最嚴謹的教育研究進行文獻回顧，整理出有效的閱讀教材教法，並且設置「什麼有效資訊透明站」（What Works Clearinghouse; https://ies.ed.gov/ncee/wwc/），讓老師及家長可以輕易取得各種教材教法有效性的評估報告。這個教育政策讓美國的中小學特別強調證據本位的有效教材教法，本章所介紹的美國學校中，每一所都談到他

們採用的有效教學方法，就是一個例證。

臺東大學研究團隊也根據文獻中有效的補救教學原則設計國語文教材教法，並且以實證的方式檢驗其執行與成效。在執行上，這些教材教法對老師來說是容易上手、課堂上便於使用的；對學生是有趣、循序漸進、有高成功機會的。在成效上，實驗組的進展是顯著優於對照組的。有了這些實用又有效的研究本位教材教法，學校推動反敗為勝改革，才能減少阻力。

四 持續的進展監控

所謂進展監控，就是對學生的學習狀況有經常性的評量。也許因為前一波的教改對減輕考試負荷提出強大的呼求，臺灣的家長及老師們對於任何形式的「評量」（考試）經常有負面的刻板印象，但這樣的印象卻忽略了進展監控的重要性。

一項後設研究指出，經常性的評量是一種有效的教學策略，其效果值達0.7，在不同年齡、不同需求的特殊教育學生及不同評量頻次的情形下，都得到類似的結果（Fuchs & Fuchs, 1986）。這也難怪本章所有的反敗為勝學校均有一套持續的進展監控系統，而且能根據系統得到的資訊，做重要的教學決策。

從現場的執行來看，經常性的評量讓學生有具體的目標可以達成，讓老師可以迅速監控學生閱讀學習的進展，也可以讓校長很快地知道學校裡哪些班級或哪些學生需要即時的協助。

進展監控不一定是臺灣一般印象中的紙筆測驗，美國小學教室裡最常見的是閱讀流暢性的評量，由班導師或教師助理執行。評量的內容為當時正在學習的課文，或分年級的階梯讀本。每天抽一個時間，老師拿著碼表計時，請學生唸 1 分鐘，或由學生互測，算算看 1 分鐘裡學生唸讀了幾個字。根據實證研究，閱讀流暢性是兒童閱讀能力的最佳指標。這個數字通常是快速成長的，若學生的閱讀流暢性與常模比較起來嚴重落後，而且成長停滯，學校

或老師就可以提供額外的協助。進展監控當然也可能是紙筆評量,但評量的目的在於「有沒有學會」而不在於「分出高下」,這是在競爭激烈的考試文化下成長的我們所經常忽略的。

參考文獻

中文部分

巫有鎰(2007)。學校與非學校因素對臺東縣原、漢國小學生學業成就的影響。**臺灣教育社會學研究**,**7**(1),29-67。

許添明、葉珍玲(2015)。城鄉學生學習落差現況、成因及政策建議。**臺東大學教育學報**,**26**(2),63-91。

陳淑麗、洪儷瑜(2011)。花東地區學生識字量的特性:小型學校——弱勢中的弱勢。**教育心理學報閱讀專刊**,**43**,205-226。

陳淑麗、曾世杰、蔣汝梅(2012)。初級與次級國語文介入對弱勢低學力學校的成效研究:不同介入長度的比較。**特殊教育研究學刊**,**37**(3),27-58。

陳淑麗、曾世杰(2019)。國語文補救教學長期介入對低年級低成就學生的影響。**教育研究與發展期刊**,**15**(2),57-88。

曾世杰、陳淑麗、蔣汝梅(2013)。提升弱勢國民小學一年級兒童的讀寫能力——多層級教學介入模式之探究。**特殊教育研究學刊**,**38**(3),55-80。

西文部分

Bell, N. (1991). *Visualizing and verbalizing for language comprehension and thinking.* San Luis Obispo, CA: Educational Publishing.

Bénabou, R., Kramarz, F., & Prost, C. (2009). The French zones d'éducation prioritaire: Much ado about nothing? *Economics of Education Review, 28*(3), 345-356.

Blaunstein, P., & Lyon, R. (Eds.). (2006). *Why kids can't read: The crisis in our classrooms.* Lanham, MD: Rowman & Littlefield Education.

Clay, M. (1993). *Reading recovery.* Portsmouth, NH: Hienmann.

Denton, C. A., Foorman, B. R., & Mathes, P. G. (2003). Perspective: Schools that "beat the odds" -Implication for reading instruction. *Remedial and Special Education, 24*, 258-272.

Engelmann, S., & Bruner, E. (1995). *Reading mastery.* Columbus, OH: SRA Macmillan; Rainbow Edition.

Entwisle, D. R., & Alexander, K. L. (1988). Factors affecting achievement test scores and marks of black and white first graders. *The Elementary School Journal, 88*(5), 449-471.

Foorman, B. R., & Torgesen, J. (2001). Critical elements of classroom and small-group instruction promote reading success in all children. *Learning Disabilities Research and Practice, 16*(4), 203-212.

Fountas, I., & Pinnell, G. S. (1996). *Guided reading: Good first teaching for all children.* Portsmouth, NH: Hienmann.

Fuchs, L. S., & Fuchs, D. (1986). Effects of systematic formative evaluation: A meta-analysis. *Exceptional Children, 53*(3), 199-208.

Langer, J. A. (2001). Beating the odds: Teaching middle and high school students to read and write well. *American Educational Research Journal, 38*(4), 837-880. doi: 10.3102/00028312038004837

Lindamood, P., & Lindamood, P. (1998). *The Lindamood-Phoneme sequencing program for reading, spelling, and speech* (3rd ed.). Austin, TX: Pro-Ed.

McGuinness, C., & McGuinness, G. (1998). *Reading reflex: The foolproof*

Phono-Graphix method for teaching your child to read. New York, NY: Simon & Schuster.

Nagy, W. E., & Anderson, R. C. (1984). How many words are there in printed school English? *Reading Research Quarterly, 19*, 304-330.

National Institute of Child Health and Human Development (2000). *Report of the National Reading Panel. Teaching children to read: An evidence-based assessment of the scientific research literature on reading and its implications for reading instruction* (NIH Publication No. 00-4769). Washington, DC: U.S. Government Printing Office.

Nicholson, T. (1997). Closing the gap on reading failure: Social background, phonemic awareness, and learning to read. In A. B. Benita (Ed.), *Foundations of reading acquisition and dyslexia* (pp. 381-408). Mahwah, NJ: Lawrence Erlbaum Associates.

Slavin, R. E., Madden, N. A., Dolan, L. J., & Wasik, B. H. (1996). *Success for all* (2nd ed.). Baltimore, MD: Corwin.

Taylor, B., Pearson, D., Clark, K., & Walpole, S. (1999). Effective schools/ accomplished teachers. *Reading Teacher, 53*(2), 156-159.

Taylor, B., Pearson, D., Peterson, D., & Rodriguez, M. (2005). The CIERA school change framework: An evidence-based approach to professional development and school reading improvement. *Reading Research Quarterly, 40*(1), 40-69.

Torgesen, J. K. (2000). Individual differences in response to early interventions in reading: The lingering problems of treatment resisters. *Learning Disabilities Research & Practice, 15*(1), 55-64.

Washington, J. A. (2001). Early literacy skills in African-American children: Research considerations. *Learning Disabilities Research & Practice, 16*(4), 213-221.

| 第九章 |

國中語文學習扶助方案

● 詹琇晴、洪儷瑜

　　政府近十多年來透過各項政策與補救方案，來提升國民中小學學習落後學生的學習，如「攜手計畫：大專生輔導國中生課業試辦計畫」（教育部，2005）、「攜手計畫：課後扶助方案」（教育部，2006），期間經過不斷的檢討與調整，直到民國 100 年整合上述各項措施，訂立「國民小學及國民中學補救教學實施方案」（教育部，2011），此方案的推出可看出教育當局對中小學學生之基本能力補救的重視。

　　如本書第一章所提，學習扶助可分多層級的學習支持，補救教學僅是其中一種方法。而我國的學習扶助則是針對第二層級之補救教學換個名稱而已，比較接近國外三層級學習支持的第二層級（見本書第一章）。第二層級的介入方法之取向主要有兩種方式（Fuchs, Mock, Morgan, & Young, 2003）：問題解決取向（problem solving approach）及標準模板取向（standard protocol approach），後者為實證有效的綜合性介入方式，做法是將學生所需的閱讀技巧成分融入課程設計中，提供教學人員具體明確且一致的標準化介入程序，並以密集的小組方式進行，比較適合需要高度專業設計之基本能力介入；前者則需要個別化和情境脈絡的考量，比較適合行為的介入。我國第二層級之補救教學在攜手計畫已行之有年，不過實際上的課程

內容常以作業指導或教科書進行補救教學，且擔任教學的老師多數未曾接受過補救教學相關專業訓練（陳淑麗，2008）。即使後來推動補救教學專業知能培訓，並針對學科教材教學之設計有專門研習時數，許多教師仍苦於無現成補救教學教材可用。教育部的學習扶助教學資源平臺提供很多根據基本學習內容所編製的教材，但仍多以學習知識或學習內容為主，較少針對語文基本能力的有效策略教學。因為針對學生基本能力和學習策略教學，難以在短時間看到學生成績的改變，所以多數教師樂於採用反覆練習作業及課本，既滿足學科教師的期待，又容易在小考或段考反映出成效。然而語文基本能力若未能有系統地教導，長時間下來難以看到學生真正的進步。

有鑑於此，永齡基金會及博幼基金會早已著手於國小語文能力之補救教學教材的編製，而國中之語文能力卻一直未見類似的可用教材，因此，國立臺灣師範大學教育研究與評鑑中心藉由聯發科技教育基金會贊助之經費，於2010年開始依補救教學的「標準模板取向」編製適用於國中階段的補救教學教材——「國中語文精進課程」，希望能透過這套有實證基礎的教材，對參與學習扶助的師生有所助益，或提供第二層級補救教學需求的國中生有機會重新獲得基本語文能力，供其未來升學或就業之用。以下分別介紹此教材之研發與試驗、合作模式及實施成效。

第一節　國中語文精進課程之研發與試驗

 設計理念

國中階段的學生，其閱讀能力應可透過閱讀來學習，且一般學科常識也需透過自行閱讀來獲得。然而需要第二層級補救教學之學生，多半是具學習困難之低成就學生，基本能力不足以應付國中課程，因此「國中語文精進課程」便以語文能力程度約在小三、小四左右，難以在國中教材中順利學習者

為設計對象。課程設計結合國中階段之語文能力成分與重要的閱讀策略，不強調學科知識內容，期待透過三年循序漸進的課程，增進學生語文能力，降低其在學習國中課程的困難，更希望藉由本課程讓低成就學生在三年內獲得足夠的基本語文素養，並能運用此能力於所有學習和生活上，以利未來生涯發展。因考慮到時間限制、學生能力基礎、低成就學生的特質、青少年發展階段，與其所處環境和生涯發展的需求，故主要由動機和能力之養成來思考課程設計（洪儷瑜，2012a，2012b）。

　　因考慮低成就學生之動機問題和學習特性，於課程中設計採用一些做法及活動來鼓勵，如：讓學生記錄自己的進展，增加學生的學習成效感及自我回饋；引導學生擬訂目標並自我監控，使學生有機會檢驗自己的成長；採高度互動的教學，搭配增強系統，並注意學生差異性的處理等班級經營策略，以增加學生參與學習的動機，這是有效學習扶助需要納入的重點。語文素養之提升在加強培養學生閱讀理解能力，利用文本知識和結構來促進對文本之理解，並運用讀寫合一來熟練文體知識和運用。考慮不同文體結構有其邏輯性和國中階段所需，文體的安排先從故事情節的記敘文開始，到非故事情節的寫人、寫景的記敘文，再進到三種不同的說明文，共六個模組，每個模組讓學生集中閱讀同一類文體但不同描述手法的文章，透過文體結構同時習得典型和變化；教學設計採逐漸轉移責任的順序，由教師教導、教師引導和學生自行閱讀，逐漸掌握文章理解。故每一文體在教學程序設計上，皆採教師教學（教學文）、教師引導學習（半自學文）和學生自學（自學文）等逐步褪除鷹架的方式。以模組 1（M1）為例（表 9-1），教學文由教師直接教導文體相關的背景知識並示範如何利用鷹架，引導學生練習鷹架中的各個元素及閱讀策略，如預測、詞彙策略、文章結構、提問等；引導教學文則減少教師示範，採引導學生依教學文的鷹架練習重要元素及策略；自學文部分主要由學生獨立或分組依學習單整理所閱讀的文章，教師僅在必要時予以指導。由文章教學順序可清楚看到教師的角色由示範到協助，逐漸放手讓學生獨立學習；學生藉由此練習過程將鷹架內化，最後能在閱讀時加以運用。

表 9-1 模組 1（M1）內各課教學節數與程序說明

文章順序	使用節數	教學步驟	目標
【教學文】 L1 兩碗牛肉麵 L2 解放兒童	6 至 7 節 （一課）	1. 教師直接說明文體。 2. 學生練習區分。 3. 教師利用教學文提問，讓學生學習如何利用結構組織文章內容。 4. 教師利用提問，讓學生利用段落結構表欣賞不同文章的描述脈絡，並更深入瞭解文章背後的意義。 5. 教師利用不同層次的問題提問，引導學生閱讀時思考，並透過思考對文章有更深入的瞭解。	• 教師教導背景知識。 • 教師示範利用鷹架。 • 學生在教師教導下練習。
【半自學文】 L3 聰明反被聰明誤	3 節	6. 利用此文章讓教師引導相同的結構分析、段落分析及理解提問。	教師引導下，學生練習鷹架。
【自學文】 L4 我們的愛有多大限度	2 節	7. 利用此文章讓學生小組或個人學習，運用教學文練習的結構分析、段落分析及理解提問整理自己的閱讀。	學生合作完成，獨立學習。

　　總而言之，所有模組的教學採結構化、系統性之設計，加入不同文體和不同學習階段所需之策略，並因應個別差異設計不同層次之作業單，逐步訓練學生能夠自學。

二 教材研發與修訂

　　依據上述教材設計理念，由臺灣師範大學洪儷瑜教授帶領學者專家、資深實務教師、研究人員等組成的語文團隊進行教材研發，三年間共研發了七

個模組的教材，並藉由實驗、試用期間參與教師的回饋意見及研發團隊的專家意見對教材進行修訂。因本課程採「標準模板取向」，為了執行精準度，在教師手冊之教案採詳案方式撰寫，提供授課教師一致的教學流程，以確認課程執行之完整性。教材之研發與修訂可分為下列四階段（國立臺灣師範大學教育研究與評鑑中心，2012）：（1）準備期（98 年 9 月～ 99 年 6 月），以分析教材需求為主要任務；（2）前導試驗期（99 年 7 月～ 99 年 12 月），經前期測試，初步完成課程架構與目標，保留識字課文作為課程引導，同時研發故事體教材；（3）發展期（100 年 1 月～ 100 年 12 月），依據實驗教學來調整並修訂教材，考量到教學時間和授課負擔，調整教材以符合教師實際情況，增加可行性；（4）確定期（101 年 1 月～ 101 年 12 月），大致底定教材內容與架構，與部分縣市學校合作試用。因應部分縣市學生程度較低，或國中擬提早補救國小孩童之語文需求，增編基礎模組 F，這也讓本課程更接近實際低成就學生之需求，從 102 年起與各個縣市政府合作推廣。

　　表 9-2 為修訂後正式推廣之完整模組架構，每個模組安排 20 至 22 節課，但依據教師熟悉閱讀策略程度與學生人數和程度，實際教學最好增加 2 至 4 節，約需 24 至 26 節。

表 9-2　語文精進課程教材架構

		第一年		第二年		第三年	
無基礎模組	教學目標	模組 1：記敘文（故事體）	模組 2：記敘文（寫人）	模組 3：記敘文（寫景）	模組 4：說明文（特徵）	模組 5：說明文（比較對照）	模組 6：說明文（問題解決）
有基礎模組	教學目標	模組 F：聲旁文（故事）	模組 F1：記敘文（故事）	模組 2：記敘文（寫人）	模組 3：記敘文（寫景）	模組 4：說明文（特徵）	模組 5：說明文（比較對照）

註：模組 F1 為模組 1 之調整版，主要針對使用模組 F 者所修訂。

🔴 三 課程執行

由於本課程採標準模板取向，教學重點是以文體知識及閱讀策略為主，為確保教師能盡快熟悉教材且能精準的執行策略教學，除了提供詳案之教師手冊外，並要求使用教材之教師參加培訓，除了授課前一天 6 小時之培訓外，學期中亦由專業且教學經驗豐富的督導做定期培訓。督導主要協助教師熟悉本教材和教學、解決教師之教學困難，以及確認教師是否有依標準化程序執行教學。定期督導時，請教師透過教學自我檢核表、教學程序檢核表檢驗其教學的精準度（fidelity）、討論執行的瓶頸或困難。每個模組之師訓共計三到四次：

（一）師訓工作坊

安排於學期初開課前的一次行前訓練，首先由補救教學概論入門，讓參加的教師瞭解補救教學的概念政策、低成就之概念、低成就學生特質及國中生基本能力補救重點等。再介紹「國中語文精進課程」設計及編製原則，以及搭配的教學策略與班級經營策略，讓教師們對低成就學生之補救教學有基本認識。接著由專案的資深實務教師進行教學示範，提醒重要教學元素，並進行教學活動演練，藉由共同備課的方式幫助教師們熟悉教案內容。

（二）教學輔導會議

安排於學期中兩次，約每月一次藉由會議瞭解教師們的教學狀況、課程進行相關疑難問題討論與經驗分享。教學精準度的檢驗便是討論的依據之一，接著進行下一階段課程的教學示範。

（三）期末檢討會議

安排於期末的一次檢討與回饋。先對教學進行疑難討論與分享，再藉教

師問卷蒐集教師們對教材的意見，以瞭解教師進行狀況，並邀請教師對整學期進行總回顧。

　　上述四次師訓之設計，除了把教材之設計理念和各種策略之執行方式教給教師外，並將一般教師所需知道的補救教學知能，包括班級經營、低成就學生的評量與診斷、語文科補救教學策略、語文科補救教材設計等研習課程也融入師訓中。另外，督導在會議中適時引導分享，讓參加研習的教師互相交流、分享討論，無形之中形成一個跨校的教師專業成長社群。

　　除了定期師訓會議和教師手冊外，研發團隊並提供許多教學支援，例如：字詞卡、彈性作業單、各課投影片等教學資源、師訓及輔導會議之教學討論記錄，以及綜合記錄表單（例如：教師日誌、教學程序檢核表等），讓參與課程的教師可以複習師訓的內容或熟悉教案所說明之教學程序。此外，教師們亦可上傳自己製作的教學資源以供分享，如：教師調整過或另外製作的教學多媒體、學生作業檢核表等。教師們也可利用社交軟體留言，討論教學相關事項，促進教師間的交流，督導亦會定期留意教師們的問題並予以回應，提供教師們一個分享資源及討論學習的空間。

　　本教材之使用採認證制，當教師完成一個模組的教學後，研究團隊會依據督導所提供資料與教師之教學精準度、教學狀況等整體表現，發給通過評估者該模組證書，有證書之教師即可擁有使用該模組教材獨立授課的資格。擁有四張以上不同模組證書之教師，研究團隊將邀請其參與本教材之督導培訓，以提升其對本教材運用之專業知能。自 100 學年度教材試用推廣至今，已有 203 人次擁有不同模組獨立教學的資格，其中不乏擁有四張模組證書者，可見教師對教材的肯定與認同，他們都是未來推動國中國語文補救教學（學習扶助）的重要種子。

第二節　整合大學、縣市政府及國中之合作模式

　　教育部長期推動一系列學習扶助之辦法，而落實教育之公平仍困難重重。對縣市政府而言，推動學習扶助面臨了許多問題，如學校不願配合、不易找願意參與的對象，其他的問題還有：合適的對象是誰、學習扶助該教什麼、怎麼教才稱為有效、教師是否有足夠的能力或理念來教這些孩子等。為解決上述議題中關於教材、師資品質、檢核機制以及支持系統的相關問題，國立臺灣師範大學教育研究與評鑑中心的「教育機會與品質提升計畫」之補救教學團隊乃以資源整合的構想為出發點，希望藉由與縣市政府的合作，協助縣市政府落實推動補救教學之政策，也期待學校依據自己的需求開創校本之補救教學模式；由大學、縣市政府、學校三方合作，整合資源共同落實補救教學，這樣才能真正幫助各校需要被扶助的低成就學生。

　　從 100 學年度開始，透過聯繫各縣市教育局（處），徵求有意願提升語文補救教學品質之學校及縣市參與，且參與試用的學校需符合下列條件：（1）100 學年度將開設攜手計畫語文科補救教學班別之國民中學；（2）教學對象為符合攜手計畫評量之標準 PR35 以下，且有意願參與之七年級學生；（3）每校至少開設一班語文科補救教學班，每班以八至十人為原則，每週至少能進行兩次補救教學課程，每次教學以一節課為原則，以達理想教學效果；（4）擔任試用教學的師資需有合格教師資格，且具國文科教師或特殊教育教師資格。

　　經過第一年的合作與檢討，101 學年度進一步與縣市政府正式簽訂合作協議書，合作案以年度為單位，每學年第一學期開始前簽訂，雙方正式簽約後隨即啟動合作機制。這些學校的補救教學攜手班經費皆來自攜手計畫之經費，縣市政府負責核定該校補救教學經費、師訓之經費、公假和審核其補救

教學實施進展。師大團隊以研發之基礎協助合作學校篩選學生、培訓教師知
能和提供教材與教學，而學校端負責家長、學校之宣導並落實補救教學與三
層級學習支援系統之建構，如圖 9-1 所示（國立臺灣師範大學教育研究與評
鑑中心，2012）。

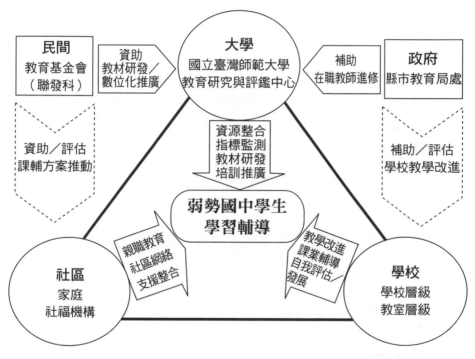

🔲 9-1　偏遠地區教育機會與品質提升計畫之運作模式

資料來源：國立臺灣師範大學教育研究與評鑑中心（2012）。

　　圖 9-1 是大學主動結合縣市政府和民間力量與學校、社區三方共同合作
模式。主要考慮補救教學問題之複雜性，需要專業合作，故整合不同資源由
民間基金會資助教材研發經費及推動課輔方案，由師大教評中心提供經過實
證研發的教材、師資培訓、學生篩選方式及成效監控等，而縣市政府則是提
供相關攜手經費及行政協助等三方的整合作為學校之後盾，降低學校行政和

解決問題之負擔。全力擔任實際補救教學工作執行者，負責學生篩選、課程安排等，提供授課教師學校層級、教室層級的資源，並與家長溝通，或結合社區資源、社福單位共同輔導弱勢地區或低成就學生的學業學習。

100 學年度參與試用的學校有新北市及宜蘭縣國中七年級的學生，在確認兩縣市的合作學校後，所有參與學生於上學期初 10 月進行《常見字流暢性測驗》（洪儷瑜等，2007）、《國小閱讀理解篩選測驗》（柯華葳、詹益綾，2006）、《國民小學寫字測驗》（洪儷瑜、陳秀芬，2010）三項測驗作為語文能力低成就之篩選，學生只要任一測驗未達篩選標準（百分等級25），便為補救教學學生。但有些學校以當時攜手計畫補救對象之標準來篩選——環境弱勢和「攜手計畫學生評量系統」低於 PR35 者，因此，參與補救教學之學生有兩種標準。上學期計有十三班 124 名學生，下學期有十二班105 名學生。以下以 100 學年度參與推廣之兩縣市學校來說明實施成效。

第三節　國中偏鄉補救教學方案之成效

 一　教師方面

（一）肯定課程設計

100 學年度參與教材試用的教師，上學期模組一有 14 人，下學期模組二有 16 人。授課教師在完成模組教學後，填寫課程試用問卷。由圖 9-2 可以瞭解教師們對課程設計的意見：80% 以上教師肯定課程難易度適中，100% 教師認同本課程可以培養語文素養能力，90% 以上教師同意課程、教學設計符合學生程度和學習目標，並有助學生之理解與學習。而同意教材學習單有助學生達到學習目標的教師比例，雖上學期為 60%，但到下學期則上升至 92.3%，由此可見教師對此教材的肯定及認同。

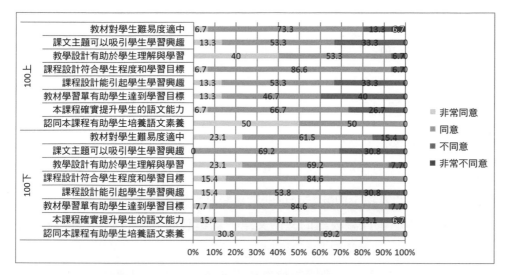

圖 9-2　100 學年度試用教師對課程設計之意見

（二）幫助專業成長

在面對新教材所帶來的適應及挑戰時，教師感受到壓力和適應困難是難免的，參加教師最常以「增加事前備課時間、利用教學資源重複精熟教材」來因應，比率在 60% 以上。異於模組 1 的因應方式，教師在模組 2 則是尋求外在支持性人事資源，協助自我解決教學適應上的困難，如輔導會議、諮詢等。

教師們表示自己最大的收穫是教學。近五成教師提到在教學方面的收穫是體驗和實踐一種新的教學方法，打破傳統的教學習慣，重新建構新的教學理念，尤其是對文體結構的瞭解、語文教學策略的認識與運用、監控學習成效等。綜合上述，藉由實施標準化課程的補救教學，教師們較能由教學中體認有效教學策略之意義和教材教法之設計原則。透過師訓，帶領教師閱讀學生的評量資料、課堂表現紀錄與作業，讓教師學習如何統整資料以診斷學生的問題或是確認學生之進展，教師對於補救教學相關研習所得的知能因此有了個人實際的體驗。

二 學生方面

（一）提升學習成果

　　學習成果分成逐課評量及綜合評量兩部分。逐課評量是指各模組每課課文之課後評量，包括教學文及半自學文，評量內容有聽寫、克漏字、詞義理解及文義理解四大題；而綜合評量則是在整個模組教學完成後之學習類化評估，由編輯小組選擇該模組的文體文章一篇編製而成，有信效度考驗和常模。

　　基於課程設計理念，教師的教學會逐漸減少。從逐課評量各大題答對率來看學生表現（圖 9-3、圖 9-4），在模組 1、模組 2 皆可觀察到與文章理解有關的「文義理解」，不會因授課減少而降低表現水準；在模組 1 中，聽寫及詞義表現不佳，可能是因為評量難度較高，或課程中字詞練習較不足所致。不過進到模組 2 後，明顯可發現各大題表現皆呈上升趨勢，可見逐漸褪除教師教學後，學生的學習成效仍能維持。

　　再由綜合評量來看學生在該模組的表現，模組 1（M1）整體答對率近五成，模組 2（M2）則有六成五的答對率，依常模轉換成標準分數來比較（t＝-2.36, p＝.02），模組 2 綜合評量表現優於模組 1，顯現學生在接受教學介入後一年的閱讀理解表現較接受半年者為佳；進一步將兩次綜合評量依常模轉為年級分數來看（圖 9-5），模組 1 之綜合評量中，有 63.8% 學生表現不到小五程度，小五程度的有 12.0%，僅 24% 左右的學生有七年級之表現；而模組 2 的綜合評量不到小五程度的比率降到 54.5%，小五程度增為 15.5%，有 30% 左右學生達到七年級之水準表現，可見經過一年的補救教學，部分學生的能力已有提升，往高能力組移動。

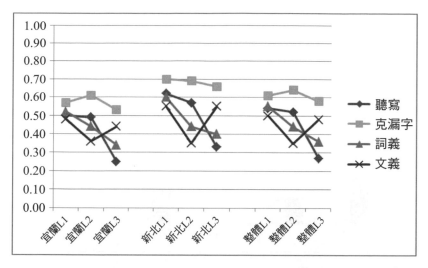

圖 9-3　模組 1 逐課評量各大題答對率

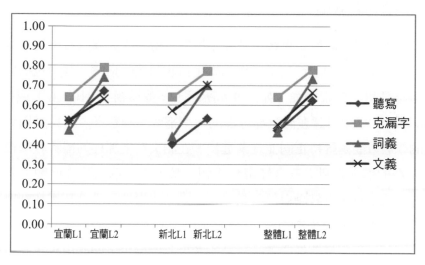

圖 9-4　模組 2 逐課評量各大題答對率

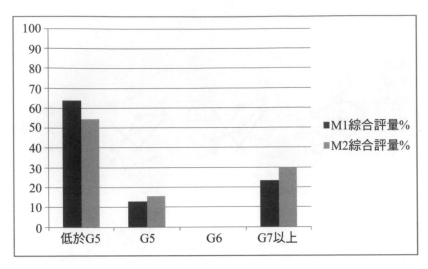

圖 9-5　綜合評量各年級百分比

（二）增進自我效能

　　每學期該模組教學結束後，請學生填寫一份由研究團隊編製的意見調查表，調查學生的「閱讀行為」以作為學生自我效能的指標，其中包括目標設定、策略運用、自我增強。如圖 9-6 所示，不論模組 1（100 上）或模組 2（100 下），學生自評在同意部分占的比率都較不同意多，可見試用學生對自己的學習效能是維持正向並逐漸進步。在語文精進課程的補救教學後，有70% 左右的學生看到文章會好奇想去讀一讀，看文章在談些什麼；遇上較難或較長文章時，會鼓勵自己盡量作答不亂猜；更進一步會利用教師所教的方法去試著作答的學生有 70% 以上。而且，上下學期皆有 75% 的學生會鼓勵自己，可見這些長期低成就、自信心較低落的學生，開始用較正向態度面對自己的學習。另外，模組亦教導學生為學習設立具體可檢視的目標，模組1、2 皆有 80% 的學生能為自己設定目標並努力一步步去達成。這正是因為語文精進教材設計時考量到學生的動機，並對教材難度予以控制，讓學生能維持中高程度的成功機率；再配合上課表現的檢核、朗讀紀錄、增加學生參

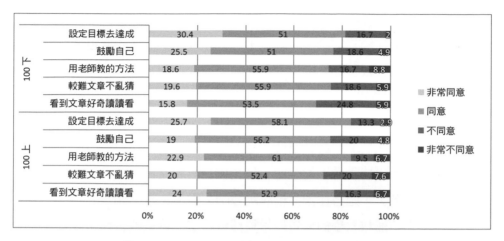

設定目標去達成　30.4　51　16.7　2
鼓勵自己　25.5　51　18.6　4.9
用老師教的方法　18.6　55.9　16.7　8.8
較難文章不亂猜　19.6　55.9　18.6　5.9
看到文章好奇讀讀看　15.8　53.5　24.8　5.9

設定目標去達成　25.7　58.1　13.3　2.9
鼓勵自己　19　56.2　20　4.8
用老師教的方法　22.9　61　9.5　6.7
較難文章不亂猜　20　52.4　20　7.6
看到文章好奇讀讀看　24　52.9　16.3　6.7

100 下　100 上

非常同意
同意
不同意
非常不同意

圖 9-6　100 學年度試用學生自我效能自評

與學習等課程活動，讓他們可以在擬訂目標後，監控自己的表現，檢驗自己的成長。簡而言之，就是讓學生藉由自我檢視來感受自己表現的進步，如此才有可能激發他們的動機。

　　小結，經過一年語文精進課程的執行，教師們看到這些低成就學生在協助逐步褪除後，仍能運用所學的文體結構及讀寫策略維持學習成效，並且改變學習態度，更正向積極地看待自己的學習。僅一個模組便可感受到學生在動機及自我效能的改變，更由模組 2 綜合評量達七年級水準人數較模組 1 增加了 6.6%（如圖 9-5），清楚看到學生能力的提升，因而實際參與教學的教師們，肯定此教材對學生的幫助；而教師本身更在標準化的教學活動及師訓中，習得有效的補救教學方式。

三　學校實例

　　100 學年度與兩縣市的合作中，不同縣市與師大合作之方式和接洽單位不同，以致所提供的教師、經費和行政支援也有所不同。新教材的試用所帶給教師的壓力和適應問題，以及學校或縣市政府所提供之支援難以支持教師

繼續，例如教師需要擔任更多業務、學校不願配合安排適合教師任教，是造成有些學校無法延續到第二年、第三年的原因。在此僅就兩縣市各挑一名持續參與本教材補救教學計畫至少兩年的教師進行說明。

（一）案例一

聽泉國中（化名）位於宜蘭縣，是個每年級僅三至四班的小型學校。擔任語文精進攜手班補救教學的教師，是該校任教國文科已十九年的資深教師阿桂老師（化名），她曾任國文輔導團教師，對國文教學相當有熱忱。

聽泉國中的補救教學向來皆以學科補救為主，雖依教育部學生學習診斷與進展評量來篩選學生，但對學生的實際起點一無所知，難以依學生需求進行基本能力的補救教學。阿桂老師在參加語文精進課程一年後，發現本團隊之執行確實可幫助學校更有效篩選出低成就學生，也會帶著教師們認識這群低成就學生；然而對於這種策略性的課程，身為國文老師的她，剛開始實在看不到對學科的直接幫助。起初她認為學生對此教材不會有動機學習，不過隨著課程的進行，她看到學生學習態度明顯變好，在原班內一向少言的學生，在攜手班經由引導會勇於發言，並且從他們的發言中，也可看到學生的理解確實有所進步，甚至有的學生會將所學策略用於原班國文科的學習。在模組 1 期末的綜合評量，她的班級學生便有六成達到七年級的平均水準以上，讓她更確切感受到這套教材的確是在教會孩子方法。對她自己而言，由於教案和培訓讓她可以在執行教學活動時，充分瞭解如何將策略應用於教學中，她也試著把策略帶到自己的國文科教學，發現不僅國文科授課變輕鬆，學生學習也變得快樂又有效。如此融合策略以語文素養為主的教學，方能真正帶出學生的閱讀能力，且不只對學生有幫助，教師也能在教學中去觀察學生，不斷反思及調整，這正是所謂的「教學相長」。

（二）案例二

晨光國中（化名）位於新北市，全校約有二十四班，屬於中型學校。由

於任課教師小青老師（化名）對本研究專案已有基本的瞭解，故主動向學校爭取擔任補救教學教師。她任教於資源班有七年年資，具有特殊教育與閱讀困難之專業背景，因而對語文補救教學已有概念及相關經驗。

晨光國中於 99 學年度開始攜手計畫之補救教學，國文科重點皆放在學科及相關知識的教學（如天干地支），對學生語文能力之成效未曾評估。100 學年參加本團隊之課程推廣合作後，學校行政與小青老師協調，採用本研究之 10 月初篩選測驗進行全校七年級學生的篩選，以瞭解該校低成就學生之人數，讓真正有需要的學生進入攜手班。基於對語文素養與策略的瞭解，小青老師在剛開始上課時，會利用段考題目引導學生瞭解語文精進課程對他們的好處，讓學生不至於因為不是課本就認為不重要。在教學文的字詞代換練習後，她看到部分學生在下一課會開始知道如何運用此方式來改寫句子，讓句子更合理；且經過逐課文章結構的練習，學生漸能運用文章結構表來幫助自己做文章摘要及理解文章的意義；在小組合作學習時更能看到能力較佳的學生會主動去引導較弱的同學，共同完成作業單。由這些課堂上的點點滴滴，不難發現學生們態度更為積極，能力有所增長。以完整參加兩個模組的學生而言，有四分之三的孩子在上、下兩學期之綜合評量皆能保持在國中七年級水準以上，顯現對此文體閱讀理解有一定之精熟度。小青老師表示，雖然這些策略她在師訓研習已學過，但透過語文精進教材之系統化、結構化的設計，讓她更瞭解如何將這些策略運用於教學中，以及要如何引導那些有學習困難的學生才能發揮最大的作用。

第四節　結論

學校在面對低成就學生的學習扶助時，常是讓教師們孤軍奮戰，也期待教師以原來的知能就能研發適性的教材；教師對低成就學生不瞭解、對補救教學的知能有限，再加上學生缺乏動機，更讓教師們不願去碰觸這領域，以

致教師擔任補救教學的意願不高、流動率高。本研究團隊在臺師大教評中心之整合資源運作模式下，以專家編製有實證基礎和試用過的「國中語文精進課程」進行補救教學，該課程為標準模板取向，一切執行都有標準作業程序。同時透過與縣市政府、學校合作方式，讓學校從執行篩選補救教學對象、實施補救教學、監控學生學習成效，到促進教師專業成長，體會到幫助低成就學生的重要性，並學習如何把理念化為可行的程序和制度，讓學校在補救教學（學習扶助）計畫中找到可以著力的點。

　　本方案之編輯群為推廣高品質的國語文學習扶助，特將本教材之教材編製理念與教材剖析說明加以撰寫，出版《國語文補救教學教戰手冊：解構語文精進教材》（洪儷瑜、劉淑貞、李珮瑜，2015）一書，並建立「語文精進教材」臉書粉絲頁提供線上諮詢和活動宣傳，以擴大推廣管道，並提升教材的使用率。

 **參考文獻**

中文部分

洪儷瑜（2012a）。以能力素養為本位的語文補救教學：國中語文精進課程說明。載於洪儷瑜（主編），**國民中學語文精進教材教師手冊**（頁1-19）。臺北市：國立臺灣師範大學教育研究與評鑑中心。

洪儷瑜（2012b，11 月）。語文精進教材：語文素養為本位的國中語文補救教學。甄曉蘭（主持人），**弱勢學生教育機會與品質提升計畫：補救教學方案之研發與推廣**。2020 教育願景國際學術研討會，國立臺灣師範大學。

洪儷瑜、劉淑貞、李珮瑜（2015）。**國語文補救教學教戰手冊：解構語文精進教材**。新北市：心理。

國立臺灣師範大學教育研究與評鑑中心（2012）。**偏遠地區教育機會與品質提升計畫期末成果報告**（99.1.1 ～ 101.12.31）。臺北市：作者。

教育部（2005）。**攜手計畫：大專生輔導國中生課業試辦計畫**。臺北市：作者。

教育部（2006）。**教育部辦理攜手計畫課後扶助補助要點**。臺北市：作者。

教育部（2011）。**國民小學及國民中學補救教學實施方案**。臺北市：作者。

陳淑麗（2008）。國小弱勢學生課業輔導現況調查之研究。**臺東大學教育學報，19**（1），1-32。

西文部分

Fuchs, D., Mock, D., Morgan, P. L., & Young, C. L. (2003). Responsiveness-to-intervention: Definitions, evidence, and implications for the learning disabilities construct. *Learning Disabilities Research & Practice, 18*, 157-171.

帶好 每一個學生
有效的學習扶助教學

| 第十章 |

學前偏鄉語文學習扶助方案

● 宣崇慧

　　學前教育是多數幼兒踏出家庭的第一站，它並不是幼兒學習的起點，然而，對許多弱勢家庭的幼兒來說，卻是有意義學習的重要管道。幼兒的學習受到家庭環境的影響很大，生長於父母親對學習支持度高且資源豐富的幼兒，父母親重視幼兒的家庭教育，並隨時根據幼兒的反應提供適當的回饋與指導，能使得幼兒在進入幼兒園前，便透過不斷吸收與整合外來訊息，而累積了很豐富的知識技能；相對地，來自於弱勢家庭或教育環境的幼兒，則因為缺乏適時的鷹架及刺激，而無法在各方面的發展上達到同齡兒童應有的水準，缺乏繼續學習的基礎，進而導致多數弱勢家庭學童在後續的求學階段，一路都是學業低成就的學生。

　　隨著幼托整合的推動，經濟弱勢幼兒可提早從兩歲開始，優先就讀政府設立的公立幼兒園，而所有幼兒均可提早自五歲開始，進入正規的國民教育系統接受教育。因此，良好的幼兒園課程與教學，將是幫助弱勢家庭幼兒獲得適當入學前準備知識的關鍵。美國在 1960 年代，有許多幫助弱勢兒童對抗貧窮的方案或教育課程，都是從學前幼兒開始著手，例如「補償教育」（Compensatory Education）或「啟蒙方案」（Project Head Start），或為了延續啟蒙方案成效而發展出的「接續方案」（Project Fellow Through），

這些方案的主要目的都是要為弱勢幼兒做好入學準備。類似的方案目前在美國各大學或研究中心仍繼續進行中。

近期國內外許多學者以弱勢學童為對象，透過實徵研究研發有效的閱讀教學方案以提升閱讀能力，主要原因在於閱讀能力是維持學童在校學業成就的基本技能，也容易透過密集的教學介入而看到顯著成效（陳淑麗，2011；曾世杰、陳淑麗，2007；簡淑真，2012；Tunmer, Chapman, & Prochnow, 2003）。但國內目前以學前弱勢幼兒為對象，且透過驗證有效再提出的幼兒園閱讀補救教學方案卻相對較少，主要原因可能與幼兒園語文教學理念有關。有鑑於臺東地區許多學前幼兒因為地處偏遠及家庭社經低落，而使得各項發展在學前階段就明顯低於一般社經家庭幼兒（幸曼玲、簡淑真，2005），簡淑真老師便以臺東偏遠地區弱勢幼兒為對象，開發一系列學前幼兒閱讀補救教學方案，並透過嚴謹的準實驗研究來檢驗其提升弱勢幼兒識字能力效果。教育部於民國 106 年頒布「幼兒園教保活動課程大綱」，其中語文領域涵蓋了幼兒閱讀的啟蒙能力指標，包括：圖像符號的理解與表達，以及文字功能的理解與應用。此等能力依循幼兒閱讀發展的軌跡，建構在早期口語發展能力上（教育部，2017）。

第一節　學前閱讀教學課程設計背景

在學前教育階段，許多學前教師對於閱讀能力的定義較為廣泛，除了識字與口語理解兩大閱讀核心技能外（Gough & Tunmer, 1986），也包括幼兒在閱讀萌發階段的相關讀寫行為（例如：談論繪本中的圖畫名稱或故事、對書籍的概念認知，或認識環境中的符號意義等）（教育部，2017）。近期，以說中文幼兒為對象的實徵研究發現，幼兒發展過程中，與後來閱讀核心技能有顯著關聯者，主要包括：透過文字符號唸讀其聲韻表徵的能力、快速流暢地唸讀文字符號，以及早期語言理解能力（宣崇慧，2010；曾世

杰、簡淑真、張媛婷、周蘭芳、連芸伶，2005）等。然而，唸出文字符號的能力（即，認字）在我國學前課綱中並未列入語文領域的課程目標。

　　臺灣兒童多是先學習注音符號的發音與拼音方式，才得以在識字量有限的情況下，以注音符號拼音為橋梁來增加閱讀的獨立性與頻繁度，進而累積閱讀經驗與能力。但學前幼兒不會注音符號，又缺乏足夠的識字量，該如何學習真正的獨立閱讀呢？根據民國 106 年頒布的「幼兒園教保活動課程大綱」（教育部，2017），幼兒在 5 到 6 歲的能力指標仍只停留在「熟悉華文的閱讀方式」以及「理解文字功能」，也就是能理解一字一音節對應、文字呈現方向，以及文字可用作備忘或說故事等功能。此等能力仍屬於讀寫的萌發，卻忽略了認字與文字符號的解碼能力。這與在證據本位的實務脈絡中，建立與幼兒語文（literacy）發展和早期發現以及診斷閱讀障礙的相關方案（如：美國啟蒙方案）之做法偏離。

　　臺灣正式的注音符號課程是安排在國小一年級的前十週進行，而注音符號認讀與拼讀的能力，實際上就是「聲韻—符號解碼」的技能，此技能包含了幼兒聲韻覺識與符號認讀能力，與幼兒識字能力已相當接近。這表示，現行幼兒園課程在幼兒閱讀能力的培養上，缺乏與學齡閱讀學習緊密銜接的一貫課程。雖然如此，許多幼兒園都會將注音符號列入課程與教學中，也會支持已經能認字的早讀幼兒大量閱讀。研究發現，幾乎所有在學前階段接受過注音符號教學的幼兒，在幼小銜接過程中（幼兒園畢業至剛入學之 5 月至 9 月之間）就能夠獨立唸讀與拼讀注音符號，並認得相當程度的國字（宣崇慧，2010）。也就是說，在城鄉差距不大的中產階級學區，許多幼兒園已經積極配合幼兒實際的發展能力表現，為幼兒預備了起始閱讀的核心技能——以文字符號表徵聲韻並解碼的能力。相對地，簡淑真和曾世杰（2010）卻發現，偏遠地區或社經弱勢（臺東縣）幼兒之注音符號解碼、識字以及語言詞彙等能力，在學前階段便已明顯落後於一般幼兒。雖然注音符號並非幼兒學習中文閱讀的唯一途徑，例如：香港幼兒從未學習任何中文聲韻拼音系統，主要靠著提早累積認字量，便能逐漸建立閱讀能力，但是，為了符合臺

灣國小國語課程，且在閱讀原理上，學前注音符號認讀與拼讀能力的確是國小一、二年級認字的重要預測技能（宣崇慧，2010，2011），故從閱讀發展理論與實徵研究結果來看，注音符號至少可以提前至學前大班學習。如此，將有助於提供偏鄉幼兒公平的教育機會，也有助於閱讀障礙的早期發現與診斷。

　　臺灣學前閱讀教學的問題在哪裡？是否有解決之道？雖然檯面上許多國幼班教師對於注音符號或識字教學視為禁忌，但實際上，透過「偷教」以後的效果，卻有效地提早帶出幼兒此等閱讀重要核心技能。或許，幼教課程的考量是要避免幼兒因為過早的讀寫練習，而無法快樂學習；坊間的確也存在有學前機構以類似補習填鴨的方式進行讀寫教學。學前教育規劃與進行，應建立在多層次的建構模式（The Building Blocks Model）上（Sandall, Schwartz, Joseph, & Gauvreau, 2019）：第一層以「優質的幼兒教育」（High Quility Early Childhood Education）為基石，提供所有幼兒高品質的課程與教學環境；第二層是「課程調整」（Curriculum Modification），幼兒教保人員針對部分幼兒的需求做調整（如：高頻率的口語鷹架、座位調整、教材修改等）；第三層則是「嵌入式學習機會」（Embedded Learning Opportunities），分析幼兒一日作息活動與能力需求，在不同教學情境與生活自理中將重要的學習技能進行練習與類化；第四層為「幼兒焦點行為的具體教學策略」（Child-Focused Instructional Strategies），在融合教育脈絡下，針對特殊需求幼兒的特殊教育需求而提供特殊課程。因此，與其因噎廢食地無效禁止，不如採用系統化的課程規劃與學習扶助，並積極引導有效且有趣的學前閱讀課程，讓教學者得以用正確且有趣的方式來教導幼兒閱讀。

第二節　執行模式

　　目前，國內以簡淑真老師所進行的學前偏鄉補救教學方案較為完整，且

均經過實徵研究證明有效，故整理簡淑真老師一系列的學前偏鄉閱讀教學方案說明如下。此方案採用「平衡取向」的設計，兼顧生活經驗、閱讀趣味與重要閱讀技巧的融入，同時配合直接明示有效的學習策略，並以遊戲來穩固學習成效提高流暢度等有效教學原則，在臺東地區帶出成功的學前閱讀補救教學方案。

 一　教學方案設計的理念

　　「早期介入」是本章的核心理念。弱勢家庭幼兒的讀寫能力，在入學之初就已明顯落後，為了避免落後加大，必須透過有效的教學方式進行預防性的直接教學（曾世杰、簡淑真，2006）。對學前弱勢家庭幼兒來說，有效的閱讀教學應根據研究證據，直接明確地教導可支持閱讀發展的重要技能，但也要以生動、有趣且與生活經驗結合的方式來進行。因此，偏鄉地區弱勢幼兒閱讀教學方案採「平衡取向」，所謂「平衡」就是在特定解碼技能與真實閱讀及寫作之間取得平衡的一種課程（曾世杰、簡淑真，2006；曾世杰譯，2021）。就說中文兒童而言，閱讀解碼的關鍵技能，是指對中文聲韻與聲調的覺識與解碼（臺灣幼兒可以注音符號能力作為聲韻能力指標）、對熟悉符號解碼的流暢性，以及對詞彙中的文字意義理解與組成能力（宣崇慧，2010；曾世杰等人，2005；McBride-Chang et al., 2011）。上述能力應在幼兒讀寫及語文活動中直接明示，並持續監控幼兒在此等能力上是否逐步建立與持續保留。

　　簡淑真（2010）所設計的學前閱讀教學方案，分為聲韻、識字以及繪本教學三套課程，期能透過有效的教學方法，及早建立偏遠地區幼兒閱讀的核心技能——識字與口語理解。簡淑真（2010）比較此三種課程的教學效果指出，聲韻、識字與繪本三種教學方案可分別有效提升偏遠地區弱勢幼兒的聲韻與注音能力、識字量，以及口語詞彙理解能力，此三項能力與閱讀核心技能有直接關聯。

聲韻補救教學方案

（一）課程方案內涵

　　簡淑真（2010）參考曾世杰和陳淑麗（2007）針對一年級學習障礙兒童所設計的聲韻教材，設計學前聲韻補救教學課程。本課程主要在幼兒園大班的一整學年間密集地進行，幼兒在此課程中可藉由兒歌唸唱，建立對文字的基本概念、注音符號認讀與拼讀、聲調聽辨以及韻首韻尾的斷音等閱讀相關聲韻技能，並透過各種認知策略、遊戲練習與形成性評量複習，來增進幼兒的熟練度。整體課程方案帶出正式閱讀的兩項關鍵技能——聲韻解碼與流暢性，為幼兒的閱讀能力做了完整的銜接。

1. 透過兒歌唸唱建立對文字的基本概念

　　教師將教導的文章以注音符號及相對應的有趣圖畫與聲音背景同時呈現，讓幼兒先透過齊聲朗讀、引導朗讀或個別朗讀的方式，唸讀該篇文章。這個活動的主要功能，是要引導幼兒建立對文字的基本概念，亦即，每個文字符號都具有特定的發音，且很多故事除了用講的之外，也可用寫出來的文字表示。

2. 以注音符號為媒介明示聲韻覺識與解碼能力

　　教師將 37 個注音符號以放大的圖卡清楚呈現，並設計與該注音符號字形相似的生活圖形，統整視覺、聽覺與觸覺感覺刺激，讓幼兒透過認讀、手指描寫以及辨認圖形，來認識每一個注音符號及其所對應的發音。其教學活動包括：讓幼兒以手在字卡上描寫同時認讀，以幫助幼兒統整字形與字音；讓幼兒以口訣唸讀、觀察該符號的心像圖形，同時將該注音發音連結到口語詞彙中的聲音組合成分，讓每個注音符號發音與實際口語發音有更自然且緊密的連結（例如：唸讀「ㄓ什麼ㄓ，樹枝ㄓ」的同時，觀察一張大樹圖形，

其主要枝幹形成ㄓ的外形），建立形、音、義概念完全的連結。

在拼音教學上，是以加快速度的方式，促使幼兒抓到中文音素結合的感覺。例如：在教學活動中，以很快的方式讓幼兒將ㄅ與ㄚ兩個注音的音素唸出來，多唸幾次就能幫助幼兒抓到ㄅ＋ㄚ變成「巴」的聲音結合規律。

為教導幼兒對每個音節成分的敏感度，以放慢速度的方式，引導幼兒將某個音節拉長，慢慢唸出，例如：將「下」這個音節拉長十秒鐘慢慢唸出，就很容易分解出這個音節中的ㄒ、ㄧㄚ兩個韻首及韻尾成分。再運用聲音遊戲，將一個音節的首音與韻尾替換成不同的聲音，讓幼兒愈來愈能掌握中文聲韻的組合。

雖然坊間有很多現成的注音符號教材，較完整的注音符號教材至少包括了逐一認讀與拼讀所有符號的教學課程內容與材料，並搭配有各種評量的紙本與遊戲，以及多元面向且多感官的延伸活動。然而，這些市售教材與上述聲韻教材最大的差異在於，缺乏透過策略直接明示拼音與分解音素的技巧，以及記憶的策略。

3. 提高符號解碼的流暢性

設計不同層次的遊戲、計時或競賽等活動，讓幼兒在課程中與課後時間，都能不斷練習該階段的學習目標。例如：讓幼兒在課文中，找出相同的詞彙做配對；從課文中找出特定詞彙，讓幼兒在角落活動時間也能自我嘗試各種練習；讓幼兒在計時情境下唸讀一連串的音節或詞彙；透過形成性評量，監控幼兒的學習成效等。如此，幼兒透過不斷的練習與評量活動，就能在注音符號認讀、拼讀以及中文聲韻操弄上愈來愈熟悉，進而進入自動化反應，可大大增加注音唸讀文章時的流暢性。

（二）教學成效

聲韻教學方案在學前大班以外加方式進行一學年後，57位臺東地區弱勢家庭幼兒注音符號認讀、拼讀音節、拼讀語詞以及看注音選圖等能力均有

顯著的成長，這些能力建立後，幼兒就可以獨立閱讀有注音符號的各種讀本。此外，從長期效果來看，其中 33 位幼兒升上國小一年級後，他們在十週注音教學結束後的注音符號認讀、拼讀以及唸讀注音短文等能力上，顯著比未接受聲韻教學的幼兒強，甚至能趕得上高社經家庭的對照組幼兒。到了接近一年級上學期結束前，學前接受聲韻教學方案學童的各項注音符號能力仍與優勢家庭學童保持相當，但實際分數稍微低於優勢學童，且識字量仍顯著較弱。雖然如此，他們在多數注音符號唸讀與拼讀的表現上，仍舊顯著領先學前沒有接受補救教學的弱勢學童。此套聲韻教學在弱勢幼兒注音認讀與拼讀效果上，顯著優於市售注音符號教材（簡淑真、曾世杰，2010）。

　　整體而言，學前大班時進行聲韻密集教學，並輔以策略及方法上的直接教學，可以拉近偏遠地區弱勢幼兒與優勢幼兒的早期語文學習表現。然而，聲韻教學識字的提升效果有限，接受聲韻教學的幼兒仍與優勢幼兒有顯著的差距。

 三 識字補救教學方案

（一）課程方案內涵

　　此類方案課程直接教導幼兒認字，結合主題單元之生活識字與集中識字兩種取向進行。每一單元可分為以下兩個步驟：先透過兒歌唸唱，建立幼兒對中文字的基本概念，並引導幼兒從兒歌短文或詞彙中認字；再明確說明文字的組成架構與原則，並以圖像或口訣以及各種遊戲活動加強記憶的穩固性與認字的流暢度。

1. 兒歌唸唱與認字

　　將兒歌以中文字呈現於掛圖，先以逐字引導幼兒唸讀整篇兒歌的方式，讓幼兒建立對中文字的基本概念；再引導幼兒從故事短文中認字，並透過手

指書空以練習筆順，提供多感官刺激的練習機會。逐字唸讀時，可利用教師唸讀兒童跟隨、教師逐字引導兒童齊讀、兒童分組唸讀、個別輪流唸讀等技巧進行。

引導幼兒認識生字時，教師要根據幼兒的認字程度，選定一學期或一學年要教的生字來設計單元課程與教材。教師要先區分出幼兒已熟悉的字以及新字，如此才能在跨單元選用或編寫單元故事時，作為選字與課程邏輯編排之參考，並在教學時同時引導幼兒複習熟悉的字以及認識新的字。教師可直接在故事中引導幼兒認讀新字；也可製作字卡，以應用閃卡的技巧讓幼兒進行去情境認字活動。

由於中文字義的重要特性之一，是可以相當靈活地組成不同的詞彙。同時，在認知心理學概念上，幼兒早期的詞素覺知能力，是其學習識字的重要基礎（McBride-Chang et al., 2011）——詞素覺知能力乃指幼兒能夠瞭解詞彙中的文字意涵，或是根據文字意義來造詞的能力。因此，除了在故事情境及去情境下引導幼兒識字外，詞彙情境的認字活動設計，也可增進幼兒識字基礎技能之一，即對詞素意義的理解。因此，在識字方案課程中，也加入了以單字造詞，或在詞彙情境下進行認字活動。

2. 文字結構教學與流暢度遊戲

文字結構教學是運用集中識字的原理，同部首的字一起教，以自製教材、教具（王惠瑩，2007；吳惠美，2010；簡淑真，2010）或以兒歌口訣（楊惠蘭，2007）等方式，具體說明每個部首的演進與意義；並直接明示中文形聲字的組成規則，可累積幼兒對中文文字重要部件的認識，且學習運用文字規則而非僅依賴圖形記憶來認字。

識字的另一個重要能力是流暢性的提升。因此，在引導幼兒認識生字以及文字規則後，可再透過不同的遊戲設計以及形成性評量機制，來幫助幼兒熟悉學習目標字。在學前階段的遊戲設計，可以做勞作、製作小書或趣味競賽等方式進行，增加幼兒的學習動機與精熟度。

（二）教學成效

　　接受一學年外加式的識字教學方案後，國幼班弱勢家庭的幼兒在標準化認字測驗上的認字量，不但顯著高於同是來自弱勢家庭的對照組幼兒，同時也高於接受聲韻及繪本教學組的幼兒，甚至迎頭趕上優勢經濟家庭的幼兒。然而，識字方案撤除一學期後，接受識字教學方案弱勢幼兒的識字量又被優勢家庭幼兒趕上，且與接受聲韻教學方案幼兒及弱勢對照組幼兒相較，其間差異已不顯著（吳惠美，2010；簡淑真，2010）。雖然如此，弱勢幼兒升上小一後的閱讀理解能力，仍因為識字量的增加而提升（吳惠美，2010）。

　　值得一提的是，集中識字對弱勢幼兒特別有效，是因為文字規則以及部件概念是識字發展的重要歷程，一般社經家庭幼兒可藉由平日對文字的頻繁接觸，自動內化文字規則，因而從圖像記憶逐漸發展到運用文字規則學字的階段；但對於弱勢幼兒來說，可能因為家庭語言與文字刺激不足，使他們早期不易透過平日的文字接觸來習得文字規則，學前階段便在識字能力與識字量上明顯落後。此外，詞彙量不夠也是弱勢幼兒常見的語文弱點，因此，在識字方案中的造詞活動容易對弱勢幼兒帶來挫折感（王惠瑩，2007）。故透過集中識字直接明示文字規則，並密集介入以在短時間內累積足夠的識字基礎，對弱勢幼兒早期閱讀教學特別有效。在應用時，可先將詞彙融入活動中，再以直接教學引導幼兒認識詞彙中的字義，最後才進行較難的造詞活動。過去研究發現，若幼兒因口語能力落後或詞彙量不夠，學前教師在學前幼教課程中進行課程調整，於團討、自由選區或一日作息等不同情境中，善用對話式鷹架策略引導，亦可使幼兒在情境理解、語意理解、語言表達的質與量等不同面向上均達致顯著的進步（江佳穎，2019；楊敏君，2018；劉如恩，2017）。

四 繪本補救教學方案

（一）課程方案內涵

　　繪本補救教學方案透過在密集的時間內，讓學前幼兒接觸大量的繪本，並以逐字唸讀的方式來增進幼兒的文字覺識能力，進而環繞繪本主題與幼兒討論相關議題並進行延伸活動。

1. 密集時間內大量閱讀

　　本方案嘗試在學前大班一整年內，參與方案的教師每天都安排繪本閱讀活動，以平均每週一本的進度，讓幼兒每天都能有一段時間以最自然輕鬆的方式沉浸在繪本閱讀活動中。一整個學年下來，參與方案的幼兒至少閱讀了30 本不同主題的繪本。

2. 教師以逐字唸讀的方式進行導讀

　　通常在每天繪本閱讀活動的一開始，參與方案的教師，先以逐字導讀的方式，引導幼兒閱讀故事。導讀的方式有：先引導幼兒瀏覽繪本圖畫認識故事概念後，再進行逐字唸讀；教師指著每一個字單獨唸；教師與幼兒一同逐字朗讀；教師唸一部分，嘗試停下來讓幼兒接著唸。

　　逐字導讀技巧的運用，主要是教師以口語搭配文本呈現，逐字帶領幼兒唸讀繪本故事，其目的是要幫助幼兒建立口語及文字的連結——瞭解口說故事可透過文字來呈現的概念，同時亦讓幼兒在逐字唸讀情境下，運用分散識字法，藉由口語及文字的頻繁接觸，自然而然地累積了較多的識字量。然而，在認讀的過程中，教師並未透過直接教學引導幼兒認識文字的組成概念。

3. 主題討論

　　逐字導讀後，教師進行團體討論活動。活動內容包括：相關議題討論，從中帶領幼兒練習特定的句子；或說出自己看法等語言表達的活動。

　　主題討論的應用相當廣泛，教師可根據自己的專業來設計各種討論主題，例如：討論故事事件的原因、故事人物的心情，或將故事情境與幼兒生活經驗連結。但由於主題討論活動在於深化幼兒對閱讀內容的理解，與其天馬行空地進行，未來亦可嘗試將討論情境架構在故事結構理論上（王瓊珠，2010），逐步引導幼兒回憶故事主角、情節、事件以及結果等，也可加入更抽象的因果推論活動，並以實徵研究的方式來探討其對幼兒閱讀理解能力的增進效能。

4. 延伸活動

　　延伸活動則更為多元，也較符合目前幼兒園的語文教學模式，活動內容從製作小書、手偶、繪圖等靜態活動到不同形式的動態活動，諸如：角色扮演、話劇表演，甚或戶外活動等。此等活動多是以繪本及語文教學為主軸，目的在加深幼兒對繪本內容的理解力，將故事內容與生活經驗結合，以及從活動中進行重要詞彙或句型等的練習。

（二）教學成效

　　繪本課程方案在一學期的大量介入後，如同預期般增進了弱勢幼兒的詞彙解釋能力，其效果甚至還高於接受前述聲韻與識字教學方案的幼兒。又過了一個學期後，其詞彙解釋能力的進步成效仍領先未接受任何外加早期介入方案課程的弱勢幼兒（簡淑真，2010）。這表示，繪本教學方案能在短時間內，快速增進弱勢幼兒的詞彙解釋能力，且保有教學介入的持續效果。

　　學前大班一整年的繪本教學方案，對幼兒入小一後的識字量並沒有顯著提升的效果（簡淑真，2010），這表示，長時間密集大量的閱讀，搭配頻繁的逐字唸讀引導策略，並無法有效提高弱勢幼兒的識字能力。

第三節　結論與建議

　　本章從早期介入的觀點，強調提早在學前階段建立弱勢家庭幼兒閱讀相
關重要技能，是弱勢幼兒在早期學習上的助跑利器。學前階段的有效閱讀教
學，應採取平衡取向的課程設計，兼顧直接明示閱讀重要技能（包括聲韻解
碼、形音連結、字形規則等）與有意義的情境脈絡，使習得的重要閱讀技能
能夠在遊戲與趣味中不斷精進。在平衡取向與直接教學的理念下，本章整理
三個學前閱讀教學方案，分別是：聲韻教學、識字教學與繪本教學方案，並
介紹此三個方案對臺東偏鄉弱勢幼兒在國幼班一整年的介入成效，以作為吾
人在學前閱讀課程設計上的理論與實證依據。

　　從三個方案成效來看，聲韻教學方案能有效提高學童國幼班到小一階段
的注音解碼能力；識字教學方案則是在識字量的增進上帶來立即的效果，並
遷移到小一時的閱讀理解力；繪本教學方案的教學成效則僅限於詞彙解釋力
的立即效果，其保留成效不佳。這表示，幼兒所習得的閱讀技能，與教學內
容有直接的關係。本章所介紹的聲韻教學方案與識字教學方案中，其直接明
示重要閱讀技能的教學成分，是幫助弱勢幼兒在短時間內快速習得識字核心
技能，以及早進入獨立閱讀境界的關鍵。繪本教學方案最接近目前幼教語文
課程的教學方式，但缺少了直接明示解碼識字技巧，即便閱讀了大量繪本，
弱勢幼兒識字量的累積還是明顯落後。或許接受繪本教學方案的幼兒，因接
受了較多的詞彙與句子形成引導，除了詞彙能力的增進外，亦能在句子以及
口語理解等高層次閱讀能力上有較優的表現，可惜其成效並未被檢驗。但無
論如何，繪本組的幼兒仍缺乏字形到字音連結的基本識字技能。從多層次課
程建構模式的架構（Sandall et al., 2019）來看，繪本教學的充實方案，最符
合第一層「優質的幼兒教育」層次；而聲韻教學與識字教學方案，或識字教
學方案中輔以對話式鷹架引導，需要教師在教學過程中進行課程調整，包括

教學方式與教材教法的支持，屬於第二層「課程調整」的層次；若學前教師進一步將幼兒的聲韻與認字能力，擴展到一日作息中提供充分的練習與應用的機會，則屬於第三層「嵌入式學習機會」層次。未來，若能在學前語文教學環境落實此三層級，則有助於早期發現與診斷閱讀障礙幼兒，如此便能更精準地找出需要進行第四層「幼兒焦點行為的具體教學策略」之幼兒，以早期介入閱讀障礙幼兒。

　　未來，可從三個方向思考學前閱讀教學方案的設計，並以實證研究檢驗其成效：

1. 可提早教導注音符號，增進學前幼兒聲韻解碼能力的精熟與流暢，再提供透過注音符號輔助大量閱讀的機會。此外，由於注音符號需一段時間的系統學習才能精熟，故應將成效檢驗的時間拉長，同時觀察立即至更長一段時間的閱讀發展情形。過去研究顯示，注音符號的學習很容易達到立即效果與不錯的保留效果，但其遷移到識字的效果則比較不清楚（曾世杰、陳淑麗，2007）。

2. 若不教注音符號，仍應在識字技能以及故事結構上進行直接教學，再檢驗其在識字以及閱讀理解上的增進效果。由於繪本本身是兼具美感、故事張力以及文學價值的最佳幼兒讀本，因此，在課程方案設計上，可透過大量閱讀繪本，並搭配基本解碼與理解技能的直接教學成分來同時進行。

3. 教師可藉由持續的評量，隨時監控並瞭解幼兒詞彙、識字以及聲韻等方面的進步情形。常用的評量工具有：以「修訂畢保德圖畫詞彙測驗」（陸莉、劉鴻香，1998）測量幼兒的詞彙理解量；以「簡單兩百字識字量表」（陳修元，2001）或「中文年級認字量表」（黃秀霜，2001）測量幼兒的識字量；以「國小注音符號能力診斷測驗」（黃秀霜、鄭美芝，2003）測量幼兒以注音符號表徵聲韻的能力等。

📖 參考文獻

中文部分

王惠瑩（2007）。**弱勢地區幼兒識字教學之個案研究**（未出版之碩士論文）。國立臺東大學幼兒教育學系研究所，臺東市。

王瓊珠（2010）。**故事結構教學與分享閱讀**。臺北市：心理。

江佳穎（2019）。**鷹架對話策略提升發展遲緩幼兒口語溝通能力之研究**（未出版之碩士論文）。國立嘉義大學幼兒教育學系研究所，嘉義市。

吳惠美（2010）。**部首識字教學對弱勢學童閱讀能力之研究**（未出版之碩士論文）。國立臺東大學幼兒教育學系研究所，臺東市。

幸曼玲、簡淑真（2005）。**國民教育幼兒班課程綱要之能力指標專案研究**。教育部委託專案報告。臺北市：臺北市立教育大學教育學系。

宣崇慧（2010）。**學前至低年級閱讀困難預測指標之探究**。行政院國家科學委員會專題研究計畫成果報告（2/2）（NSC97-2410-H-468-024-MY2）。

宣崇慧（2011）。**學前至三年級學童閱讀發展與閱讀困難問題之探究（I）**。行政院國家科學委員會專題研究計畫成果報告（NSC99-2410-H-468-017-）。

教育部（2017）。**幼兒園教保活動課程大綱**。臺北市：教育部。

黃秀霜（2001）。**中文年級認字量表**。臺北市：心理。

黃秀霜、鄭美芝（2003）。**國小注音符號能力診斷測驗**。臺北市：心理。

陳修元（2001）。**簡單兩百字識字量表**。未出版手稿。

陳淑麗（2011）。**弱勢學童讀寫希望工程：課輔現場的瞭解與改造**。臺北市：心理。

陸莉、劉鴻香（1998）。**修訂畢保德圖畫詞彙測驗——指導手冊**。臺北市：心理。

曾世杰（譯）（2021）。**有效的讀寫教學：平衡取向教學**（第二版）（原作者：M. Pressley & R. L. Allington）。新北市：心理。（原著出版年：2015）

曾世杰、陳淑麗（2007）。注音補救教學對一年級低成就學童的教學成效實驗研究。**教育與心理研究**，**30**（3），53-77。

曾世杰、簡淑真（2006）。全語法爭議的文獻回顧：兼論其對弱勢學生之影響。**臺東大學教育學報**，**17**（2），1-31。

曾世杰、簡淑真、張媛婷、周蘭芳、連芸伶（2005）。以早期唸名速度及聲韻覺識預測中文閱讀與認字：一個追蹤四年的相關研究。**特殊教育研究學刊**，**28**，123-144。

楊敏君（2018）。**運用對話式鷹架策略提升幼兒情境理解能力之成效**（未出版之碩士論文）。國立嘉義大學幼兒教育學系研究所，嘉義市。

楊惠蘭（2007）。**兒歌結合部首識字教學對弱勢幼兒識字能力影響之研究**（未出版之碩士論文）。國立臺東大學幼兒教育學系研究所，臺東市。

劉如恩（2017）。**提升融合班發展遲緩幼兒語言表達之個案研究**（未出版之碩士論文）。國立嘉義大學幼兒教育學系研究所，嘉義市。

簡淑真（2010）。三種早期閱讀介入方案對社經弱勢幼兒的教學效果研究。**臺東大學教育學報**，**21**（1），93-123。

簡淑真（2012）。**弱勢幼兒早期閱讀介入**。新北市：光幼文化。

簡淑真、曾世杰（2010）。**閱讀研究議題三：以聲韻／注音教學增進弱勢幼兒早期閱讀素養的實驗研究——以臺東縣為例**。行政院國家科學委員會專題研究計畫成果報告（NSC99-2420-H-143-002）。

西文部分

Gough, P. B., & Tunmer, W. E. (1986). Decoding, reading, and reading disability. *Remedial and Special Education, 7*(1), 6-10.

McBride-Chang, C., Lam, F., Lam, C., Chan, B., Fong, C. Y.-C., Wong, T. T.-Y., Wong, S.W.-L. (2011). Early predictors of dyslexia in Chinese children: Family history of dyslexia, language delay, and cognitive profiles. *Journal of Child Psychology and Psychiatry, 52*(2), 204-211.

Sandall, S. R., Schwartz, I. S., Joseph, G. E., & Gauvreau, A. N. (2019). *Building blocks for teaching preschoolers with special needs* (3rd ed.). Baltimore, MD: Paul H. & Brookes Publishing.

Tunmer, W., Chapman, J., & Prochnow, J. (2003). Preventing negative Matthew effects in at-risk readers: A retrospective study. In B. R. Foorman (Ed.), *Preventing and remediating reading difficulties: Bringing science to scale.* Timonium, MD: York Press.

國家圖書館出版品預行編目（CIP）資料

帶好每一個學生：有效的學習扶助教學 / 陳淑麗，
宣崇慧主編 . -- 二版 . -- 新北市：
心理出版社股份有限公司, 2022.1
面；　公分 . --（障礙教育系列；63171）
ISBN 978-986-0744-54-5（平裝）

1. 學習障礙 2. 補救教學

529.69　　　　　　　　　　　　　　110020767

障礙教育系列 63171

帶好每一個學生：有效的學習扶助教學【第二版】

策　　劃：台灣學障學會

主　　編：陳淑麗、宣崇慧

執行編輯：陳文玲

總 編 輯：林敬堯

發 行 人：洪有義

出 版 者：心理出版社股份有限公司

地　　址：231026 新北市新店區光明街 288 號 7 樓

電　　話：(02) 29150566

傳　　真：(02) 29152928

郵撥帳號：19293172 心理出版社股份有限公司

網　　址：https://www.psy.com.tw

電子信箱：psychoco@ms15.hinet.net

排 版 者：龍虎電腦排版股份有限公司

印 刷 者：龍虎電腦排版股份有限公司

初版一刷：2014 年 4 月

二版一刷：2022 年 1 月

I S B N：978-986-0744-54-5

定　　價：新台幣 350 元